# 新时代编辑工作探论

赖莉飞　著

气象出版社
China Meteorological Press

## 内容简介

　　本书多维度探讨了新时代的编辑工作,从最基础的编辑和编辑工作相关概念介绍,到对新时代一流编辑职业素质的定性与定量挖掘,再到对学术不端和对有关新时代期刊编辑工作转型的深入思考,最后把触角延伸到当今的热点话题——元宇宙。全书既有对编辑和编辑工作的基本理论阐释,又有对以往学者有关编辑和编辑工作方面研究成果的梳理与评述,还有对中外编辑工作发展历史的简要回顾。尤为重要的是,该书从新时代的视角对编辑和编辑工作进行了具有创新意义的理论探索、科学准确的模型构建、深入细致的数据采集;并在编辑职业素质、编辑工作如何应对学术不端行为、编辑工作的转型、元宇宙赋予编辑工作的机遇与挑战等多个层面,作出了具有学术价值和现实意义的论述,最后对新时代编辑与编辑工作进行了回顾与展望。

　　本书对相关领域的研究人员、从业者、教师、学生和关注此类话题的读者具有较强的启发性和参考作用。

## 图书在版编目（ＣＩＰ）数据

　　新时代编辑工作探论 / 赖莉飞著. -- 北京 : 气象
出版社, 2024.4
　　ISBN 978-7-5029-8176-1

　　Ⅰ. ①新… Ⅱ. ①赖… Ⅲ. ①编辑工作－研究 Ⅳ.
①G232

　　中国国家版本馆CIP数据核字(2024)第065001号

## 新时代编辑工作探论
Xinshidai Bianji Gongzuo Tanlun

| | | |
|---|---|---|
| 出版发行：气象出版社 | | |
| 地　　址：北京市海淀区中关村南大街 46 号 | 邮政编码：100081 | |
| 电　　话：010-68407112（总编室）　010-68408042（发行部） | | |
| 网　　址：http://www.qxcbs.com | E-mail：qxcbs@cma.gov.cn | |
| 责任编辑：王　聪 | 终　　审：吴晓鹏 | |
| 责任校对：张硕杰 | 责任技编：赵相宁 | |
| 封面设计：楠竹文化 | | |
| 印　　刷：北京中石油彩色印刷有限责任公司 | | |
| 开　　本：787 mm×1092 mm　1/16 | 印　　张：10.5 | |
| 字　　数：230 千字 | | |
| 版　　次：2024 年 4 月第 1 版 | 印　　次：2024 年 4 月第 1 次印刷 | |
| 定　　价：69.00 元 | | |

# 第1章 新时代编辑工作概论

## 1.1 编辑主体论

### 1.1.1 编辑的由来

从理论角度论述编辑职业,首先要对"编辑"这个词的原义和由来进行解析。《说文解字》解释"编"即"次简也。从糸、扁声"(姜红贵,2023)。段玉裁注"以丝次弟竹简而排列之曰编"(严军,1996)。可见"编"是个形声字,右边的"扁"表声,左边的"糸"表意,即用绳子把竹简串联起来。这种竹简串联暗含一定的次序,因此,"编"又有"编排"和"安排"的意思。对于"辑"字,在《说文解字》中解释为"车和辑也";在《六书故》中解释为"合材为车",咸相得谓之辑。可知"辑"也是个形声字,右边的"咠"表声,左边的"车"表意。泛指车厢,车厢可以装东西,因此,"辑"又有"收兑""聚集"的意思。"编"和"辑"组合起来就是把竹简按一定顺序串起来,聚集后放在车里。由词意可知,"编辑"这个词诞生之初其实就是指一种广义的编辑活动。

如果把图书文献的出现作为编辑活动产生的先决条件,至少在商代便已开始出现早期的编辑活动(肖东发,2002)。20 世纪初在河南安阳小屯村殷墟出土了大量的公元前 14 世纪至公元前 11 世纪产生的甲骨文献(肖东发,2002),这些甲骨文中有"编"字,而且甲骨文书有版(严安,2010),这足以证明早在商代就已有了编辑活动的雏形。编撰者把动物的骨甲作为传播工具,在其上记事卜辞,并把甲骨文书作为资料传承给后人,这算是初级的编辑活动。只不过在当时尚未对该物态化的生产抱有明确的目的性,也没把编辑作为专职工作独立出来。直到北宋时期才有了专职的编辑工作者,典型的代表是司马光组织了一支编撰团队,历时 19 年完成对《资治通鉴》的编撰,这支编撰团队从工作的特征来说可视之为专职的编辑。我们国家出现真正意义上的职业编辑可追溯到清朝末年。当时,国家处于大变革时期,出现了大量有思想的学者,他们为了宣传新思想掀起了办报刊的热潮,从而诞生了职业编辑。比如,戊戌维新运动时,康有为在北京创办《万国公报》,梁启超在上海主编《时务报》。而国外,在 19 世纪就有了职业编辑,比如 1800 年,美国《合众国公报》首次在一篇言论后署"编者"字样(成美 等,1986)。

中华人民共和国成立后,国家为了把好出版关,借鉴苏联的理念,即出版社和社会主义国家绝对需要有人来负责挑选可供出版的著作并对出版物的质量(从最广泛的意义上讲)负责(米尔钦,1988),在这种理念的驱使下,编辑被作为一种独立的职业划分出来。1950 年 10 月,国家出版总署出台《关于国营出版社编辑机构及工作制度的规定》,其中第五条明确指出,每种书籍版权页上必须注明该书的著作人、编辑、美术编辑、技术编辑、出版者和印刷者,以明责任(邵益文,2004)。自此编辑这个职业合规、合法地诞生了。

目前被较为接受的编辑的定义是:根据社会文化传播、积累和广大读者消费的需要,以物态化的出版物生产为目的,从事选题设计,对初级精神产品的著作进行选择、加工、整理、编纂的一种创造性的劳动(梁振儒 等,1988b)。从事该工作或劳动的人员我们通常称之为编辑。

### 1.1.2 编辑的类型

编辑按出版载体来划分,一般可分为图书编辑、期刊编辑、报纸编辑、广播编辑、电视编辑、网络编辑及电子出版物编辑等。按涉及的领域再进一步细分,比如,图书编辑还可以分为社科读物编辑,科技读物编辑,文艺、文学类读物编辑,少年儿童读物编辑和辞书工具书编辑等;期刊编辑也可分社科期刊编辑、科技期刊编辑等。按编辑出版的流程来划分,有策划编辑、组稿编辑和校对编辑等。按编辑工作的分工来划分,有文字编辑、美术编辑、电子编辑、影像编辑和技术编辑等。当然,这些划分在具体编辑工作实践中,常常是一种交叉和相互涵盖的关系,比如大型的出版机构就划分得较为精细,分工也比较明确;而小型的出版部门往往是一个编辑身兼数职,从而更体现了"编辑是杂家"的理念。

### 1.1.3 编辑的特质

#### 1. 鲜明的政治立场

编辑所承担的任务是广泛而艰巨的,不单是编辑文字和规范格式那么简单,还担负着把意识形态领域内(也包括科技文化界)的成果进行组织、汇集、整理和公布的责任,因此,编辑要有较高的政治觉悟,要熟悉国家的大政方针,这样才能很好地完成对稿件思想内容的把关,才能做好党和人民的喉舌。尤其是社科类编辑,一般驻守在意识形态的前线,需要根据国家的政治形势、战略大局、方针政策等来组稿、选稿和改稿,因此,政治立场不能有丝毫偏差。在新时代,国家对编辑的政治素养提出了更高的要求,对包括自然科学类编辑在内的各类编辑人员都明确了更高的政治标准,同时也给予了更高的期待。

2021 年 6 月,中宣部、教育部、科技部联合印发的《关于推动学术期刊繁荣发展的意见》指出,学术期刊出版工作要以习近平新时代中国特色社会主义思想为指导,紧紧围绕党和国家重大决策部署和宣传思想工作根本任务,坚持正确政治方向、出版导向、价值取向,加快提升内容质量和传播力、影响力,不断完善把社会效益放在首位、社会效益和经济效益相统一的体制机制,为社会主义现代化建设提供强大精神动力和智力支持,为建设世界科技强国和社会主义文化强国做出更大贡献。

中国青年出版总社社长皮钧指出,编辑是新时代精神产品的架构师,高质量生产的设计者与担当者。韬奋基金会理事长聂震宁指出,编辑出版人要更加自觉弘扬中华民族精神,做好中华民族优秀思想品德、价值取向和当代价值观的传播。中国人民大学原副校长贺耀敏强调:编辑出版人要大力阐释中国立场、中国观点、中国方案,通过与学术界共同努力,提炼好这几年来不断提出的新概念、新理论,为全球发展贡献中国力量。要以社会主义核心价值观为引领,全面加快话语体系建设;以全面建设社会主义现代化国家为主线,统领话语体系建设;以继承和弘扬中华优秀传统文化为厚重内容,促进话语体系建设;以人民丰富多彩的精神文化活动为素材,推动话语体系建设;以国际文化交流为途径,增强话语体系建设成果的国际传播。

在长期的编辑工作实践中,我们绝大多数的编辑及相关人员,在各个历史阶段都很好地践行了编辑工作"政治第一"的理念和原则,把宣传党和国家大政方针、倡导时代精神作为办刊的首要宗旨。大部分出版机构都把社会影响力放在第一位,为出版那些发行量较小的优秀作品宁可牺牲可观的利润。但也有个别出版机构和编辑单纯为追求经济效益而迷失了出版的方向,所出的作品在政治导向方面出现了错误或失误,带来了不良影响,产生了不好的社会效果,这也是我们编辑工作者不应忘记的历史教训。

因而,编辑作为出版过程的组织者,需要从党和人民的利益出发来开展自己的工作,需要根据国家的要求来完成这一过程,要不断加强自身的政治素养,提高政治站位。

**2. 广博与专深的学识**

编辑是书稿和文章的规划者、组织者和鉴定者,编辑要想胜任这些角色,必须要有广博、专深的学识背景,这样才能对稿件中的学术问题进行合理的判断,才能对同行评议结果给予合理的取舍,才能驾驭不同类型的稿件。因此,编辑既是专家,也是杂家。特别在科学技术大发展的新时代,新知识、新观点层出不穷,许多交叉学科和新的学科也纷沓而至,如果编辑没有广博而专深的学识,不通晓某一领域或某一学科的专业知识,根本没办法洞察学科前沿动态,也不能很好地完成组稿、选稿。比如,为了向读者介绍电子元器件的发展现状,编辑策划了"微纳米器件研究进展"专栏,而要完成对该选题的组稿,编辑如果没有微电子材料及器件方面的专业知识,就很难精准约稿和选稿。编辑的学识会影响其策划水平,如果编辑没有超前的出版意识,必将成为一个被动的出版工具,也很难打造出优秀作品和品牌出版物。因此,在新时代我们更要强调编辑的学者化,做学者型编辑。

学者化中的"学",是编辑学之学、杂家之学和专业科学之学;"化"则是达到编辑家化和专业学者化的双重内涵(乔还田,2017)。学者型编辑一般具有以下几个典型特征:通晓某一学科或学术领域的专业知识,精通编辑业务,具备与某一学术领域的专家学者开展学术对话的水平和能力,从事某种学术研究,并在所研究的领域具备一定的话语权(杜生权,2019;张恰,2019)。张积玉(1995)认为,学者型编辑"主要是指在书报刊部门从事以学术论著为审编对象的编辑,其最大的特点是工作内容必然要与一定的学科专业联系"。马丹丹等(2019)认为:学者型编辑并不等同于学者加编辑的简单累加,它是学术研究和编辑学耦合而产生的一种高素质、高境界、有学识、有修养和有魄力的优秀人才。学者型编辑,换种角度说,也就是编辑的学者化问题。编辑学者化是对出色完成本职工作提出的更高的素质要求,是信息时代行业竞争的态势给编辑带来的新的任务,更是新时代编辑工作者的崇高使命(薛孔文,2000)。

学者型编辑其实也不是一个新话题,春风文艺出版社编审、明清小说研究专家林辰先生是"编辑学者化"的最先倡导者之一,他在《从编辑实践到理论的思考——编辑明清小说的体会》(林辰,1986)一文中明确指出:"编辑就是编辑,既不是某一学科的附庸,也不是什么多学科的杂烩,我们应当理直气壮地指出,编辑的发展方向和前途,就是编辑家。"林辰在这种理念下走出一条由编稿而治学从而更好地编稿的"编辑学者化"道路。

从古至今,不乏优秀的学者型编辑。比如鲁迅先生既是大文豪——创作了许多优秀小说和杂文,也是杰出的编辑工作者——编辑了许多好书稿,比如有代表性的书籍是《嵇康集》,校勘长达23年(许广平,2000);中华书局原总编辑傅璇琮学术研究方向是古典文学,出版了许多研究唐宋文学的著作,也编辑整理了许多古籍(黄道京,2017);《美国通史》的责任编辑邓蜀生是公认的美国史研究专家,著有《伍德罗·威尔逊》《罗斯福》《美国与移民——历史·现实·未来》《美国历史与美国人》等(乔还田,2017)。他们都是我国出版界学者型编辑的杰出代表。

编辑和学者两者是相互促进、相互成全的。北大中文系学者、教师胡双宝,50多岁调入北京大学出版社从事编辑工作。由于他有渊博的知识和先进的思想,在不长的时间里就做出了令人叹服的成绩,成为一名优秀的学者型编辑(刘庆俄,2012)。杰出的出版家张元济在1902—1926年主持商务印书馆工作的时候,曾聘请文学家郑振铎、生物学家周建人、气象学家竺可桢、历史学家顾颉刚等到商务印书馆做编辑(周武,2018),这些学者型编辑,为中国的编辑事业做出了重要的贡献。

### 3. 熟练的编校本领

出版物质量关系到一个国家政治、经济和社会发展的方方面面,特别是一个国家的文化竞争力,因此,国家非常重视出版物的编校质量。为了规范图书,2022年国家新闻出版署发布了《关于开展图书"质量管理2022"专项工作的通知》(国新出发〔2022〕7号),要求图书编校差错率控制在万分之一以下。编辑作为书稿的加工者,是书稿质量的第一把关人,是国家出版标准的践行者,要守好这道质量门必须具有扎实的编校技能。他们不仅要有良好的文字功底,而且还要扎实地掌握国家的编校规范。只有这样,在编校过程中才能很好地完成对书稿的润色加工,才能对书稿中的词、字、标点、图表、公式符号和引文等表达是否规范做出正确判断。

编校质量也是许多出版大家经常提到的话题,比如,文学出版家叶圣陶强调"编辑一定要严把语言文字关""应该把自己负责的每一个字,每一句话,都拿到天平上衡量一下它的轻重""对书刊中的每一个词句,每幅画片,每一个标点符号,都要采取极端负责的态度"(叶圣陶,1996)。他是这样说,也是这样做的。现存的他编辑的《皇帝的新衣》,其中的一段话:"街上一阵大乱。兵士奔来奔去,象圈野马一样,用长枪拦截逃跑的人",他在批注中写道:根据新的汉字使用规范"象"今应为"像",下同。体现了叶老严谨的工作作风和过硬的编校本领(林荣松,2018)。

出版家张元济对形近词有独到的研究,他在审稿过程中也特别关注形近词的误用现象,在上海图书馆所藏《涵芬楼烬余书录》稿本中,还难能可贵地保留了张元济修改过程中留下的批注手迹,如"爕"误作"变","挈"误作"挈","簿"误作"薄","鐘"误作"錘","綱"误作"網"等,显示了他求真、过硬的编校本领(刘芳,2018)。

### 4. 强烈的创新意识

2022年10月16日,习近平总书记在党的二十大报告中指出:必须坚持守正创新。我们从事的是前无古人的伟大事业,守正才能不迷失方向、不犯颠覆性错误,创新才能把握时代、引领时代。2021年5月9日,习近平总书记在给《文史哲》编辑部全体编辑人员的回信中说道:如何更好坚持中国道路、弘扬中国精神、凝聚中国力量。回答好这一重大课题,需要广大哲学社会科学工作者共同努力,在新的时代条件下推动中华优秀传统文化创造性转化、创新性发展。高品质的学术期刊就是要坚守初心、引领创新,展示高水平研究成果。书报刊要引领创新就需要编辑具有强烈的创新意识。

2021 年 6 月,由中宣部、教育部、科技部联合印发的《关于推动学术期刊繁荣发展的意见》指出,科技期刊要善于发现创新、鼓励创新、引领创新。可见创新是推动一流科技期刊繁荣发展的原动力。创新意识不仅是一流科技期刊编辑最为关键的特质,也是所有编辑要具有的重要特质;尤其是作为新时代的优秀编辑,其高超独特的观察选题、分析选题、设计选题、提出选题和包装选题的创造才能,要比仅仅能改正几个别人很难发现的病句、错别字重要得多。编辑在选材和布局谋篇等多方面要不断推陈出新。

编辑的创新意识还体现在对书稿文章科学价值的鉴别、对专业学科领域发展趋势的预见上。一篇有价值的论文或作品能否被尽快地推向社会,在相当程度上取决于编辑的认知水平和创新意识。编辑扎实的基础知识、精深的专业知识、广泛的邻近学科知识和科学合理的知识布局等对其创新意识有重要的影响。编辑要力求成为某一学科领域的专家,只有这样才有实力站在学科前沿进行选题开发,才能引导成果创新、引领学术方向。编辑的创新意识要顺应形势的发展,并且要贯穿选题、组稿工作的始终。编辑的创新意识与开拓精神紧密相连,要敢于突破、敢于跨界,要不断地在开拓中创新。当然,编辑的创新并非从零开始,要善于借鉴别人成功经验和教训,这样才能少走弯路。

**5. 甘为孺子牛的"人梯"精神**

编辑要有甘为孺子牛的"人梯"精神,甘愿让作者踩着自己的肩膀向上攀登,甘愿做无名英雄。很多脍炙人口的作品都是经过编辑的精心打磨、付出巨大的劳动才产生的。人民出版社原社长、党委书记黄书元在《版话儿》(佚名,2020)[①]《新老编辑面对面》栏目中谈《青年编辑与作者的相处之道》说道:"有很多作者的书稿就像翡翠原石,编辑就是琢玉的雕工,经过编辑的打磨,最后把粗糙的原石变成璀璨的珍宝。你可能听说过《红岩》《林海雪原》等名著的出版过程,没有当时的编辑帮助加工处理,就没有这些脍炙人口的好书。"正是有编辑的帮扶,才成就了作者。作家蒋子龙曾做了一个形象的比喻:编辑是水泥柱里的钢筋,只受力,不露面。而把自己的心血藏在别人的成绩里(幸建华 等,2006)。这就是编辑工作者的"人梯"精神,也是他们高尚情操的体现。

鲁迅先生也特别强调编辑的"人梯"精神,在 1981 年出版的《鲁迅全集》提道:"梯子之论,是极确的,对于此一节,我也曾熟虑,倘使后起诸公,真能由此爬得较高,则我之被踏,又何以足惜。"从 1921 年到 1931 年,鲁迅除了自己译著 30 多部外,大部分时间和精力是为别人作嫁衣裳,校勘、纂辑、选定、校字、校订别人的译著和刊物达 70 余部(卷)。鲁迅讲道,"我在过去的近十年中,费去的力气实在也并不少,即使校对别人的译著,也真是一个字一个字地看下去,决不肯随便放过,敷衍作者和读者的,并且毫不怀着有所利用的意思""常常整天没有休息"。鲁迅在编辑《木刻纪程》这部书时,为了搜集那 8 个青年木刻家在 1933 年至 1934 年创作的 24 幅作品,花费了好多时间和精力(鲁迅,2005)。在他着手工作时,有些从事版画创作的青年已离开

---

① 《版话儿》是《中国新闻出版广电报》专注于出版发行领域的公众号。

上海到外地去了,但是鲁迅仍然不厌其烦与他们多次联系,终于索取到他们的原稿,在1934年由鲁迅出资得以出版(刘再复,1981)。鲁迅为了帮助文学青年孙用出书,竟然写了三十余封联系出书的信函,后期又亲自为孙用校改译文,代找插图,最后还为作者垫付了几百元的制版费(梁振儒 等,1988b)。在世界文坛享有盛名的大作家巴金先生,曾把一生中的黄金20年献给了出版事业。他说:"我一生始终保持这样一个信念:生命的意义在于付出,在于给予"(巴金,1983)。

河北日报社总编室原副主任储瑞耕(2019)谈他是怎么做编辑时写道:"改文稿,是件辛苦事;但改完了,又是件快乐事。成人之美,使得年轻人的稿子能印成铅字,宣传社会,也许由此更激发了作者的积极性,更有长进,于他人、于社会有益,这是作为编者的我的责任,也是我人生的欢乐所在。"在他从事编辑工作的几十年中一直满腔热情地扶持年轻作者,有些年轻的作者后来成为编辑界的一员,甚至成为编辑界栋梁,比如苏州日报报业集团社长、总编辑张建雄,《东方今报》副总编辑曹亚瑟等。

关于编辑的奉献意识和"人梯"精神,有的学者还从与教师相比较的视角进行过深入的研究(常勤毅,2003a)。在编辑工作的实践中,我们真真切切地感受到作为一名编辑和作为一名人民教师的相似性。比如教师的使命是教书育人,那么编辑的责任就应该是"出书育人"。又比如团结协作、互勉共进是教师伦理道德的主要内容,除了指教师和领导、同事的关系外,更重要的是要尊重、关心和爱护学生,这些又常常是一个教师能否充满亲和力与人格魅力的关键所在。作为一名编辑是不是合格,常常体现在编辑和作者的关系问题上。这就要求编辑应该具有奉献品格和"人梯"精神。从此种意义上讲,"教师是红烛,燃烧了自己,照亮了别人""教师是不断加油,照亮别人的永不熄灭的油灯""教师是年年岁岁吐丝不尽的春蚕""教师是百花园中辛勤的园丁""教师是默默无闻让人踩踏的台阶""教师是送攀登者登上光明顶峰的人梯"……所有这些比喻不也同样是新时代编辑的真实写照吗?

**6. 高度的责任意识**

习近平总书记在多种场合讲到过"责任意识"。从心理学角度分析责任意识,其实就是一种自觉意识。它和"自发"有本质的区别。自发是不受外力影响的不自觉的本能行动,属于"不知不觉"的动作,是未经有意识地思考的"下意识";而自觉是经过主动思考的,强调主体本身的主观能动的行为。作为人类精神文明的生产者之一的出版工作者,他出版和编辑的成果决定了他必须有强烈的责任意识。在多种工作职务或社会角色中,前面冠以"责任"二字的并不很多,而"责任编辑"既是一种光荣的称谓,更是一种体现自觉意识和使命感的社会担当。

编辑作为媒介链上的"把关者"一定要有高度的责任意识,同时对编辑工作要有敬畏感。曾经担任过人民文学出版社总编辑的著名编辑韦君宜就认为,对于有希望的稿件,编辑应该尽到自己的责任。在认真看稿的基础上,从挑小毛病到提出大问题,包括作品的人物等等,都要帮助作者好好想一想。她说:"稿子总是难免有毛病的。当编辑的应该负一点责任,指出毛病,提出意见,给人家好好谈一谈,认真研究一下。"(启治,1983)

编辑工作是一份有责任、有担当的细致活,没有止境;如果编辑没有高度的责任意识,很难把这份工作做好。比如当新冠病毒刚刚袭来时,作为出版人应该给人们及时提供有关新冠防御及预防心理方面的知识。在这个关键的时刻,有的出版单位面对疫情手足无措,产生畏惧心理,而有的则迅速在网络上发出通知和启事,开辟如何防范和战胜疫情的相关栏目,及时向有关专家约稿或者立刻推出网络征文活动。比如《中国新闻出版广电报》在 2020 年 1 月 23 日以"《新型冠状病毒感染防护》仅用两天出版上市"为题,及时编发了"南方出版传媒广东科技出版社在第一时间约请全省突发公共卫生事件应急处置和疾病预防控制技术指导中心、广东省疾病预防控制中心的专家编写了《新型冠状病毒感染防护》一书"的消息。该报道不但体现了报社编辑工作者的新闻敏感,更重要的是反映了报社领导和编辑记者在突发的疫情面前作为出版人的社会责任感和自觉意识,他们既对《新型冠状病毒感染防护》一书的出版社给予了肯定,也在出版界发射了一枚"信号弹":出版人要走在时代的最前头,要在强烈的责任意识和自觉意识作用下,表现出应有的社会担当,进而完成新时代出版工作者的历史使命。

鲁迅先生虽然更多的不是以编辑名家为世人所称道,但他也承担过许多编校工作,在编校过程中不仅纠正不合理的文字句式,而且对标点、版样也不放过。周建人等(1978)撰写的《鲁迅回忆录》说道:"鲁迅常常亲自做校对工作,校对中遇到一行的顶头有标点,他都认真地划到每行的末尾;一张校样,正面看看,还要倒过来看看,字排得正不正,排行是不是歪斜"。那时正处于中华民族面临生死存亡的时期,还没有统一的编辑规范,而鲁迅却坚持正确的编辑主张。许广平(2000)在《许广平忆鲁迅》书中记录"鲁迅自 1913 年至 1935 年,陆续校勘《嵇康集》长达 23 年,校勘 10 余次,抄本 3 种,亲笔校勘本 5 种,在鲁迅整理的众多古籍中,《嵇康集》可算是校勘时间最长、次数最多、花费心力最大的一种"。鲁迅认真的编校态度和高度的责任心值得新一代编辑学习。

出版界先辈邹韬奋(1995)曾说:"我们要用敏锐的目光、深切的注意和诚挚的同情,研究当前一般大众读者所需要的是怎样的'精神食粮'。这是所必须负起的责任。"编辑只有高度的责任心,才能知晓读者的需求,才能获得真正有学术价值的稿件。

**7. 崇高的审美观**

2021 年 9 月 24 日,习近平总书记在文艺工作座谈会上强调艺术的最高境界就是让人动心,让人们的灵魂经受洗礼,让人们发现自然的美、生活的美、心灵的美。2021 年 12 月,习近平总书记在中国文联十一大、中国作协十大开幕式上的讲话中又指出:只有把美的价值注入美的艺术之中,作品才有灵魂,思想和艺术才能相得益彰,作品才能传之久远。要把包括艺术在内的作品中美的价值很好地呈现出来,离不开编辑对作品的打磨和对美的再创造,编辑过程实际上就是一个审美过程,因此,编辑要有高尚的审美观。

首先,一名优秀的编辑要具有崇高的审美情感和人格操守,树立正确的世界观、人生观和价值观,要自觉站在人民的、国家的、民族的乃至人类的立场上。其次,编辑是一种为人类的精神财富添砖加瓦的人,而人类的审美财富是精神财富的重要组成部分,弘扬真善美、鞭挞假恶丑是编辑的神圣使命和天职。这就要求编辑要有高尚的审美观、深厚的审美底蕴、正确的审美标准和健康的审美情趣,这是进行审美创造的精神保证。再次,编辑要有执着的审美追求,包括但不限于彰显书报刊装帧的形式美,实现书报刊内容与插图的和谐美,凸显书报刊封面的科学与艺术之美。最后,如果从人格美学的角度分析编辑及其编辑工作,具有高尚的审美观和美学价值观对编辑就显得更为重要。

中国原无"人格"一词,到了近代才首先由西方传到日本,后又从日本传来中国的。在中国,多数场合和语境中使用"人格"一词时,一般是指"人品",所以在以前的《辞源》《辞海》《中国大百科全书》等权威工具书里都很难找到"人格"一词的影子。而《现代汉语词典》则把"人格"解释为:①人的性格、气质能力等特征的总和;②个人的道德品质;③人能作为权利、义务的主体的资格。显然第一、三种解释都不是这里所论述的"人格",第二种还勉强搭边。

编辑的人格美,或从人格美学角度来论及编辑,它其实是与道德品质密切相关但又不是完全相同的。这在日本当代著名美学家今道友信(1983)的美学专著《关于美》中论述得十分清楚,他在谈到"美"与"义"和"善"的关联意义时指出,"羊是牺牲的象征"。每当"我"双肩扛起牺牲的羊时,就成了蕴涵对社会负责的"义",这个字的构造是在"我"肩上扛着"羊",含义十分明显。"如果将一定的牺牲放在一定的献台上,构成的不正是'善'字吗?当付出的牺牲极大,当这一牺牲超过了一切规格,达到连自己都要毁灭的时候,不就是吸收羊大这个构字的'美'字出现的时候吗?"(遗憾的是,简化汉字的"义"在字形上已经失去了繁体字"義"的美学意义了)从他的阐释中我们受到深刻的启发,就是编辑的牺牲意识、奉献品格、"人梯"精神、责任义务等都应该上升到编辑的人格美学高度——崇高的审美观上来。

## 8. 良好的沟通协调能力

新时代的出版人和编辑,首先要做好一丝不苟的审稿、改稿和校稿等一系列的案头工作,但是也不能忽视社会交际的职能。从编辑的"辑"的词义里便可窥见一斑。"辑"在《辞海》中有"协调驾车的众马""和睦""和同""齐一""聚集""拖着不使脱落"和"连缀"等意思,这些词义中的大多数都有"团结协作""和合为美"的含义。表现为编辑在具体工作里,常常要与作者沟通,这就要求编辑除了应该具有奉献精神和创造才能之外,还必须具有一种社会活动家的才能。从社会学的意义上讲,就是要有一种人际交往的亲和力和善于与人沟通的人格魅力。编辑在选题策划和组织方面要有出色的沟通协调能力,才能构建丰富的人脉圈,才能获得受众者的信任、产生黏性,才能组来优秀的"热稿";在编辑加工过程中,编辑要有较强的沟通协调能力,才能形成和谐、敬业的编辑团队,才能协调各环节、各部门来通力合作,从而提高工作效率。在张元济先生编辑的手稿的批注中,也能发现他在审稿过程中与排版、校对人员良好的沟通与互动。如"书名排齐,看得合式,请诸位费些心""贵校交覆,(刻工姓名)若有重出,可删去"(刘芳,2018)。后又注曰:"已查明,不劳费心。"(刘芳,2018)可见,沟通协调能力是编辑完成编辑工作不可缺少的素养。

从中国近现代一些比较有影响的出版和编辑史料中可以看出,有些出版人、编辑和作者成为推心置腹的朋友。比如历史上著名的"流亡的东北作家群"中的中国现代作家骆宾基先生,当年想要出版他的长篇小说《边陲线上》,费尽周折终于联系到了茅盾先生。茅盾先生不但从文学角度给这位名不见经传的年轻人以较高评价,还从出版角度约他到杂志社见面,虽然几次推荐由于种种原因没有及时出版,但茅盾先生早已成为骆宾基的知己和领路人(骆宾基,1982)。巴金(1981)曾说,"编辑是作家与读者之间的桥梁。作家无法把作品直接送到读者的手里,要靠编辑的介绍与推荐,没有这个助力,作家不一定能出来",因此,他希望"作家和编辑应当成为诚意合作、互相了解的好朋友"。

从社会学和美学的交融角度看,中国古代的《尚书》《周易》《左传》《论语》《荀子》等著作对"中""和""和合"美学思想多有论及。尤其《乐记》这部对先秦儒家音乐美学思想系统总结性的经典文献,更在前人对"和合"美学思想论述的基础之上,将"和"作为音乐艺术评价的重要标准,集中揭示了"和合"之美的思想内涵(李成,2004;常勤毅,2009)。所有这些如果将其投射到对编辑沟通协调能力的提升上,就更体现出我们优秀传统文化的博大精深。因而,可将是否具备"和合"之美应作为如何将现代出版人塑造成让作者喜爱的社会活动家的重要指标。

### 1.1.4　编辑的作用

#### 1. 对保证出版物质量起关键作用

苏联的扎奠什金在《编辑工作札记》一文中写道:"编辑与批评家很相像。但编辑是这样一种批评家,他不仅评价、比较、分析并对稿件(用车尔尼雪夫斯基一句名言来说)做出判决,而且他还有助于稿件以最佳形态出版问世。可以说编辑工作是一种预先的批评,而且是十分友善的批评"(米尔钦,1988)。可见,在出版工作中,编辑的地位不容小觑。

编辑能优化出版物内容,能按国家编辑标准规范出版物的格式。中国编辑学会会长郝振省指出,编辑业务是出版企业出版单位的核心业务,编辑人才是出版企业的核心资源,因此,编辑队伍建设是出版业和出版产业持续发展的主要源泉和根本动力。编辑良好的素质是保证出版物质量的基石。

#### 2. 对文化传播起选择、优化和导引作用

2016 年 5 月 17 日,中共中央总书记、国家主席、中央军委主席习近平在全国哲学社会科学工作座谈会上的讲话中指出:"一切有理想、有抱负的哲学社会科学工作者都应该立时代之潮头、通古今之变化、发思想之先声,积极为党和人民述学立论、建言献策,担负起历史赋予的光荣使命。"虽然编辑工作不是直接为人民著书立说,但却是为这些著书立说的人做幕后英雄,帮助他们策划、修改文稿,使之达到出版要求,实现优秀文化的传播。在编辑对出版物的选择和加工过程中,实现了对知识的优化和增值。如没有经过编辑的选择、加工、优化和规范,出版物就不可能进入社会流通,也就没有什么社会效益和经济效益可谈。编辑对文化知识的选择还决定了为读者呈现什么样的知识,要知道只有有价值的知识才能对知识的再生产有重要影响。特别在知识经济时代,知识的选择和输送主要依靠专门从事知识传播的书刊编辑来完成。书刊中有价值的知识,一旦传播到需求者手中,一部分人可能会吸收其中的养料,并应用到实践中实现知识的再生产;一部分人可能会受到启发,产生灵感,完成知识的创新,写出新作品,并参与到传递新知识的接力赛中。另外,编辑对文化传递具有导引作用,他可根据时代要求策划书稿和文章选题,为读者呈现出与时俱进的文化盛宴。

2023 年 6 月 2 日,中共中央总书记、国家主席、中央军委主席习近平在北京出席文化传承发展座谈会时指出,在新的起点上继续推动文化繁荣、建设文化强国、建设中华民族现代文明,

是我们在新时代新的文化使命。要坚定文化自信、担当使命、奋发有为,共同努力创造属于我们这个时代的新文化,建设中华民族现代文明。在创造新时代的新文化和建设中华民族现代文明的征程中,编辑工作者具有义不容辞的责任,要把新文化打造成一道亮丽的风景线传播出去。

**3. 对开拓科学文化新领域起桥梁和纽带作用**

编辑在新文化、新学科的开拓中起重要的桥梁和纽带作用。优秀的编辑总会站在时代前沿,洞察社会需求和科技发展;同时策划出许多有价值的选题,吸引受众参与进来,在不同观点的碰撞中不断拓宽科学文化的研究领域。编辑在这个过程中不仅是点火的人,而且是作者与受众联系的桥梁。新时代随着科学技术的大发展,哲学社会科学与自然科学相互交融、彼此渗透,也随之诞生出许多自然科学与哲学社会科学的交叉学科,比如生态经济学、老年学等;也出现了许多越来越综合的社会新问题,比如,环境方面的新问题、气候方面的新问题等。这些新学科、新问题等的诞生要经过编辑的选择、优化后才能传播。当这些新知识传播到受众那里后,又在受众的实践和检验下不断完善,并且创作出一系列的科学论著,最终形成一门成熟的新学科体系。在这螺旋式推进进程中,编辑的桥梁和纽带作用不能忽视。

**4. 对优秀作者的发现和培养起"伯乐"和助推作用**

编辑在大量来稿中可发现有潜力、有造诣的作者,为他们提供展示写作成果的平台;编辑可以引导和培养新作者创作,让新作者少走弯路。许多颇有造诣的作家在初入文坛时都离不开老编辑的发现和提携。比如,我国著名的作家茅盾、巴金和丁玲等,他们的处女作是在老编辑叶圣陶的发现、推举下才在《小说月报》上发表,为他们后来走向文学之路奠定了基础(颜军,2018)。

另外,在审稿中,从编辑的视角给作者提出修改建议,能够突破某些审稿专家视野的局限性,使审稿意见更为丰满,对提高作者文稿质量有积极意义,也为作者的发展提供了更多的机会。比如,在批判两个"凡是"的年代里,南京大学的一位教师凭借过硬的理论知识,以非凡的勇气和胆识,发表了《检验真理的唯一标准是实践》的文章,震动了全国学术理论界;其实,取得这样的成绩离不开幕后编辑的辛勤劳动,并且标题中画龙点睛的一笔"唯一"二字是发稿前责任编辑给加上去的,责任编辑丰厚的学识帮助成就了文章的作者(邵京起,1993)。

## 1.2 编辑工作论

### 1.2.1 编辑工作内涵

《百科辞典》三卷集是这样定义编辑工作的,即编辑工作是编辑在著作出版前对作者稿件所做的提高工作……即消除内容、结构和风格等方面的缺点。这个定义只是反映了编辑工作的基本特征,还没有完全揭示编辑工作的重要价值。编辑工作的重要价值在于:首先,编辑要从党和人民的利益出发,选择书稿,并对书稿和文章出版后的影响力和社会利益给予评估;其次,对选定的书稿和文章要进行深入分析,帮助作者提高书稿和文章质量并在形式和内容上为其把关。把握好作品的政治关、学术质量关和文字表达关。

## 1.2.2　编辑工作特点

编辑工作是整个出版工作的中心环节,是政治性、思想性、科学性和专业性很强的工作,又是艰苦、细致的创造性劳动(姜毅,1995)。

### 1. 编辑工作具有思想政治的领先性

编辑工作一定会反映社会意识形态。比如,1915 年陈独秀创办《新青年》,提倡民主和科学,推动了新文化的发展。在五四运动至中国共产党成立的两年间,在《新青年》上共编辑刊登宣传马克思主义和十月革命的文章一百三十七篇,对宣传马克思主义和共产主义思想起着重要作用(高潮 等,1979)。编辑工作具有阶级性,总是代表一定的阶级和社会集团来进行传播活动,即通过控制传播内容和传播方向,对作者、读者以及社会各个方面发挥着舆论导向作用。也正像苏联学者米尔钦(1988)在他的书中论述的那样:"编辑人员要把编辑活动看作是党的活动和专业活动不可分的一部分。编辑不仅是图书出版工作者,而且还是政治工作者""确定稿件是否适合出版,防止对社会主义国家有害著作以及平庸的、读者不需要的著作出版;对决定出版的著作要批评到一切细节,通过自己的批许,帮助作者完善未来的出版物的内容和形式……"

新时代的编辑工作更要凸显其思想政治引领性和先进性。要在党中央的领导下发挥好文化主战场的作用,为推进中国特色社会主义建设做好宣传和舆论导向工作,并通过向读者和社会传播正能量,引导读者树立正确的价值观。因此,编辑工作具有思想政治领先性。

### 2. 编辑工作具有学术性和专业技术性

编辑工作不能被认为仅仅是改错字、词和规范一下格式,其实它具有较强的学术性和专业技术性。在编辑工作中,编辑尤其是学术期刊或理论图书类编辑,总会遇到许多学术问题,要很好地完成编辑工作,就需要正确判断学术问题,因此,编辑工作具有学术性。另外,策划选题和栏目是编辑工作的重要环节,编辑要根据社会的需要、读者的需求以及科学技术的发展状况提出新问题,并以此来策划出热点栏目和选题。但要提出有创意的问题不是一件很容易的事,爱因斯坦说过:"提出一个问题比解决一个问题更重要,因为解决问题也许仅是一个数学上或实验上的技能而已。"(梁振儒 等,1988a)创新问题绝非空中楼阁,需要建立在编辑精深的专业知识的基础上,因此,编辑工作具有专业技术性。

### 3. 编辑工作具有间接的创造性

为提高稿件质量,编辑在对稿件的评审和加工中要根据自己的见解和经验给作者提出好的建议,甚至亲自操刀修改,这蕴含着编辑工作者的创造性劳动在其编辑的作品中并没能直接体现出来。当读者阅读倾注了编辑工作者大量心血的作品时,惊叹的是作者的写作水平之高,然而并不知道背后编辑的付出。其实,呈现到读者面前的许多优秀作品,并非是作品原初的模样,不少是在编辑工作者的指导和帮助下经过几轮修改才达到的高度。编辑工作就是对作品的再加工和再创造;编辑工作就是让编辑做水泥柱里的钢筋,只受力,不露面;编辑工作就是让编辑做幕后的化妆师,把名望留给作者,把美丽带给读者,自己却默默无闻、不图名利。编辑就像一个"巧裁缝",要去修补和裁剪手稿中不合理的结构、欠佳的语言表达和缺乏逻辑的段落,最终给读者呈现的书稿就像经裁缝师裁剪制作的成衣,让人穿起来十分合体,美观大方。因此,编辑工作具有间接的创造性。

**4. 编辑工作具有严谨性和科学性**

编辑工作是一份严谨的工作,需保证出版的书稿或文章无政治错误、无知识错误;需保证科研论文实验方法、数据无误,结果分析合理;需保证人文社科类文章思想正确、观点明确、论据充分、论证合理。编辑工作是一份科学性很强的工作,首先,需保证出版物内容正确,能向受众传授正确、有用的知识,能引导受众树立科学意识和形成科学的生活方式。其次,编辑还要掌握选题、审读、编辑和设计等工作流程的科学规律,不能急于求成,不能急功近利。最后,在工作理念上,要坚持科学性原则,只对稿不对人,不发人情稿,不唯书、不唯上、不唯圣人。新时代处于科学技术迅猛发展的时期,人们对书刊的科学性提出了更高的要求,编辑只有不断提升自身能力,才能胜任编辑工作,才能筛选和加工出更多的科学性强的书稿。

**5. 编辑工作具有导向性和能动性**

编辑工作是一种意识形态工作,具有很强的导向性,其目的就是向读者传播思想、知识和技能,引导读者的知和行,并影响读者的思想观念。当今编辑工作的根本目的,是在繁荣中国特色社会主义出版事业的大前提下,武装读者头脑,引导社会舆论,传播科学文化知识,陶冶人们的情操,为读者提供优秀而丰富的精神食粮,以培养"有理想、有道德、有文化、有纪律"的社会主义公民为目标,进而使编辑工作成为社会主义精神文明建设的一个重要组成部分(邵益文,2008)。因此,编辑工作对社会文化和精神财富的传播具有导向和能动作用。比如编辑在选稿、改稿过程中,常常会发现这样的作者或作品:作品的主题或研究的内容是建立在作者长期的工作实践获得的感性经验的基础上,具有一定的价值;但是由于作品立意不高或政治站位的问题,使得稿件缺乏思想深度和正面教育意义。这就需要编辑从意识形态高度把握住作品的政治导向,进而将作品思想升华。

**6. 编辑工作具有独立性和协作性**

中华人民共和国成立以来,我们国家为建立科学的出版秩序、保证出版物的质量,借鉴了苏联的经验,于1952年10月由中央人民政府出版总署发布了《关于国营出版社编辑机构及工作制度的规定》,明确指出在出版工作中需建立个人工作责任制度,即在该规定第五条指出:编辑过程中的每一工作步骤完成时,所有有关负责人都须签字,以明责任。每种书籍版权页上必须注明该书的著作人、编辑、美术编辑、技术编辑、出版者和印刷者,以明责任。第六条还规定,编辑部对每一书稿都应负政治上与技术上的责任。编辑责任制的推行,使得每本图书和每篇稿件有指定的责任编辑。职责分明,责任到人,这样就形成了编辑工作具有一定独立性的特点。但编辑工作又需要相互协作,特别对报刊来说,不同的栏目或文章有不同的责任编辑,不是仅守好自己的"责任田",期刊就能办好。特别是2004年,新闻出版总署出台的《图书质量管理规定》(国家新闻出版总署令〔2004〕第26号)规定图书的差错率要控制在万分之一以内为合格,2020年新闻出版署关于印发《报纸期刊质量管理规定》的通知(国新出发〔2020〕10号)规定期刊的差错率要控制在万分之二以内为合格的规定,在这些硬性指标要求下做好编辑工作更要提倡编辑间的协作。每个编辑在编校过程中都存在盲点,因此,不可避免在所编的稿件中出现差错。如果编辑间交换稿件互校,就能进一步减少差错,所以要做好书报刊一定要齐心协力。编辑工作的协作性还体现在编辑与作者、读者的沟通协作上,与作者进行有效的沟通和协作,才能组来高质量的稿件,才能更好地完成编辑工作;与读者有效沟通,才能发现当下读者感兴趣的话题,才能策划出热点选题。

### 7. 编辑工作具有幕后性和不可缺失性

编辑一般不与作者、读者直接见面,但作者的文章从初稿到发表却隐含着编辑的修改思想,这犹如观众耳闻目睹的是演员的音容笑貌,而导演的启发、指导、调度和处理等都融化和隐匿在演员的表演中一样。编辑如同幕后导演,一本书稿在编辑的精心编导下才能为读者呈现出精彩的篇章,因此,编辑工作具有幕后性。另外,编辑加工是任何稿件出版前不可缺少的环节,不管作者水平有多高、是怎样的权威专家,他的作品在公开出版前都要经过编辑的再加工。不经过编辑的再加工,呈现在读者面前出版物是不规范、不完美的,要成为一篇好的文章或一本好书必须要经过编辑的打造。因此,编辑工作是不可缺少的,在积累和总结人类文化科学知识方面发挥着重要作用。吕叔湘先生说:"一般人对编辑的看法不正确,说某人是某大学的教授,啊,是教授,可是说某人是某出版社的编辑,就觉得无所谓,可是实际上当好一个编辑不见得比当好一个教授容易些,从某个意义上说还更困难些。"(吴道弘,1991)这也进一步表明编辑工作和大学教授工作一样的不可缺失。

这里还要特别指出,也是比较重要但有些编辑常常会忽略的一点就是,编辑在修改甚至改写作者的书稿时,不能全部包办代替。更为理想的做法是,提出修改意见后,尽量让作者本人亲自去改,哪怕不是很理想,也要让他们对自己的作品亲自"动刀",因为只有这样才能真正提高作者的写作水平。关于这一点恩格斯在给考茨基的信中说得十分清楚:"你不必埋怨德国作家的疏忽大意,而应改用这样的原则:把你准备采用的文章中的有关地方用有色铅笔标出来,然后退给作者修改,这样,他们很快就会学会用另一种态度写作。当然,如果编辑部很热情,愿意为他们做文字加工,那么,作者在写作中就会越来越粗心大意"(中共中央马克思恩格斯列宁斯大林著作编译局,1972)。革命导师恩格斯这段论述对我们编辑如何最大限度地调动作者自己的写作热情,如何让作者从内心深处接受编辑的修改意见,不是为了能够把作品单纯发表出来而委屈自己,把一切权力交给编辑等都是很好的启示。从此种意义上来说,编辑的幕后性就显得更为重要,而不可缺失性又能从编辑尽可能发挥作者本人的主观能动性的角度上丰富、完善起来。

### 8. 编辑工作具有时代性

每个时代的书报刊总是为它所处时代的政治、经济、思想、文化和科技的发展服务,因而编辑工作具有时代性。编辑工作者需要聆听时代的号角、踏准时代的节奏,推出反映时代特色的书报刊。

回顾历史上很多优秀的书报刊作品,它们有个普遍的共性,就是总要反映当时的时代风貌、倡导当时的时代精神、书写当时的时代人物、研究当时的热点问题。而所有这些都离不开编辑的辛苦努力和大量工作,在从组稿到编稿、从改稿到定稿、从发稿到问世这一系列编辑工作中,作为编辑一定要成为时代的弄潮儿,一定要站在时代的最前沿,要先人一步才行。

中宣部、教育部、科技部联合印发的《关于推动学术期刊繁荣发展的意见》指出,坚持马克思主义在意识形态领域的指导地位,深入学习宣传贯彻习近平新时代中国特色社会主义思想。充分发挥学术期刊独特作用,提高学术期刊围绕中心、服务大局能力,为社会主义现代化建设提供强大精神动力和智力支持。坚持追求卓越、创新发展,推动学术期刊加快向高质量发展阶段迈进。这为我们新时代的编辑工作指明了方向,即要坚守社会主义意识形态主阵地,恪守"科学守门人"的职业初心,践行编辑出版精神,守正创新,引导时代的科学研究和文化创造与发展的潮流,编发一批思想鲜活、说理透彻、有时代针对性的高质量的书刊。

# 1.3 新时代编辑工作论

## 1.3.1 新时代编辑工作的新特征

### 1. 以习近平新时代中国特色社会主义思想为指导思想

中宣部、教育部、科技部联合印发《关于推动学术期刊繁荣发展的意见》指出,学术期刊是开展学术研究交流的重要平台,是传播思想文化的重要阵地,是促进理论创新和科技进步的重要力量。加强学术期刊建设,对于提升国家科技竞争力和文化软实力,构筑中国精神、中国价值、中国力量具有重要作用。包括学术期刊在内的所有出版工作要以习近平新时代中国特色社会主义思想为指导思想,紧紧围绕党和国家重大决策部署和宣传思想工作根本任务,坚持正确政治方向、出版导向、价值取向,加快提升内容质量和传播力、影响力,不断完善把社会效益放在首位、社会效益和经济效益相统一的体制机制,为社会主义现代化建设提供强大精神动力和智力支持,为建设世界科技强国和社会主义文化强国做出更大贡献。这一意见阐明了编辑工作的指导思想和发展目标,也凸显了编辑工作的意识形态性。

新时代,编辑工作扮演着传播中国特色社会主义文化和科技成果活动的重要角色,要把握好出版物的政治关、质量关,引导大众树立正确的思想观和人生观;要以编辑的书报刊为载体宣传好习近平文化思想、社会主义核心价值观和社会主义优秀文化。特别在当前严峻的国际形势和全球化语境下,做好对意识形态的把关工作,是编辑工作的首要任务,要始终坚持习近平新时代中国特色社会主义思想,不要为了追求经济利益而放弃原则。

### 2. 以数字技术作为编辑工作的常用手段

在新时代,数字技术给出版业带来了深刻变革,大部分书报刊投稿、审稿已实现数字化,有的书报刊利用编辑部内部局域网和 Internet 为基本平台,实现作者—编辑—审稿专家—编委四位一体的协作化、网络化和角色化;还有的期刊依托国内知名的数据库平台开发的审稿系统(知网投稿系统等),实现了稿件、出版、专家、用户等一体化,为编辑工作提供了便捷,并大大提高了编辑工作的效率。但数字技术也给传统的编辑工作带来了极大的冲击和挑战,因为随着手机、iPad、阅读器等移动终端设备实现阅读以来,传统的纸质书报刊已不是主打的学术承载介质,所以为了顺应数字技术的变革和用户的需求,编辑工作要彰显融合理念,充分利用数字技术和各种相关软件,实现书报刊表达形式的多样化。可以有纸质的、数字的,还可以把书报刊的部分内容用 AR 技术、AE 技术等数字技术打造成以短视频、MG 动画或虚拟情境供用户欣赏,丰富用户体验,在拓宽书报刊传播形式的同时也扩大了书报刊的影响力。另外,多源化的信息传播途径,给用户提供了更多的主动选择信息的机会。为了吸引广大用户,提高书报刊的影响力,必须规划好书报刊内容和呈现形式。

**3. 以服务为轴心的工作导向**

进入 21 世纪,出版形式发生了变化,逐渐去纸质化、去中心化和去专业化,编辑工作不再是出版的轴心,而服务变为出版的轴心。首先,编辑工作一部分可让编辑软件承担,其工作重心集中在策划和打造多种形式出版物环节,像策划大众喜闻乐见的选题、发现吸引用户的书报刊呈现形式以及传播形式等,已成为当前编辑工作中需要思考的重要问题。其目的就是从出版内容上吸引用户,从出版形式上满足用户需求,更好地彰显"为人民服务,为中国共产党治国理政服务,为巩固和发展中国特色社会主义制度服务,为改革开放和社会主义现代化建设服务"的理念(彭泽平,2023)。其次,编辑工作内容更加多元化。编辑不仅要关注传统的纸质出版物,还要关注网络、社交媒体、移动应用等各种新媒体平台,了解这些新媒体的特点和用户需求,以便更好地为读者提供服务内容。最后,在出版环节,书报刊特别是期刊也不能完全按传统的纸质出版时间点来推送论文,必须要突出数字技术的快速性和实时性,为了抢占学术首发权,应走优先出版之路。优先出版是数字化出版的一种创新形式,凡通过同行专家评审和编辑部定稿录用并经编辑修改编校后已达到期刊正式出版水平的论文,在正式按期次成册印刷出版前,均可在网络上以单篇论文为单位、以 PDF 文档的形式在线优先发表。新时代,无论在出版形式上还是出版周期上,都要充分体现出为作者服务、为读者服务的宗旨。

**4. 以扩展现实技术为依托的编辑出版新模式**

新时代,在数字技术冲击下,编辑工作的模式不断地被革新,甚至 3D 出版物也已经不能满足部分用户的需求,他们需要一种身临其境的体验,即要满足视觉、听觉、嗅觉、味觉和触觉的感受。在此需求下编辑工作要勇于向数字技术的高级阶段元宇宙挺进,进入一个现实世界和虚拟世界融为一体的新场景。元宇宙(Metaverse)是利用科技手段进行链接与创造的、现实世界映射与交互的虚拟世界,具备新型社会体系的数字生活空间。此时的编辑工作需与虚拟现实、人工智能、区块链和大数据等数字技术结合,且要实现现实世界与虚拟世界两个时空的交互。这些为编辑工作提出了挑战,但也带来了创新机遇。中国学术期刊要抓住这个机遇,提早布局,为抢夺这块新阵地储备技术与力量,并抢先利用元宇宙技术优势构建先进的元宇宙学术期刊版块,为全球作者、读者等提供多元的信息服务,这样将会改变我们现在某些方面受制于人的局面,使中国有望在元宇宙时代成为国际学术的中心。

## 1.3.2　新时代编辑工作的发展路径

**1. 加强编辑的政治素养**

新时代是中国特色社会主义发展的重要里程碑,编辑工作尤其要把好出版物的意识形态关,而要做好这项工作,就需要编辑要有过硬的政治素养。首先,在编辑工作中要以习近平新时代中国特色社会主义思想为指导,增强"四个意识",坚定"四个自信",做到"两个维护",并熟练掌握与书报刊发展相关的文件和精神。其次,要具有较强的政治鉴别力,通过关注国内外形势和与意识形态相关的事件来提高其明辨是非的能力。最后,要坚持正确的政治方向,坚决杜绝有政治性错误的内容和选题,发挥好引导舆论导向的作用。

**2. 培养编辑的新媒体技术和大数据意识**

新时代的编辑工作要与新媒体技术融为一体,为用户阅读书报刊提供更多方便,比如可以向微信公众号或书报刊相关平台推送书报刊提要和二维码,借助手机、电脑等客户端以多媒体形式在线呈现书报刊内容,实现对所发表内容 2D 和 3D 的拓展。另外,在快节奏的生活环境中,用户对碎片化信息这种较为节约时间的信息获得方式更为青睐,编辑可在这一方面对特色文章进行设计,实现重点内容的碎片化传播。为了使书报刊的展示形式多样化,满足用户需求,编辑必须要提升自身的新媒体素养和应用新媒体技术的能力,加强对手机、电子书以及应用客户端的开发。但就如同衣服仅凭外在样式的美观,不一定永远畅销一样,人们还会注重衣服的质地。因此,编辑工作不能脱离书报刊内容为王这个核心,书报刊如果没有扎实的内容,纵有华丽的包装也走不远。为了提高出版物内容质量,策划好选题显得尤为重要,这就需要编辑具有大数据意识和获取信息、分析信息的能力,有这样的基础才能更好地了解最新数字技术和信息数据发展趋势,才能充分利用各种媒介获取有价值的信息。在对各类数据的挖掘、收集和分析中,能够更好地完成对书报刊稿件的策划;在对众多的信息的提炼中,能够激发出创新选题作为作者撰写稿件的主题。在促进编辑工作向现代化、高效化、信息化和智能化方向发展的进程中,同时保证书报刊内容具有较高的经济和社会效益。

**3. 建立以数字出版为核心的书报刊编辑工作新模式**

新闻出版总署《关于加快我国数字出版产业发展的若干意见》中指出:数字出版是指利用数字技术进行内容编辑加工,并通过网络传播数字内容产品的一种新型出版方式,其主要特征为内容生产数字化、管理过程数字化、产品形态数字化和传播渠道网络化。数字出版产品形态主要包括电子图书、数字报纸、数字期刊、网络原创文学、网络教育出版物、网络地图、数字音乐、网络动漫、网络游戏、数据库出版物、手机出版物(彩信、彩铃、手机报纸、手机期刊、手机小说、手机游戏)等。

数字出版是对书报刊现有工作模式的一种再造和革新,是出版行业未来发展的趋势,但传统出版在行业内的竞争力也不容小觑。传统的出版模式与数字出版相结合是目前书报刊出版较常采用的模式,大部分书报刊采用了数字出版的部分环节,即利用自建的投稿平台或依托知网等投稿系统实现投稿、审稿、校稿、排版等的数字化。另外,管理工作也部分实现了数字化,比如,审、校等工作每一步都在系统中体现得很清楚,编辑的工作量也可在系统中定量体现出来,方便了编辑工作的管理,提高了工作效率。产品形态增加了 2D、3D 数字形态,但依然保留纸质书报刊的印刷和发行,在传播渠道方面开拓了新媒体技术支撑下的微信公众号等传播途径。也有部分书报刊将传统纸媒编辑出版与数字化编辑出版进行完全的业务分离,以确保书报刊数字化编辑出版的流程顺畅与效率提升。但这种全新模式花费的代价大,需要资金、需要人才,单一的出版社很难完成,需要书报刊集群统一打造。在编辑工作的数字化进程中,不论采用哪种模式,都应吸纳传统编辑工作理念的优点,将传统优质理念与数字化理念进行融合,取长补短,促进新时代编辑工作的大发展。

### 4. 打造以服务为轴心的编辑活动

其实,编辑的服务意识既是个老生常谈的话题,更是个常谈常新的课题。在中国近现代和当代的出版编辑史上,涌现出无数以读者为中心、为作者排忧解难的优秀编辑人和美好的佳话。他们的服务意识至今仍然是我们后来的出版人和编辑人所要传承的优秀的职业道德。

新时代,在数字技术发展和新媒体传播交织的环境下,编辑在继承前辈的服务意识基础上,更要树立用户思维,重视用户需求,进一步提高为人民服务的意识。在编辑活动中充分利用新媒体技术,拓展和丰富书报刊的内容和表现形式,提高用户的个人体验;在编辑工作中要重视出版品牌建设,增强用户黏性。另外,为方便用户查询,在推出书报刊的同时,还需推出数据库、搜索引擎等多元化的产品,实现编辑活动与市场、用户等的有机结合,提高市场竞争力。实现向读者提供优秀出版物,推动精神文明建设,使社会主义文化底蕴得到提升的出版根本目标。

本章通过历史回顾介绍了编辑的起源,结合典型事例阐述了编辑工作的特质及作用,在梳理和评析相关论述的基础上总结了编辑工作的内涵及特点;同时对新时代的编辑工作进行了思考。新时代的编辑工作要以习近平新时代中国特色社会主义思想为指导、以数字技术为手段、以服务为轴心,更好地服务于党和人民。

# 第 2 章　新时代编辑职业素质的探讨与思考

## 2.1　新时代编辑职业素质概述

### 2.1.1　编辑职业素质定义

对职业素质概念的解析,学者们有多种定义,比如,许启贤(2001)认为,职业素质是指劳动者在一定的生理和心理条件的基础上,通过教育、劳动实践和自我修养等途径而形成和发展起来的,在职业活动中发挥作用的一种基本品质。张良(2013)认为,职业素质是职业个体基于一定的生理和心理基础,通过遗传和后天教育、学习、实践和感悟形成的从事社会职业所应该具有的身体、心理、知识、能力、品德、性情、态度和价值观等要素的总和。邓肖丽等(2021)对职业本科学生职业素质概念作了定义,其核心内容也可作为广义上的职业素质内涵,即与从事的具体职业活动相匹配的、能促进其职业不断发展需要的认知、知识、能力、精神、品质和态度等方面要素的总和,是在职业活动中表现出来的起决定性作用的、内在的、相对稳定的职业综合品质,也是社会职业活动内在的规范和要求。百度百科定义职业素质(Professional Quality)是劳动者对社会职业了解与适应能力的一种综合体现,其主要表现在职业兴趣、职业能力、职业个性及职业情况等方面。一般来说,素质是职业的基础,不同的职业有不同的素质要求;职业是素质体现的舞台,作为能力潜状态的素质要成功转化必须借助一定的方式、方法。成功的职业生涯一方面是个体素质的展现过程,更重要的一方面是个体素质不断成长的过程(谭满益 等,2009)。

从以上对职业素质概念的多种解析可总结出编辑的职业素质的定义,简单地说,编辑职业素质即编辑工作者在国家、社会和行业规范要求下为了胜任编辑工作所具有的一种内化的、沉稳的素养和能力。

### 2.1.2　编辑职业素质相关研究

**1. 有关职业素质内涵及特点研究**

以往的研究者对职业素质内涵作了一定的探讨,比如,许琼林(2016)从"业务型"和"素质型"角度出发,将职业素质内涵广义化为专业型与非专业型两种。谢峰(2021)从技艺、态度和价值三个层面分析了职业素质内涵:从技艺层面上来说,指胜任某岗位(群)的专业知识与实践能力,主要体现为个人对于工具的使用、对于流程的掌握、对于资源的整合等;从态度层面来说,指胜任某岗位(群)的基本职业操守、职业动机、职业合作和职业责任等,主要体现为个人对于岗位的忠诚、对于压力的应变、对于规范的遵守、对于同事的沟通和对于客户的尊重与理解等;从价值层面上说,指胜任某岗位(群)的精神追求与归属感,主要体现为对于个人职业理想的坚守、对于实现职业价值的渴望以及对于社会责任的担当。丁德渝等(2008)认为,职业素质应是全方位的,既包括生理、心理、思想道德、文化科学等自然和社会素质,也包括胜任工作岗位的职业能力、职业兴趣和职业个性等专业素质。程晓芝(2004)指出,学报编辑的职业素质内涵包括职业追求、职业敏感、策划能力、社会活动能力及判断能力等。学报编辑的职业追求是一种对知识创新的追求,为更好地传播、积累先进文化和科技知识不惜倾注大量心血;学报编辑职业敏感是一种知识创造的敏感,也是一种市场敏感;策划能力是现代编辑应该具备的能力。学报编辑有积极参与各类学术活动和社会活动的热情和能力,要开展市场调查,掌握市场走向,以此来不断提高自己的判断能力。谭满益等(2009)认为,职业素质内涵具有职业性和系统性,职业性是职业素质的本质属性。职业素质教育的目的要为人的职业生涯服务,为特定行业培养专业人才创造必备的条件,为从业者敬业乐业、艰苦创业、建功立业形成内在的优势。因此,可以说职业素质内涵本身具有系统性。职业素质具有五个特征(张良,2013;储克森,2004),即职业性(表现为不同行业的从业者素质有所不同)、稳定性(表现为素质形成后在生活和工作中会长期存在)、内在性(在职业活动中表现出来的潜在素质)、整体性(表现为从业者综合能力和品质的体现)、发展性(表现为从业者素质要求随着社会的发展变化)。

对于职业素质或编辑职业素质内涵的解析从不同角度、不同层面有不同的说法。为进一步讲清职业素质内涵就免不了要涉及其结构成分。

**2. 有关职业素质结构成分的研究**

国外,早在 1868 年,《纽约太阳报》就专门为该报新闻工作者制订了 13 条职业行为准则。《图森公民报》总编辑保罗·麦卡利认为,新闻工作者所需的职业能力应包括:广博的知识面、勤恳的求知欲、强大的抗压力、灵活成熟的文笔以及精湛的业务技能(凯利·莱特尔,2010)。McClelland 等(1973)提出职业素质模型,也称"素质冰山理论"。在这个模型当中,他将人员的个体素质分为基准性素质(threshold competence)和鉴别性素质(diferentiating competence)。其中,基准性素质是冰上部分,是能够进行量化的基本知识和基本技能,可以经过后天的培训进而获得、改变和发展;而鉴别性素质是冰下部分,是难以测量的角色定位、自我认知、特质、动机和价值观,这是区分人优秀与否的关键。

在国内,对职业素质构成的探讨也是一个常谈常新的话题,比如,解延年(1998)认为,职业素质应该包括知识、技能、能力、体质、生理、心理和思想品德等因素;王敏勤(2002)认为,职业素质应该由基础性素质(如科学文化基础知识、基本的技能和能力、基本的职业道德品质、基本的职业个性倾向和基本爱好等)、专业性素质(如理论知识、操作技能)和创业、创造性素质三部分组成;张良(2013)认为,职业素质既应该包括从事任何职业都应该具有的基本职业素质(如身体素质、心理素质、科学文化素质和思想道德素质等)和关键职业素质(如沟通交流、数字应用、信息技术应用、团队协作、问题解决、自我学习与管理发展)等通用性职业素质,又应该包括从事具体职业所应该具有的专业知识、专业能力、职业情感、职业价值与职业道德等专业性职业素质,还应该包括适应不同职业和岗位变更所需要的继续学习、职业迁移和创新、创造以及创业等在内的发展性职业素质;蒋乃平(2012)认为,职业素养构成可以分为公共职业素养、行业职业素养以及岗位职业素养三类。

专门针对编辑职业素质构成的研究近年来也涌现了大量的文献,比如,严秀丽等(2019)指出,科技期刊编辑必须具备的职业素质主要有:良好的职业道德、扎实的编辑理论知识、丰富的学科专业知识、熟练的计算机应用与信息检索能力;张震之(2018)指出,高校科技期刊编辑在"互联网+"、全媒体时代下应该不断适应时代的发展,提升对"互联网"热门话题的敏感性,并熟悉微信、微博等现代传播工具,充分运用富媒体;詹杏芳(2018)提出,青年期刊编辑应树立政治质量意识、学术质量意识、编辑质量意识、出版质量意识,培养科学素质和精益求精的精神;郑筱梅等(2012)提出,需培养编辑实事求是的价值观、与时俱进的学习观、真诚待人的服务观和一专多能的职业观等素质;赵莹等(2009)从意识和能力两大方面对编辑素质提出了更高要求;周浩正(2008)总结了优秀编辑的基本素质:文字的高手(编辑力),伟大的沟通者(经营力),杰出的推销员(经营力),优秀的创新家(创新力)和勤奋的思想者(思想力)。

还有许多学者专门讨论了新媒体编辑职业素质,比如,暴爱国(2017)指出,新媒体编辑应该具备政治理论素养、新闻职业素养、专业知识素养、媒介知识素养和创新能力等基本素养;马晓萌(2017)从市场需求的角度提出新媒体编辑应具备扎实的采编功底、极强的政治素养、朴实的大众素养和良好的IT素养;王臻(2018)认为,新媒体编辑应具备职业能力素养、专业知识素养和创新素养等基本素质;刘中琦(2018)认为,新媒体编辑应具备政治素养、文化素养、职业素养和媒介素养等基本素质。缪旭华(2018)认为,新媒体编辑的基本素质包括政治与法律素养、文化素养、信息技术素养和处理与整合信息素养。

也有学者专门对网络编辑职业素质进行了探讨,比如,师静等(2010)从工作分析的视野首次对我国网络编辑的核心竞争力进行归纳和总结,提出新闻敏感性、学习能力和整合能力是网络编辑的核心竞争力。曹淑杰(2017)认为,新时代网络编辑的能力与素养应包括选择和判断能力、整合和加工能力、挖掘和处理能力、传播和推广能力。陈蔚峻(2011)提出一个合格的网络编辑应该具备强烈的道德意识和责任感、编辑行业专业技能和策划推广能力。张笑(2014)从职业能力构建的角度分析Web3.0时代下网络编辑应具有抵御信息风险的能力,整合传播信息、检索数据的能力,挖掘受众需求、实现网络聚合效应的能力,选题策划及全媒体推广能力。刘隽(2011)提出,出版社网络编辑人员应具备信息采集、文字编写和图片处理能力,专题活动策划、实施能力,相应的计算机能力和优良的行业素养。

另外,余敬春(2018)认为在数字出版的知识服务时代,数字出版编辑必备把关能力、数字出版引领能力、资源整合能力、产品设计能力、服务创新能力及数字营销能力。李奕(2009)提出电子音像编辑的能力素质包含政治思想素质、计算机知识、编辑专业知识和社交能力。常勤毅(2002,2009)将编辑素质与人格美学和期刊属性紧密联系起来,将"牺牲者的美学、善、智者的美学、和合"等应用到编辑素质研究中,并密切跟踪和批评当时期刊出版中存在的一些不良现象与问题。

总之,编辑职业素质的构成成分不是一成不变的,它会随着社会的发展和时代的变迁而不断地更新。在数字网络时代,传统的一些编辑职业素质被弱化,比如,对纸质书报刊的运营力、编校力等。同时,对编辑职业素质又提出了新要求,比如,新媒体技术应用能力、大数据分析能力等。不管社会怎样发展，笔者认为，编辑职业素质构成可分三大块，即心理素质、品格素质和专业素质。在新时代，编辑的品格素质则显得尤为重要。

**3. 倾向于"编辑力"的编辑职业素质研究**

很多学者用"编辑力"这个概念来衡量编辑的素养和能力，比如，日本著名出版人鸶尾贤也（2007）较早在他所著的《编辑力——从创意、策划到人际关系》中提出了编辑力的概念，并指出编辑力包括整合力、组织力和企划力等。李军领（2011）在《编辑力"五力模型"试探》中说到所谓编辑力，就是编辑人员在编辑工作情境中运用自身的眼光、素养、知识、专业技能等，进行稿件策划、组织、审读、选择、加工等创造性活动，以实现编辑工作目的的能力。刘章西（2004）在他撰写的《编辑力：打造名栏目的一个实证》中指出：编辑力是一种创造力，它指的是一种合力，是编辑人员的体力、智力等因素所形成的。糜倩等（2010）在《编文与做人——对提高编辑力的思考》中指出：编辑力是编辑人员全面动用自己的个性、人格、教养、知识、技术以及日常生活方式等，通过策划、选材、编审，甚至参与创作等过程，再以"报""刊""书""网"的方式交到读者手中的问题前瞻力、创意构思力、知识把握力和人际交往力等的综合体现。李辉（2013）归纳出编辑力包括策划力、组织力、审读力、选择力和加工力。一个优秀的编辑，需要具备丰富的学识、旺盛的好奇心、完美的执行力以及迅速的反应力等一系列素质和能力，这就是我们通常所说的"编辑力"。

刘逸（2007）在他的《试论编辑力》中谈道：编辑力主要体现在影响力、凝聚力、创造力和竞争力。敬亚平（2008）在《关于增强普通高校社科学报编辑力的思考》中提出，编辑力包括编辑的创造力、策划力、选择力、营销力以及公关力等，体现在编辑工作的各个环节当中。美国鲍尔斯和博登（多萝西 等，2008）的《创造性的编辑》则全面地介绍了当代传媒机构中文字编辑工作可能涉及的编辑力，比如，语法、格式和排版等传统编辑技能，网络编辑、网页设计等技能。周浩正（2008）在《优秀编辑的四门必修课：一位资深总编的来信》中，重点讨论了编辑的经营能力、创新角色和思想修炼三方面的能力。徐诗荣（2011）在《全媒体出版时代编辑能力的培养》中提出，在全媒体出版时代，由于图书形态的多元化、出版领域的扩展以及出版流程的改变，从而对编辑能力提出了更高的要求，编辑在信息收集与整合，文本内容的组织、开发与编校，图书形态的设计以及全方位的宣传策划能力等方面都需要加强。

综上所述，笔者认为，编辑力就是编辑的职业素质的核心组成部分，是最宏观、最直接的编辑职业素质。在新时代更要突出编辑的编辑力。

**4. 倾向于"职业意识"的编辑职业素质研究**

许多学者从"职业意识"构成的角度对从业人员或编辑的职业素质做了不同层面的探索。比如，陈波（2019）指出，编辑的职业意识具体体现在社会共性意识和个性意识两个层面，编辑工作者只有在职业意识的支撑下，才能不断巩固自己的业务能力，夯实职业技能。徐瑛（2020）探讨了新时代编辑的职业意识，指出新时代的优秀编辑应树立创新意识、质量意识和市场意识，注重选题的自主创新和自主策划，严把图书内容质量关，充分重视市场因素和读者需求，生产更多精品力作。阎卫斌（2004）提出，在社会主义市场经济体制的背景下，编辑的职业意识应该包括政治意识、学习意识和质量意识等。杜焱等（2020）指出，在新形势下，英文科技期刊编辑应具备五种职业意识:国际化意识、市场推广和品牌意识、媒体融合意识、服务意识和学术诚信与出版伦理意识;同时,要具备五种职业能力:科研能力、科技期刊评价和分析能力、策划国际专栏的能力、培育品牌国际学术会议的能力和良好的英文交流能力。李静(2023)讨论了融媒生态下新闻编辑职业意识,指出新闻编辑要强化受众意识,合理利用多媒体技术手段来深入、准确地了解受众需求;要强化多媒体意识,加速促进不同媒介之间的高效融合与优势互补;强化科技意识,即遵循文字处理智能化、信息编发智能化、新闻编辑智能化以及技术人员智能化四个智能化标准来强化自身的科技意识。宿晓凤(2022)在研究新时代图书编辑的职业意识时,指出新时代的编辑应不断强化主动意识、学习意识、责任意识、创新意识和精品意识,提升政治素养、文化素养、信息素养和业务素养,快速适应新形势、新业态带来的机遇与挑战,做好图书编辑出版工作。郭爱民(1997)认为,图书编辑应树立并强化政治意识、大局意识、特色意识和敬业意识等职业意识,才称得上是一位称职、合格的编辑。鲍芳(2019)结合《运动与健康科学(英文)》期刊编辑工作实践经验,从质量意识、责任意识、服务意识和竞争意识四个方面探讨英文科技期刊编辑应具备的职业意识。

有关职业意识的定义和内涵也有不同的界定,比如,职业社会学认为,职业意识是人们关于职业的观念形态,包括对职业和对从事的工作的看法、理解、评价、满意感和愿望等,它既影响个人的就业和择业方向,又影响整个社会的就业状况。百度百科定义职业意识(Professional Awareness)是作为职业人所具有的意识,具体表现为:具有基本的职业道德。其内涵包括职业理念、职业地位、职业情感、职业意志和职业理想等。姜梦(2022)认为,职业意识是在工作实践的过程中逐渐确立,又作为能动性因素影响从业者的职业行为和生产活动。职业意识能够调控从业者自身的职业行为,并实际指导其职业言行,从而直接影响工作效率和质量。职业意识是个体对自身所从事职业的一种特有的感知能力、创造能力和评价能力。个体的职业意识决定着职业的价值取向与功能取向,它是人在从业过程中的内在驱动力,编辑的职业意识亦然。武逸(1987)给编辑的职业意识下了个定义,即编辑在长期的编辑工作实践中,对职业性质从感性到理性的一种深刻的认识,是对职业的一种特有的敏锐感、评价能力和创造能力,也可以说是一种职业的本能;并总结出编辑职业意识的作用,即采撷"精英"、诱导创作、开阔视野、创新思路、集腋成裘、沙里淘金、捕捉信息和减少过失。

通过以上学者对职业意识构成的不同解析以及对其概念的分析,笔者认为,职业意识也属于职业素质的范畴,只是侧重于意识层面讨论编辑的职业素质,可以看作是从业者的心理意识与品格意识的叠加。

### 2.1.3　新时代编辑职业素质的重要性

编辑是开展编辑工作的主要人力资源,编辑是书报刊内容的策划者、编选者、加工者和质量把关者。编辑职业素质决定着书刊质量和行业发展水平,也直接影响着出版业的转型升级;编辑的职业素质是书报刊走向国际化、专业化发展的重要基础和因素之一。

新时代编辑的职业素质除了上述各方专家研究的内容之外,更应强调的是突出政治素养和对数字技术的应用能力。

国家对新时代编辑工作提出了更高的要求。2021年6月,中共中央宣传部、教育部、科技部印发《关于推动学术期刊繁荣发展的意见》中提出,科技期刊要围绕创新型国家和科技强国建设任务,聚焦国家重大战略需求,服务经济社会发展主战场。坚持问题导向,聚焦前沿领域,活跃学术空气,善于发现创新、鼓励创新、引领创新,对重大问题坚持长期跟踪。2021 年 5 月 9 日,习近平总书记在给《文史哲》编辑部的来信中说:增强做中国人的骨气和底气,让世界更好地认识中国、了解中国,需要深入理解中华文明,从历史和现实、理论和实践相结合的角度深入阐释如何更好地坚持中国道路、弘扬中国精神和凝聚中国力量。回答好这一重大课题,需要广大哲学社会科学工作者共同努力,在新的时代条件下推动中华优秀传统文化创造性转化、创新性发展。高品质的出版物就是要坚守初心、引领创新,展示高水平研究成果,支持优秀学术人才成长,促进中外学术交流,而要落实这些任务就一定要有一流的编辑人才做后盾,就一定要高度重视新时代编辑职业素质的培养,就一定要加强对新时代编辑的职业素质方面的重要性研究。

## 2.2　新时代编辑职业素质结构

职业素质结构指职业素质的构成版块和相应的成分元素。新时代编辑的职业素质结构更聚焦于编辑的工作特点,并由此形成的素质结构和元素。

### 2.2.1　研究现状分析

目前研究"编辑素质"的相关文献,一方面,集中讨论突发公共事件中编辑应凸显的素质,比如编辑的责任意识、担当意识、职业敏锐性、政治意识和科学精神等,没有从建设一流期刊的角度和从更深层次的心理素质视角去挖掘编辑的职业素质。例如,谢裕等(2020)指出,在面对重大突发公共卫生事件时,科技期刊编辑既要发挥编辑的职业敏锐性,快速做出应对反应;还要具有高度的社会责任感,以科技期刊为载体,充分调动编委、审稿专家和作者的主观能动性,快速精准组织编发相关科技论文,为应对突发公共卫生事件、减轻伤害贡献智慧和力量。沙莎等(2020)指出,在突发公共卫生事件中,医学期刊编辑要增强自身的政治责任感和社会责任感,利用期刊出版优势,为社会各界提供快速、准确、高效的知识服务和信息需求。医学期刊编辑要具有良好的科学精神,防止学术不端分子利用某些期刊为追求时效性疏于把关的机会,发表学术不端作品,误导专业人员或普通民众。周清涛等(2020)对突发公共事件中图书编辑的职业敏锐性进行了探索,指出职业敏感是从业者在长期工作中练就的在繁杂信息中快速捕捉有用信息,并做出价值判断的一种能力;认为编辑的职业敏锐性指编辑对于外界刺激反应快速敏锐,这种能力具有突发性和跳跃性特征,是编辑通过长期的经验积累和深入思考所养成的一种思维习惯和感应能力,是编辑在职业实践中逐渐形成的一种专业素养。

另一方面,集中在探讨编辑的心理素质对编辑工作的影响,没有结合创办一流期刊突出对编辑专业化、国际化等素质的研究。比如,王凤梅(2015)探讨了编辑心理偏差对编辑工作的影响,指出编辑心理偏差的具体体现形式是思维定式偏差。表现在靠老经验进行稿件的编辑,对新见解和新理论等持有不赞成的观点,对不同学派的观点考虑比较多,对学者和名人的稿件比较盲目地崇拜,等等。在这些情况的影响下,编辑工作会出现很多问题,如没有新意、不够创新等,最终阻碍新成果、新观点的推广和应用。艾克拜尔(2019)探讨了个性心理特征对编辑工作的影响,指出编辑的责任心和自信心都是性格中态度的具体表现;编辑自身的意志是对自己行为和思想的自主调节,以及对自身编辑工作的高效认知,对实际编辑工作影响较大;并指出情绪是编辑在新闻信息编写过程中遇到问题时的自我控制;理智是编辑人员在面对各种突发社会事件时需要具备的特质。

### 2.2.2　编辑职业素质构成分析

新时代编辑素质可从心理素质、品格素质和专业素质三方面构建,因为心理素质是编辑职业素质不可忽视的关键指标;品格素质是编辑职业素质的核心指标;专业素质是编辑职业素质的基础指标。

**1. 心理素质**

(1)对心理素质概念及内涵认识

张大均等(2012)认为,心理素质是以生理条件为基础的、将外在获得的东西内化成稳定衍生性的并与人的社会适应行为和创造行为联系的心理品质;钱含芬(1996)认为,心理素质是一个由心理能力素质(智力因素)、心理动力因素(人格因素)和身心潜质三个亚系统交互作用的、动态同构的自组织系统。刘晓陵等(1998)认为,心理素质就是一个人的性格品质、心理能力、心理动力、心理健康状况及心因性行为的水平或质量的综合体现。米加德等(2010)认为,编辑心理素质是指编辑从事编辑职业所必须具备的心理品质的总和。心理素质是编辑素质的重要组成部分,构建编辑良好心理素质,是培养和提高编辑素质的题中应有之义。心理素质是以个体的生理条件和已有知识经验为基础,将外在获得的刺激内化成稳定的、基本的、衍生的和发展整合的,并与人的适应行为和创造行为密切联系的心理品质。

(2)对心理素质构成成分的认识

王凤琴等(1997)认为,心理素质应该包括和谐的心理健康状态、优良的个性品质、健全的人格、特征强烈的市场意识、良好的社会认识品质等;张大均等(2000)认为,心理素质的结构包括认知因素、个性因素和适应性因素三个方面;燕国材(2000)认为,心理素质是一系列稳定心理特点的综合,由智力素质和非智力素质构成;刘金平(2002)认为,心理素质结构由元认知能力、一般认知能力、社会智力和实践智力、人格心理素质和心理行为的适应水平五个方面构成。米加德等(2010)认为,编辑心理素质结构由认知品质、个性品质和适应能力三个维度和敏锐的观察力、准确的记忆力、丰富的想象力、良好的思维力、灵活的注意力、成熟的自我意识、积极的情感特征、优秀的意志特征、自我定向适应、社会定向适应十个成分构成。

(3)编辑的心理素质成分

由于从编辑出版领域讨论编辑心理素质成分方面的文献较少,且缺乏全面性和系统性,本书借鉴较有代表性的西南大学心理健康教育研究中心的张大均等(2000)划分的心理素质结构,并结合编辑工作特点做了相应的修正和通俗化处理,最后确定新时代编辑的心理素质结构包括三个因素,即认知能力、个性特质和适应性能力。其中认知能力包括五种成分,分别为洞察力、注意力、判断力、自省力、意识性;个性特质包括六种成分,分别为责任性、自信心、自主学习性、诚信正直、求新创造性、理性把控力;适应性能力包括四种成分,分别为职业适应力、困境耐受力、情绪调节力和人际关系应变力（图 2-1）。

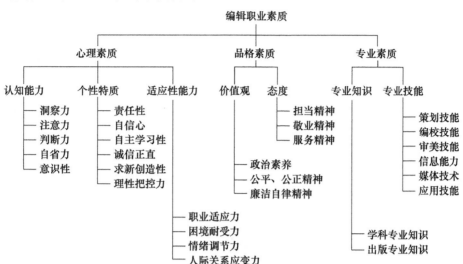

图 2-1　新时代编辑职业素质结构图

洞察力指编辑洞察社会的变迁、读者的需求，快速组织时效性强的选题等（米加德 等，2010）。注意力指编辑对政治的关注、对行业和社会发展的关注等（米加德 等，2010）。判断力指编辑对信息的判断、对好的稿件的判断、对有潜力作者的判断等（周清涛 等，2020；王凤梅，2015；艾克拜尔，2019；张大均 等，2000，2012；钱含芬，1996；刘晓陵 等，1998；米加德 等，2010；王凤琴 等，1997；燕国材，2000；刘金平，2002；张福平 等，2003）。自省力指编辑对稿件和相关事件等有误判，能做到自我反省等（米加德 等，2010）。意识性指编辑国际化意识、媒体融合意识、服务意识、学术诚信和出版伦理意识、把关角色意识等（杜焱 等，2020；张铁明 等，2021）。责任性指编辑对编辑工作的期望、情感以及与之相应的责任和义务（米加德 等，2010；张之晔 等，2021）。自信心指编辑对中国文化、主流文化的高度自信心和理性自信力等（张之晔 等，2021）。自主学习性指编辑积极主动的学习态度和不断学习新知识的行动（张之晔 等，2021）。诚信正直指编辑有强烈的道德感，信守承诺、公正刚直（张之晔 等，2021）。求新创造性指编辑求新思维和创新能力（米加德 等，2010；张之晔 等，2021；刘聪，2020）。理性把控力指编辑理性地调节个人行为，使个人行为与社会期望相匹配（米加德 等，2010）。职业适应力指编辑主动调节个人行为，以适应新工作，满足对新角色的期望等（米加德 等，2010）。困境耐受力指编辑承受困难、挫折的能力（米加德 等，2010；许佳，2021）。情绪调节力指编辑控制、抑制不满情绪和负面情感的能力（米加德 等，2010）。人际关系应变力指编辑沟通能力、解决问题能力（对急稿、重点稿等的处理）以及能够协调相关部门人员完成编辑出版任务（米加德 等，2010；许佳，2021）。

**2. 品格素质**

（1）对品格概念及内涵的认识

品格即品性，是一个人的基本素质，它决定了这个人回应人生处境的模式。

魏秀芳（2010）在讨论编辑"四品"中指出：编辑要讲品德、品格、品味和品道。品德，就是编辑的良知，是编辑的社会责任。品格，就是编辑的人格，是编辑的自律尺度。品味，就是编辑的底蕴,是编辑的兴趣好恶。品道,就是编辑对当下出版环境的认知,是编辑的风向标。这里谈的品德、品格、品味和品道都可以归为广义上的品格内涵。曾建辉(2019)从出版评论的视角讨论了编辑精神,指出了编辑精神的根底是敢于担当的使命意识和甘于奉献的职业品格。任景辉(2018)指出,编辑职业的工作性质更需要编辑加强意识形态基础理论的学习,强化自身主流意识形态理论修养;加强意识形态理论品格的提升,强化自身对非主流意识形态思想的批判格局;加强意识形态理论的实践性,强化实践中的意识形态自觉。杨定海等(2017)指出,编辑的道德美,既是正确的世界观、人生观、价值观在编辑行为中的切实体现与生动反映,也是社会对编辑所承担的社会责任的合理期待与正当要求。米加德等(2010)认为,与职业道德有关的素质,包括公正无私、奉献、责任心等。宋菊(2015)指出,得心应手的工作能力与高度敬业的精神是编辑工作的成功保障,而高度的时代视野和可贵的开拓精神必将带领自己的团队取得创新的成功。谢敬囡(2022)指出,高校学报编辑要有坚定的政治素养,编辑的政治素养对学报是一种政治把关,决定着学报能否坚持正确的政治方向。

(2)编辑的品格素质成分

结合新时代的特色和党的要求,确定新时代编辑品格素质包括两个因素,分别为价值观和态度。其中价值观包括三种成分,分别为政治素养,公平、公正精神和廉洁自律精神。态度包括三种成分,分别为担当精神、敬业精神和服务精神。

价值观中的政治素养指编辑有良好的政治品质,严格遵守出版法律法规等(马明辉,2015;张之晔 等,2021);公平、公正精神指编辑公平公正地对待稿件和作者等(张之晔 等,2021);廉洁自律精神指编辑不以发稿和出版获取不正当利益等(张之晔 等,2021)。态度中的担当精神指编辑对先进文化的引领和担当,对编辑责任的担当等(张之晔 等,2021;何军民 等,2021);敬业精神指编辑对编辑工作具有高度的责任感和无私奉献精神等(张之晔 等,2021);服务精神指编辑全心全意为作者、读者服务,并主动了解其需求等(张之晔 等,2021;焦阳,2020)。

### 3. 专业素质

(1)对专业素质概念及内涵的认识

专业素质是指一个人在某个领域内完成相应工作所具备的专业技能、知识和能力。

陈蓉(2022)在讨论学术出版编辑专业素养培育路径时指出:编辑专业能力包括编辑技巧和业务能力。其中技巧主要得益于实际工作中业内前辈的口授亲传和编辑自己的总结归纳。能力则主要通过强化才能得到逐步提升并熟练运用。强化的路径不仅是编辑个人的经验和实践,还可以借助外部力量,比如业务培训和行业交流。董宁宁(2022)探讨了大数据时代网络编辑的专业素养,指出:大数据时代网络编辑要具有高度的政治敏锐性,善于思考的能力,精准的研判能力,互联网思维和能力以及创新意识和能力。王瑞(2022)简论了全媒体时代网络编辑的职业道德与专业素养,指出全媒体时代网络编辑应综合提升理论素养,增强判断、引导网络舆论的敏感度;将社会效益放在首位,提升创意策划与内容创新能力;适应新冠肺炎疫情防控常态化趋势,切实把握网络传播话语权;充分利用各级各类培训平台,强化融媒体新技术应用;分层分类满足网民需求,推进网络文化建设与传播。张桂梅(2022)探讨了新时代与新业态下图书编辑的专业素养,指出编辑不但要掌握图书出版的专业技能,还要全面、准确地把握图书的政治导向、社会价值,熟悉出版业相关领域的最新趋势。要夯实出版技能,练就火眼金睛,将稿件中的细小差错全部消除,确保细节处无可挑剔。赵洁(2022)探讨了数字化时代图书编辑专业素养,指出数字化时代编辑要强化数字出版意识,建立大数据思维;立足优质内容打造,从"全媒体"出版起步,抓住核心力;抓住"读者对话",从渠道反推策划和营销,开发新需求;更新著作权法律知识,注意合法权益保障。

丁俊玲(2022)从政治素养、出版素养、教育学素养及融媒体素养等方面探讨如何提升教育期刊编辑专业素养,以促进教育期刊高质量发展。郑艳等(2021)在讨论新时代教育期刊编辑的专业素养时指出,新时代教育期刊编辑要重视提升政治素养、出版素养(语言文字素养、选题策划素养、约稿组稿素养、编辑写作素养)、教育学素养和媒介素养等,以适应新时代的新使命和新要求,促进出版业转型升级和高质量发展。王国光(2019)指出,职业教育学术期刊编辑应当具备的专业素养主要体现为专业道德素养、专业知识素养与专业能力素养三个层面。职业教育的专业性、跨界性及开放性要求职业教育学术期刊编辑在完善自身专业素养的过程中,不仅应当具有广博的教育学科专业知识、跨学科专业知识及交叉学科相关知识,更应该具有精专的职业教育学科专业知识及编辑学专业知识。职业教育学术期刊编辑专业素养的"博"与"专",二者密不可分,互为前提与基础。谢敬囡(2022)指出,新形势下高校学报编辑要有过硬的编校技能素养,主要包含编辑加工能力和校对能力,是编辑的核心能力;要有良好的学术素养,主要包括敏锐的学术洞察力、流畅的学术沟通表达能力和进行学术创作的能力。于敏(2020)在谈高校理科学报编辑专业素养的提升时说到,高校理科学报编辑要具有渊博的专业知识、较高的专业素养以及敏锐的洞察力,才能出色完成编辑工作内部规范提升之需求。

(2)编辑的专业素质成分

从现有文献资料可以发现,很多学者把编辑专业素养与编辑的专业素质或编辑的职业素质概念融为一体。而本研究则进一步厘清编辑专业素质构成成分,且把编辑专业素质作为编辑职业素质中的组成部分,认为新时代编辑专业素质包括两个因素,分别为专业知识和专业技能,其中专业知识包括两种成分,即学科专业知识和出版专业知识。专业技能包括五种成分,分别为策划技能、编校技能、审美技能、信息能力、媒体技术应用技能。

学科专业知识指编辑做学者型编辑的能力,在编辑工作之余从事相关学科研究,申报课题、撰写专业论文等(马明辉,2015;张之晔 等,2021)。出版专业知识指编辑对稿件中的编辑出版相关问题的处理能力,申报相关课题,发表出版专业方面论文、专著等(马明辉,2015;张之晔 等,2021)。策划技能指编辑对栏目策划、好稿策划等能力(刘聪,2020)。编校技能指编辑对编辑规范的把控能力、对稿件的润色能力等(刘聪,2020)。审美技能指编辑对文章进行美的再创造能力(米加德 等,2010)。信息能力指编辑信息收集、信息分析、信息整合及应用等能力(刘聪,2020)。媒体技术应用技能指编辑熟练应用多媒体技术、网络跨媒体技术和数字出版技能等(韩荣,2021;沈敏,2022)。

## 2.3　基于突发公共卫生事件的编辑职业素质讨论

突发公共卫生事件是指突然发生,造成或者可能造成社会公众健康严重损害的重大传染病疫情、群体性不明原因疾病、重大食物和职业中毒以及其他严重影响公众健康的事件（全国干部培训教材编审指导委员会办公室，2020）。2020 年的新型冠状病毒肺炎（COVID-19）就属于突发公共卫生事件。国家新闻出版署发出通知要求：加强出版服务，助力打赢疫情防控阻击战。加强正面宣传引导，精心策划安排战"疫"选题，坚守出版人的初心使命和责任担当，为打赢抗疫防控阻击战贡献力量。这一通知指出了编辑出版界在抗击疫情中所起的重要作用，而如何完成这一艰巨任务是对编辑出版界的考验。疫情必然给编辑出版带来一些新问题，要有效应对这些新问题，其中很重要的一点就是编辑要具有良好的心理素质和健康的行为规范。研究疫情中的编辑职业素质对当下及今后编辑应对任何突发公共事件具有启迪意义，对编辑人才培养导向具有 ·定的参考作用。

### 2.3.1 突发公共卫生事件下稿件的新特点及编审中存在的相关问题

#### 1. 投稿量激增，编辑的工作量加大

疫情隔离期间，出现投稿量激增现象。比如《宁波工程学院学报》2020 年 2 月至 2020 年 5 月投稿量比 2019 年同一时期增幅 47%，由 119 篇增加到 175 篇（赖莉飞，2022b）。这与国家倡导的"停课不停学，防疫科研两不误"的政策有关。各文献数据平台为支持广大师生的学习，无偿开放数据库，给大家提供丰富的学习资源，如维普中文期刊、中国知网、万方数据、中国社会科学文库、国家哲学社会科学文献中心、国家自然科学基金基础研究知识库等，充实了教师、学生和科研人员等在家隔离的生活，让他们静下心来读书写作，由此也诞生了许多新作品。国外的 Charles 等（2020）调查英国生态学会（BES）主办的 6 种期刊，发现在新冠肺炎疫情时期，即 2020 年 3 月 15 日至 2020 年 10 月 1 日，6 种期刊投稿量比 2019 年同一时期增长 15.6%。米兰大学的弗拉米尼奥斯夸佐尼（Flaminio Squazzoni）研究团队发文称，出版机构爱思唯尔旗下期刊于 2020 年 2 月至 5 月收到的投稿数量比 2019 年同期增加了约 27 万篇（58%），而健康医学类期刊的投稿增幅更甚，达到了惊人的 92%（Holly，2020）。这无形之中加大了编辑的工作负担，也考验着疫情之下的编辑职业素质和能力是否过关。

另外，所投的稿件与疫情相关的论文增加。在知网学术期刊库平台分别以"疫情""新型冠状肺炎"以及"疫情＋新型冠状肺炎"为主题词检索 2020 年 1 月 23 日至 2020 年 6 月 23 日发表的文章，各为 63785 篇、6460 篇和 3044 篇，去掉重复的文章，约有 67201 篇与疫情相关文章；而高校期刊发疫情相关论文为 2199 篇。这些疫情相关论文触角涉及各行各业。据 Digital Science 的不完全统计数据，截至 2020 年 6 月 1 日，已发表关于 COVID-19 的学术文章 42700 篇（Digitial Science，2020）。编辑要科学处理这些稿件，不但增加了及时补充新冠病毒相关知识的负担，更是对编辑应对突发公共事件的应变能力和素质的一次"大考"。

#### 2. 稿件遴选注重热门字眼，审稿流于形式，削弱了编辑对稿件质量的把控力

在 COVID-19 大流行期间，无论是专家学者还是普通民众，都渴望得到新冠病毒方面的更多信息。有些出版商利益当头，争抢稿件，出现了"掠夺性出版"现象（Jaime，2020）。为了紧跟热门话题，只要稿件谈新冠肺炎相关话题，不论内容是否有创新性以及是否有学术价值，都会被快速录用并优先出版。

另外,COVID-19 相关的医学科研论文在评审中出现了"同行评议"做得不彻底或形同虚设的现象,甚至还出现学术不端现象。比如有一篇文章(Jaime,2020),被读者发现刊载的内容存在明显的伪科学现象,文章作者由七个冒名或假作者组成,并冒充发表单位是加利福尼亚大学和美国国家标准研究所。出版商被利益驱使昧良心发布这样的劣质文章。显然,这篇文章没经过严格的同行评议,没能批判性地评估与流行病、病毒学、公共卫生等相关的生物医学研究的科学性和正确性。这样误传 COVID-19 信息和防疫知识会误导大众的认知,这种情形如果不及时遏制,会引起学术出版中已形成的编审规范出现倒退现象。在疫情期间,为了推进疫情论文的快速发布,传统的审稿模式即需经同行评议修改后再发表已跟不上时代的列车,也满足不了各国医学研究人员率先发布自己成果的需要,这种情形下带火了能快捷发布的预印本平台。预印本平台初衷是为了方便学术交流,结果在疫情期间被别有用心的人断章取义,成了谣言的发源地和低劣论文的滋生地(Diana,2020),因为它没有规范的评审机制。Holly(2020)的调查表明,截至 2020 年 12 月,有 15 篇新冠预印本论文和 24 篇期刊论文被撤回,其中包括一些被关注度很高的新冠论文,如基于美国芝加哥 Surgisphere 公司提供的电子病历的研究,其数据受到质疑而被撤稿。出现这些问题一方面体现某些期刊或平台评审机制不健全,但更重要地表明部分编辑职业操守的缺失,他们没有做好稿件质量的"把关人",因此,更有必要重述编辑的职业素质。

## 2.3.2 突发公共事件对编辑职业素质的挑战

### 1. 凸显了编辑心理素质的重要性

在突发公共事件中彰显了编辑的责任担当意识和理性把控能力,表现在当面临困境时始终保持淡定心态,及时调整自己的情绪,勇于克服困难,并发挥好人际沟通能力。另外,编辑直接从事文化的生产和传播,对中华优秀传统文化一定要有高度自信心和理性自信力,不能被西方的不良思潮和错误偏见所误导。在意识形态领域里这不仅表明一名合格编辑的"政治站位"和责任担当意识,也是对编辑敏锐的思想嗅觉和理性把控能力的实战检验。

### 2. 凸显了编辑品格素质的重要性

在突发公共事件中,首先,编辑要诚实、忠诚。诚实是做人的基本准则,也是编辑必备的素质;忠诚是编辑的立身之本。编辑要对自己所在的期刊和国家绝对忠诚,把好政治关,引导大众积极构建主流意识形态的思想氛围。

其次,编辑要坚持正直、公正的本性,公平地对待每一篇来稿和每一位作者,不能以稿件繁多、任务繁重、人手不足为借口而放弃编辑原则,也不能暗箱操作谋取私利。疫情期间编辑不能因把重心转向疫情相关稿件,而轻视普通稿件;或者为了抢占疫情热门话题,对涉及疫情的稿件不加甄别尽量发表,结果浪费了书报刊版面,使得其他稿件失去了发表机会。这些行为有悖于编辑的正直和公正的品格。再次,编辑要有宽厚、宽容的仁义之心,要体谅作者。编辑的宽容不是放弃较真,要始终具有"啄木鸟"的性格特点。疫情期间发表的 COVID-19 科研论文出现了学术不端问题,有些作者以他人公开的实验数据为基础再加工合成新的论文在核心期刊发表,造成不良的影响(李国琪,2022)。这起事件说明在编审过程中没做好同行评议,编辑没把好质量关。

最后,社会责任感、担当精神、敬业精神是编辑品质素质的高级层面,编辑的社会责任感体现在敢于担当、敬业奉献等方面。在突发公共事件面前,编辑要担起本职工作,无惧困难、无私奉献。为了发挥书报刊对突发公共事件的指导作用,编辑应积极策划相关选题、栏目,积极组"热稿",为读者提供实时、全面、准确的知识和信息,为最大化实现期刊的社会价值贡献力量。

**3. 凸显了编辑专业素质的重要性**

在突发公共事件中,更凸显编辑专业素质的重要性。编辑不能仅局限在对文章格式的规范、错词句的修改和论文的润色加工上,还要具有策划和文案创造技能,即根据突发公共事件的特点提出选题、设计选题、整合选题和包装选题的才能。编辑对书稿和文章的加工过程不仅要去伪存真,而且还要发挥其审美能力,编辑对作品的修改是融入美的再创造。另外,在融媒体时代,书稿和文章传播形式正在向多元化方向发展,编辑需掌握必要的媒体应用技术,特别在应对突发公共事件中,要突出信息传播的速度、广度和形象性,比如,为了及时把新冠疫情的相关研究论文公布于众,可以采用优先出版形式,还可以把关键内容做成短视频或动画通过微信公众号等形式推送出去,便于公众理解。

## 2.3.3 突发公共卫生事件应对中的编辑职业素质建设

**1. 平时苦练基本功,为应对突发事件做好前期准备和基础工作**

编辑要有过硬的编辑技能不是一朝一夕的事,需要自身长期不懈的努力,表现在要认真对待编辑工作并落实到每天的工作中;要虚心向编辑前辈学习,及时发现自身的短板;要勇于剖析自己,并通过虚拟突发公共事件场景锻炼自身应变能力。

在突发公共卫生事件中,虽然编辑不能像医护人员冲锋在前做一线的战士,但也要做好后方的守护和维稳工作,以淡定的心态和过硬的编辑技能筛选和编辑出更好的作品来充实人们的精神世界。

**2. 重视平时对编辑职业素质的考核,多渠道提升编辑的职业素质**

可建立编辑职业素质考核机制,设计试卷、问卷定期考核和调查编辑职业素质现状;主办编辑职业技能竞赛;加强政治学习,提升编辑社会责任感和奉献精神;鼓励编辑积极参加编辑培训和出版专业的继续教育。国家新闻出版署、人力资源社会保障部印发《出版专业技术人员继续教育规定》明确自 2021 年起"出版专业技术人员每年累计不少于 90 学时,其中,专业科目不少于总学时的三分之二",表明了编辑职业需终生学习的重要性。

**3. 在编辑专业人才培养中,加大有关编辑素质培训课程的力度,尤其是应对突发事件方面的相关培训与学习**

在突发公共卫生事件中,部分编辑在工作中出现的失误,给我们大学教育敲响警钟,特别在培养作为编辑出版领域后备军的编辑出版专业的学生时,一定要重视对他们的职业素质教育,使之成为具有健康的心理素质、高尚的品格素质和过硬的专业技能素质的人才。

中国编辑出版学会会长郝振省(2020)说过:"在疫情防控期间或稍后,整个编辑队伍、整个出版行业的数字化广度、深度都会发生此类颠覆性的变化……战胜新冠病毒肺炎之日,必定是数字出版、融合发展全面深入覆盖整个编辑出版业之时。"编辑要尽早、及时学习新媒体技术,因为这次疫情的突发和对现场面对面人际交往的限制,将非纸质媒体的电子报刊、微信公众号等数字媒体推到了最前沿,而有过这方面知识和技能培训并掌握该技能的编辑不但可以从容应对,而且会得心应手及时完成突发事件来临时编辑所要完成的工作。

**4. 注重与作者沟通能力和素质的日常锻炼和学习,以应对突发事件带来面对面讨论阻断和稿源激增等问题的应变力**

在疫情封闭期间,编辑和作者现场的面对面交流被切断,而通过邮件、QQ、微信等方式交流有可能存在理解方面的偏差,可多点语音和视频交流,以增加亲切感,也便于作者领会修改意见,以达到有效沟通。哈贝马斯认为,有效沟通必须同时满足领会要求、真实性要求、真诚性要求、正确性要求,否则是无效沟通。有效沟通是建立在编辑和作者相互理解、相互尊重、有共同的目标的基础上的,有效沟通可以"求大同存小异"(王辉,2013)。

疫情期间稿源激增,但稿件质量良莠不齐,加重了编辑的初选工作。在这一特殊时期编辑更要与作者进行耐心、细致的沟通与交流,照顾好作者的心态,不能以常态的标准筛选稿件,尽可能给作者修改机会;对于质量欠佳的稿件,编辑可在初审中给作者一些意见,从论文构思等方面给予一定点拨,进一步激发他们的写作热情,通过写作充实他们的生活。比如,在疫情期间,笔者曾面对一个作者,她写了一篇关于大学生记笔记现状方面的调查研究论文,文章中规中矩没有一点创新性,基于对作者的扶植和对稿件的负责,笔者从编辑角度给作者提出许多中肯的意见,让她增补疫情期间的相关调查数据。通过多种形式的交流与沟通,消除了作者的不信任感,并不断给作者鼓劲。最后历经了 11 次修改后终于达到发表要求。

**5. 强调编辑对新媒体技术技能的学习,以适应融媒体时代的变革,发挥突发事件中人际直接交往被阻断后数字媒体的重要性**

作为编辑必须与时俱进,不能还停留在纸质媒体时代,要掌握数字时代必要的网络媒体技术。另外,在融媒体时代,编辑的洞察力、协调力与互动力发生了升级,要进一步具备信息质疑的能力、资源整合的能力和技术筛选的能力(姜海 等,2019)。

在新冠肺炎突发事件中,不少编辑没有按下工作暂停键,为了加速相关疫情方面论文的快速发表,许多书报刊及时应用数字媒体,开设了快速发表通道。比如,《浙江大学学报(医学版)》编辑部特发电子公告征集新冠肺炎攻关学术论文,并提供"绿色通道"服务,加快审稿流程,录用后 3~5 天实现网上预发表(《浙江大学学报(医学版)》编辑部,2020);《暨南大学学报》开设"新冠肺炎防治"专栏,为了缩短编审加工流程,编辑们在彼此隔离状态下协同作战,做到改、审、编、校同步,保证了重点文章的电子优先出版(徐文华 等,2020)。这些事例都充分说明了编辑平时掌握新媒体技术在突发公共事件中所体现的重要作用。

## 2.4 新时代编辑职业素质评价指标体系的建构——以一流科技期刊编辑为例

### 2.4.1 研究现状分析

在讨论编辑素质评价体系相关文献中,有代表性的研究是马明辉(2015)以人力资源管理学的"胜任力"理论及"胜任力冰山模型"为基础,进行编辑人才评价指标体系的建构研究,该评价体系有一定的普遍意义。但将其直接移植过来作为一流科技期刊编辑职业素质的评价体系有一定的局限性和时代滞后性,无法完全满足数字时代对编辑能力的要求;该评价体系对各指标权重的赋值只停留在主观经验上,还没有做到科学的定量计算。专门针对一流科技期刊编辑职业素质及其评价体系的研究较少,相关研究有:杜焱等(2020)探究了世界一流英文科技期刊编辑应具备的职业意识和能力,但没有建构其评价体系;王健东(2011)确立思想品德、知识水平、工作能力和工作业绩四个一级指标以及其中包含的二级指标,提出采用模糊综合评价模型对编辑人才进行评价,但没有落实各指标权重;刘聪(2020)探索了新形势下科技期刊编辑素质评价指标体系,确定业务素质、专业素质及其他素质三个一级指标以及相应的二级指标,并通过逐层分析、凭经验确定各指标权重,主观性较强;孙冬花等(2019)确定业务素质、信息素质和人文素质三个一级指标以及相应的二级指标,并采用层次分析法(Analytic Hierarchy Process,AHP)定量地确定各指标的权重,使权重值计算更加科学,但 AHP 是将人的主观判断过程数学化、思维化的方法(余洁,2022),具有一定主观性,因此,单一地采用 AHP 确定各指标权重有一定的局限性。另外,这些关于科技期刊编辑素质评价体系的研究都没有更多地考虑心理因素在一流科技期刊编辑职业素质中的重要作用。

基于以上梳理与分析,本书为了弱化 AHP 的主观性,将 AHP 与具有客观性强、精度高,但不能很好反映专家的合理主观经验的熵权法结合起来(刘新宪 等,1990),取长补短,即采用 AHP—熵权法计算编辑素质各指标的复合权重,为更加科学地定量计算一流科技期刊编辑职业素质各指标权重提供一种新的思路和方法。同时,依据前人的研究成果,归纳和提炼一流科技期刊编辑职业素质结构,并把心理因素作为一流科技期刊编辑职业素质的重要部分。通过对科技期刊编辑职业素质结构的科学划分,制定更适合一流科技期刊建设的编辑职业素质结构和评价指标体系(赖莉飞,2022a),以期为建设世界一流科技期刊在编辑人才职业素质的评定、人才的选拔、人才的培养和考核等方面提供一些依据和参考。

### 2.4.2 评价体系理论基础

#### 1. 层次分析法(AHP)

(1)层次分析法概念及特点

层次分析法(AHP)是指将与决策有关的元素分解成目标、准则、方案等层次,在此基础之上进行定性和定量分析的决策方法。该方法是美国运筹学家匹茨堡大学教授萨蒂于 20 世纪

70 年代初,在为美国国防部研究"根据各个工业部门对国家福利的贡献大小而进行电力分配"课题时,应用网络系统理论和多目标综合评价方法,提出的一种层次权重决策分析方法,目的是解决多目标、多准则或无结构特性的复杂决策问题(刘新宪 等,1990),为量化评价指标选择最优方案提供了依据。

AHP 具有以下特点:

①灵活性高。AHP 允许决策者将问题分解成多个层次,并对不同层次的因素进行综合考虑,让决策者更加灵活地处理问题。

②易于理解。AHP 可以通过矩阵运算进行计算,并且可以用图表等形式直观地表示出来,便于决策者理解和接受。

③可信度高。AHP 将定性和定量相结合来处理各种评价因素;将人的主观判断过程数学化、思维化,可以最大限度地削弱判断矩阵中数据的主观性,使得最终得出的指标权重具有较高的可信度。

④应用性广泛。AHP 具有较强的通用性和适应性,已广泛用于经济分析与计划、交通运输、城市规划、能源与资源政策分析、科研管理、质量管理、价值工程、预测、旅游、医疗卫生、工程项目评价、人力资源管理、企业管理、劳动负荷测量等领域。

⑤带有一定的主观性。AHP 是将专家的主观判断过程数学化、思维化,未免带有一定的主观性。

(2)层次分析法实施步骤

①建立层次结构模型。

将决策的目标、考虑的因素(决策准则)和决策对象按它们之间的相互关系分为最高层、中间层和最低层,绘出层次结构图。最高层是指决策的目的、要解决的问题;最低层是指决策时的备选方案;中间层是指考虑的因素、决策的准则。建立层次结构模型是该研究方法的核心,也是确保准确决策结果的基础。

②构建判断矩阵。

假设 $B_k$ 为准则层要求,它与下一层 $C_k$ 子准则层存在上下级关系。为建立以 $B_k$ 为判断准则层的指标元素 $C_1$、$C_2$、$\cdots\cdots$、$C_n$ 间的比较判断矩阵,在准则 $B_k$ 下按它们的相对重要性进行评分,以确定子准则层指标权重,构建的判断矩阵见表 2-1。从中发现判断矩阵为正互反矩阵,$C_j$ 与 $C_i$ 对 $B_k$ 的权重之比为 $C_{ji}$,$C_{ji}>0$,$C_{ij}=\dfrac{1}{C_{ji}}(i=1,2,\cdots,n;j=1,2,\cdots,n)$

表 2-1　判断矩阵

| $B_k$ | $C_1$ | $\cdots$ | $C_i$ | $\cdots$ | $C_n$ |
|---|---|---|---|---|---|
| $C_1$ | $C_{11}$ | $\cdots$ | $C_{1i}$ | $\cdots$ | $C_{1n}$ |
| $\cdots$ | $\cdots$ | $\cdots$ | $\cdots$ | $\cdots$ | $\cdots$ |
| $C_j$ | $C_{j1}$ | $\cdots$ | $C_{ji}$ | $\cdots$ | $C_{jn}$ |
| $\cdots$ | $\cdots$ | | $\cdots$ | $\cdots$ | $\cdots$ |
| $C_n$ | $C_{n1}$ | | $C_{ni}$ | $\cdots$ | $C_{nn}$ |

Satty 等人提出一致矩阵法,即不把所有因素放在一起比较,而是两两相互比较,如对某一准则,对其下的各方案进行两两对比,并按其重要性程度根据 Satty 的 9 级标度法进行赋分。表 2-2 列出 Satty 给出的 9 个重要性等级及其赋值标度。一般情况下,"重要性"的评定由该领域的权威专家来确定。

表 2-2　赋分根据及标度

| 赋分根据 | 重要性标度 |
| --- | --- |
| 同等重要 | 1 |
| 介于之间 | 2 |
| 比较重要 | 3 |
| 介于之间 | 4 |
| 明显重要 | 5 |
| 介于之间 | 6 |
| 非常重要 | 7 |
| 介于之间 | 8 |
| 极为重要 | 9 |
| 因素 $j$ 与因素 $i$ 比较赋分为 $n$,则因素 $i$ 与因素 $j$ 比较赋分为 $1/n$ | 倒数,即 $1/n$ |

③层次分析法计算权重步骤。

本研究采用方根法计算各指标权重。

第一步:求矩阵内每行元素的积。将每一行判断矩阵中的元素相乘,得到 $M_i = \prod\limits_{j=1}^{n} b_{ij}\,(i,j = 1,2,\cdots,n)$;

第二步:计算 $M_i$ 的 $n$ 次方根,得到 $\omega_i = \sqrt[n]{M_i}$;

第三步:将 $\omega_i$ 归一化,得到各指标权重的 $w_i = \omega_i / \sum\limits_{i=1}^{n} \omega_i$。

**2. 熵权法**

(1)熵权法概念及特点

熵权法是一种多属性决策分析方法,其基本思想是根据各指标的信息熵大小确定各指标的权重,并将权重分配给每个指标,以综合评价各指标的重要性,最终得到多个指标的综合评价结果。

熵权法具有以下特点:

①客观性好。熵权法适用于指标间关系不明显的情况,不需要先验知识或专家意见,可以客观地分析指标间的信息熵,避免了主观性。

②可靠性高。熵权法可以在不同权重的指标中寻找最优权组合,其权重结果不受单一数据的干扰,具有很好的稳定性和可靠性。

③灵活性欠佳。熵权法虽然能较为客观地挖掘原始数据蕴含的信息,但对指标间的相关性没有进行考虑,不能反映专家的经验和知识以及决策者的意见。

（2）熵权法计算权重步骤

第一步：利用公式 $p_{ij} = b_{ij} / \sum_{i=1}^{n} b_{ij}$ 对判断矩阵 $\boldsymbol{B} = (b_{ij})_{n \times n}$ 进行归一化，构建标准矩阵；

第二步：利用公式 $e_j = \dfrac{1}{\ln n} \sum_{i=1}^{n} P_{ij} \ln p_{ij}, (i, j = 1, 2, \cdots, n)$ 计算信息熵；

第三步：利用公式 $u_j = (1 - e_j) / \sum_{j=1}^{n} (1 - e_j), (j = 1, 2, \cdots, n)$ 计算权重。

应用该方法对运用层次分析法构造出的有效判断矩阵再次计算权重，然后求出各指标权重的平均值 $\bar{u}_j$。

**3. 复合权重和综合权重的计算**

为了使各指标权重更客观、科学，进一步计算各指标的复合权重，复合权重 $W_j$ 可根据公式 $W_j = u_j w_j / \sum_{j=1}^{n} u_j w_j$ 计算，式中，$u_j$、$w_j$ 分别为熵权法和层次法计算出的权重。

综合权重 $Q_i$ 可由公式 $Q_i = W_{Bi} \times W_{Ci}$ 求出，其中 $W_{Bi}$、$W_{Ci}$ 分别为准则层和子准则层对应的复合权重。

### 2.4.3　新时代一流科技期刊编辑职业素质评价体系模型

根据新时代编辑职业素质结构确定新时代一流科技期刊编辑职业素质评价指标为 3 个一级指标，7 个二级指标和 28 个三级指标，并对三级各指标进行了较详细的特征描述，见表 2-3。

表 2-3　新时代一流科技期刊编辑职业素质评价指标体系

| 一级指标<br>（目标层 A） | 二级指标<br>（准则层 B） | 三级指标<br>（子准则层 C） | 特征描述 |
|---|---|---|---|
| 心理素质<br>（A1） | 认知能力<br>（B1） | 洞察力（C1） | 洞察社会的变迁、读者的需求，快速组织时效性强的选题等（米加德 等，2010） |
| | | 注意力（C2） | 对政治的关注、对行业和社会发展的关注等（米加德 等，2010） |
| | | 判断力（C3） | 对信息的判断、对好的稿件的判断、对有潜力作者的判断等（周清涛 等，2020；张福平 等，2003） |
| | | 自省力（C4） | 对稿件和相关事件等有误判，能做到自我反省等（米加德 等，2010） |
| | | 意识性（C5） | 国际化意识、媒体融合意识、服务意识、学术诚信和出版伦理意识、把关角色意识等（杜焱 等，2020；张铁明 等，2021） |
| | 个性特质<br>（B2） | 责任性（C6） | 对编辑工作的期望、情感以及与之相应的责任和义务（米加德 等，2010；张之晔 等，2021） |
| | | 自信心（C7） | 对中国文化、主流文化的高度自信心和理性自信力等（张之晔 等，2021） |
| | | 自主学习性（C8） | 积极主动的学习态度和不断学习新知识的行动（张之晔 等，2021） |

续表

| 一级指标<br>（目标层 A） | 二级指标<br>（准则层 B） | 三级指标<br>（子准则层 C） | 特征描述 |
|---|---|---|---|
| 心理素质<br>（A1） | 个性特质<br>（B2） | 诚信正直（C9） | 有强烈的道德感，信守承诺、公正刚直（张之晔 等，2021） |
| | | 求新创造性（C10） | 求新思维和创新能力（米加德 等，2010；张之晔 等，2021；刘聪，2020） |
| | | 理性把控力（C11） | 理性地调节个人行为，使个人行为与社会期望相匹配（米加德 等，2010） |
| | 适应性能力<br>（B3） | 职业适应力（C12） | 主动调节个人行为以适应新工作，满足对新角色的期望等（米加德 等，2010） |
| | | 困境耐受力（C13） | 承受困难、挫折的能力（米加德 等，2010；许佳，2021） |
| | | 情绪调节力（C14） | 控制和抑制不满情绪和负面情感的能力（米加德 等，2010） |
| | | 人际关系应变力（C15） | 沟通力、解决问题能力（对急稿、重点稿等的处理）以及能够协调相关部门人员完成编辑出版任务（米加德 等，2010；许佳，2021） |
| 品格素质<br>（A2） | 价值观<br>（B4） | 政治素养（C16） | 有良好的政治品质，严格遵守出版法律法规等（马明辉，2015；张之晔 等，2021） |
| | | 公平、公正精神（C17） | 公平、公正地对待稿件和作者等（张之晔 等，2021） |
| | | 廉洁自律精神（C18） | 不以发稿和出版获取不正当利益等（张之晔 等，2021） |
| | 态度<br>（B5） | 担当精神（C19） | 对先进文化的引领和担当，对编辑责任的担当等（张之晔 等，2021；何军民 等，2021） |
| | | 敬业精神（C20） | 对编辑工作具有高度的责任感和无私奉献精神等（张之晔 等，2021） |
| | | 服务精神（C21） | 全心全意为作者、读者服务，并主动了解其需求等（张之晔 等，2021；焦阳，2020） |
| 专业素质<br>（A3） | 专业知识<br>（B6） | 学科专业知识（C22） | 做学者型编辑的能力，在编辑工作之余从事相关学科研究，申报课题、撰写专业论文等（程晓芝，2004；师静 等，2010） |
| | | 出版专业知识（C23） | 对稿件中编辑出版相关问题的处理能力，申报相关课题，发表出版专业方面论文、专著等（马明辉，2015；张之晔 等，2021） |
| | 专业技能<br>（B7） | 策划技能（C24） | 对栏目策划、好稿策划等能力（刘聪，2020） |
| | | 编校技能（C25） | 对编辑规范的把控能力、对稿件的润色能力等（刘聪，2020） |
| | | 审美技能（C26） | 对文章进行美的再创造能力等（米加德 等，2010） |
| | | 信息能力（C27） | 信息收集、信息分析、信息整合及应用等能力（刘聪，2020） |
| | | 媒体技术应用技能<br>（C28） | 熟练应用多媒体技术、网络跨媒体技术、数字出版技能等（沈敏，2022；韩荣，2021） |

### 2.4.4　新时代一流科技期刊编辑职业素质评价指标权重的确定

**1. 层次分析法计算权重**

(1)递阶层次结构的建立

把新时代一流科技期刊编辑职业素质作为目标层 A,规定 3 个一级指标即心理素质、品格素质和专业素质为目标层的分指标。由于 3 个一级指标较抽象,在采用 Satty 的 9 级标度法赋分时会出现理解上的偏差,所以本研究做了一个变通,忽略二级指标与一级分指标的从属关系,把二级指标直接作为准则层 B,三级指标作为子准则层 C,构建的评价体系递阶层次结构如表 2-3 所示。根据指标体系模块构造出 8 个判断矩阵,邀请 10 位专家对各判断矩阵的行列指标分别进行两两比较,判断它们相对于目标层的重要程度,并根据 Satty 的 9 级标度法进行赋分,共收集到 80 个判断矩阵数据表。由于数据量较大,本节仅展示其中一位专家对准则层矩阵的赋分结果(表 2-4),矩阵表中的数据是行因素($i$)相对于列因素($j$)重要程度打的分。

**表 2-4　某位专家对二级指标的赋分结果(按 $i$ 因素相对于 $j$ 因素重要程度打分)**

| A | | j 因素 | | | | | | |
|---|---|---|---|---|---|---|---|---|
| | | B1-认知能力 | B2-个性特质 | B3-适应性能力 | B4-价值观 | B5-态度 | B6-专业知识 | B7-专业技能 |
| i 因素 | B1-认知能力 | 1 | 2 | 1 | 1/3 | 1/2 | 1/3 | 1/3 |
| | B2-个性特质 | 1/2 | 1 | 1 | 1/3 | 1/2 | 1/3 | 1/3 |
| | B3-适应性能力 | 1 | 1 | 1 | 1/3 | 1/2 | 1/3 | 1/3 |
| | B4-价值观 | 3 | 3 | 3 | 1 | 2 | 1 | 1 |
| | B5-态度 | 2 | 2 | 2 | 1/2 | 1 | 1 | 1 |
| | B6-专业知识 | 3 | 3 | 3 | 1 | 1 | 1 | 1 |
| | B7-专业技能 | 3 | 3 | 3 | 1 | 1 | 1 | 1 |

(2)权重的计算

根据层次分析法计算步骤计算各指标权重。表 2-5 中 CR 表示一致性比率,可通过相关公式计算(田夏,2020)。当 CR≤0.1 时,认为判断矩阵具有一致性。从表 2-5 可看出,有 1 组数据 CR>0.1,不满足一致性条件,需剔除。求出剩余 9 组各指标权重的平均值 $\overline{w}_i$,最后得到一级指标认知能力、个性特质、适应性能力、价值观、态度、专业知识和专业技能平均权重 $\overline{w}$ 分别为 0.0861、0.0987、0.1029、0.2028、0.2092、0.1481 和 0.1522。

三级指标与二级指标按正常的从属关系建立矩阵,由方根法求出的权重直接为三级指标权重。表 2-6 为二级指标认知能力下的三级指标(C1~C5)的权重,每项指标各有 10 组权重值,分别求各指标的平均权重 $\overline{w}$,即洞察力、注意力、判断力、自省力、意识性的平均权重分别为 0.2706、0.1131、0.2082、0.1990 和 0.2092。同理,计算出其他三级指标权重。

表 2-5    应用层次分析法计算的二级指标权重及 CR 值

| 专家序号 | 权重（$w$） | | | | | | | CR |
|---|---|---|---|---|---|---|---|---|
| | 认知能力 | 个性特质 | 适应性能力 | 价值观 | 态度 | 专业知识 | 专业技能 | |
| 1 * | 0.1202 | 0.4471 | 0.1757 | 0.0569 | 0.0778 | 0.0551 | 0.0672 | 0.2388 |
| 2 | 0.0381 | 0.0248 | 0.1185 | 0.2810 | 0.4222 | 0.0629 | 0.0525 | 0.0896 |
| 3 | 0.1428 | 0.1428 | 0.1428 | 0.1429 | 0.1429 | 0.1429 | 0.1429 | 0.0000 |
| 4 | 0.1300 | 0.0812 | 0.1378 | 0.0666 | 0.2802 | 0.1521 | 0.1521 | 0.0297 |
| 5 | 0.0535 | 0.0652 | 0.0795 | 0.1453 | 0.1772 | 0.2160 | 0.2633 | 0.0428 |
| 6 | 0.0946 | 0.1743 | 0.1924 | 0.2252 | 0.1045 | 0.1045 | 0.1045 | 0.0971 |
| 7 | 0.0966 | 0.1066 | 0.0594 | 0.1868 | 0.1736 | 0.1885 | 0.1885 | 0.0871 |
| 8 | 0.0773 | 0.0997 | 0.0467 | 0.3165 | 0.1914 | 0.1342 | 0.1342 | 0.0251 |
| 9 | 0.0791 | 0.0649 | 0.0717 | 0.2240 | 0.1545 | 0.2029 | 0.2029 | 0.0116 |
| 10 | 0.0632 | 0.1286 | 0.0772 | 0.2369 | 0.2369 | 0.1286 | 0.1286 | 0.0086 |
| $\overline{w}$ | 0.0861 | 0.0987 | 0.1029 | 0.2028 | 0.2092 | 0.1481 | 0.1522 | |

注：* 表示异常数据

表 2-6    应用层次分析法计算的部分三级指标权重及 CR 值

| 专家序号 | 权重（$w$） | | | | | CR |
|---|---|---|---|---|---|---|
| | 洞察力 | 注意力 | 判断力 | 自省力 | 意识性 | |
| 1 | 0.0465 | 0.0836 | 0.0938 | 0.3560 | 0.4201 | 0.0615 |
| 2 | 0.5407 | 0.1490 | 0.1966 | 0.0689 | 0.0448 | 0.0421 |
| 3 | 0.4324 | 0.0826 | 0.3594 | 0.0484 | 0.0772 | 0.0157 |
| 4 | 0.2000 | 0.2000 | 0.2000 | 0.2000 | 0.2000 | 0.0000 |
| 5 | 0.1628 | 0.1205 | 0.2330 | 0.1503 | 0.3334 | 0.0624 |
| 6 | 0.3953 | 0.0785 | 0.1890 | 0.1370 | 0.2002 | 0.0887 |
| 7 | 0.1212 | 0.0566 | 0.2307 | 0.2259 | 0.3656 | 0.0663 |
| 8 | 0.1875 | 0.1077 | 0.2153 | 0.3263 | 0.1632 | 0.0260 |
| 9 | 0.4760 | 0.1085 | 0.1467 | 0.1467 | 0.1221 | 0.0946 |
| 10 | 0.1436 | 0.1436 | 0.2177 | 0.3300 | 0.1650 | 0.0173 |
| $\overline{w}$ | 0.2706 | 0.1131 | 0.2082 | 0.1990 | 0.2092 | |

**2. 熵权法计算权重**

根据熵权法计算步骤对应用层次分析法构造出的有效判断矩阵再次计算权重,然后求出各指标权重的平均值$\overline{u_j}$。部分计算结果见表 2-7 和表 2-8。

**3. 复合权重和综合权重的确定**

计算的各指标的复合权重值见表 2-9。由于数据量较大,本节仅展示部分指标的 3 种权重值。表 2-7 呈现的为二级指标(B1～B7)对应的 3 种权重值。表 2-7 还显示了根据一、二级指标的从属关系重新分配的各指标的复合权重。

从属关系指标权重重新分配计算方法举例:比如二级指标认知能力、个性特质、适应性能力 3 指标的复合权重加起来为一级指标心理素质的权重,即 0.2468;而其下二级指标新权重再依据从属关系重求出,由二级指标原权重与所属的一级分指标权重相比求得,最后得到的认知能力、个性特质、适应性能力的新复合权重分别为 0.2767、0.3525、0.3708。表 2-8 呈现的是专业技能下的三级指标(C24～C28)的 3 种权重值。

### 表 2-7　二级指标权重汇总

| 指标 | 认知能力 | 个性特质 | 适应性能力 | 价值观 | 态度 | 专业知识 | 专业技能 |
|---|---|---|---|---|---|---|---|
| 层次分析法权重($w$) | 0.0861 | 0.0987 | 0.1029 | 0.2028 | 0.2092 | 0.1481 | 0.1522 |
| 熵权法权重($u$) | 0.1173 | 0.1305 | 0.1315 | 0.1772 | 0.1507 | 0.1545 | 0.1384 |
| 复合权重($W$) | 0.0683 | 0.0870 | 0.0915 | 0.2429 | 0.2132 | 0.1547 | 0.1424 |
| 1 级 | 0.2468(心理素质) | | | 0.4561(品格素质) | | 0.2971(专业素质) | |
| 2 级 | 0.2767 | 0.3525 | 0.3708 | 0.5326 | 0.4674 | 0.5207 | 0.4793 |

### 表 2-8　三级指标部分权重汇总

| 指标 | 策划技能 | 编校技能 | 审美技能 | 信息能力 | 媒体技术应用技能 |
|---|---|---|---|---|---|
| 层次分析法权重($w$) | 0.3168 | 0.1857 | 0.1787 | 0.1647 | 0.1541 |
| 熵权法权重($u$) | 0.2073 | 0.1592 | 0.2047 | 0.1795 | 0.2493 |
| 复合权重($W$) | 0.3287 | 0.1479 | 0.1831 | 0.1480 | 0.1923 |

计算编辑职业素质综合权重,可对全体指标进行排序,了解其相对重要程度,但前提是综合权重要通过一致性检验才能证明其是否有效。利用公式 $CR = \dfrac{\sum\limits_{i=1}^{n} b_i CI_i}{\sum\limits_{i=1}^{n} b_i RI_i}$ 对准则层进行一致性检测。式中,$b_i$ 为准则层 B 对目标层 A 的权重;RI 为固定常数,只与矩阵阶数有关;CI 参照层次分析法计算结果。最终得出 $CR = 0.0408 < 0.1$,表明综合权重通过一致性检验。最终得到的各指标综合权重 $Q_i$ 和综合排序见表 2-9。

### 表 2-9　新时代一流科技期刊编辑职业素质评价指标权重及排序

| 准则层－B (1 级指标) | 准则层复合权重 | 准则层排序 | 子准则层－C (2 级指标) | 子准则层相对复合权重 | 子准则层排序 | 综合权重 | 综合排序 |
|---|---|---|---|---|---|---|---|
| 认知能力-B1 | 0.0683 | 7 | 洞察力 | 0.2495 | 1 | 0.0170 | 19 |
| | | | 注意力 | 0.0910 | 5 | 0.0062 | 28 |
| | | | 判断力 | 0.2332 | 2 | 0.0159 | 21 |
| | | | 自省力 | 0.2098 | 4 | 0.0143 | 23 |
| | | | 意识性 | 0.2165 | 3 | 0.0148 | 22 |

| 准则层－B<br>（1级指标） | 准则层<br>复合权重 | 准则层<br>排序 | 子准则层－C<br>（2级指标） | 子准则层相<br>对复合权重 | 子准则<br>层排序 | 综合<br>权重 | 综合<br>排序 |
|---|---|---|---|---|---|---|---|
| 个性特质-B2 | 0.0870 | 6 | 责任性 | 0.2465 | 1 | 0.0214 | 14 |
| | | | 自信心 | 0.1287 | 5 | 0.0112 | 26 |
| | | | 自主学习性 | 0.1237 | 6 | 0.0108 | 27 |
| | | | 诚信正直 | 0.1440 | 4 | 0.0125 | 25 |
| | | | 求新创造性 | 0.2068 | 2 | 0.0180 | 18 |
| | | | 理性把控力 | 0.1503 | 3 | 0.0131 | 24 |
| 适应性能力-B3 | 0.0915 | 5 | 职业适应力 | 0.1834 | 4 | 0.0168 | 20 |
| | | | 困境耐受力 | 0.2201 | 3 | 0.0201 | 17 |
| | | | 情绪调节力 | 0.3059 | 1 | 0.0280 | 10 |
| | | | 人际关系应变力 | 0.2906 | 2 | 0.0266 | 12 |
| 价值观-B4 | 0.2429 | 1 | 政治素养 | 0.3752 | 1 | 0.0911 | 1 |
| | | | 公平、公正精神 | 0.3011 | 3 | 0.0731 | 5 |
| | | | 廉洁自律精神 | 0.3237 | 2 | 0.0786 | 4 |
| 态度-B5 | 0.2132 | 2 | 担当精神 | 0.2823 | 3 | 0.0601 | 8 |
| | | | 敬业精神 | 0.4044 | 1 | 0.0862 | 2 |
| | | | 服务精神 | 0.3133 | 2 | 0.0668 | 7 |
| 专业知识-B6 | 0.1547 | 3 | 学科专业知识 | 0.4500 | 2 | 0.0696 | 6 |
| | | | 出版专业知识 | 0.5500 | 1 | 0.0851 | 3 |
| 专业技能-B7 | 0.1424 | 4 | 策划技能 | 0.3287 | 1 | 0.0468 | 9 |
| | | | 编校技能 | 0.1479 | 5 | 0.0209 | 16 |
| | | | 审美技能 | 0.1831 | 3 | 0.0261 | 13 |
| | | | 信息能力 | 0.1480 | 4 | 0.0211 | 15 |
| | | | 媒体技术应用技能 | 0.1923 | 2 | 0.0274 | 11 |

### 2.4.5 结果分析

如何科学地定量计算新时代一流科技期刊编辑职业素质各指标权重，本人以提供一种新的思路和方法为出发点，分析新时代一流科技期刊编辑职业素质结构成分，采用 AHP－熵权法定量计算各指标权重，通过对各指标综合权重的排序得到下述结论。

**1. 价值观和态度是新时代编辑职业素质的核心指标**

由表 2-9 可知，价值观和态度在准则层（二级指标）的排名分别位于第一、二，其下的分指标政治素养、敬业精神在子准则层（三级指标）的 28 项指标中的综合排序分别居于前一、二名，其余的 4 项分指标（廉洁自律精神、担当精神、服务精神和公平、公正精神）也位于综合排序的前八位,表明新时代培养编辑的正能量价值观和正确的政治态度的重要性。正能量价值观反映编辑积极向上的人生观和世界观;正确的政治态度体现在编辑保证自己主持和参与编辑出版的科技期刊站稳政治立场,刊准学术观点,端正出版导向(张之晔 等,2021)。另外,新时代编辑不仅要有敬业精神和担当精神,还要有公平、公正和廉洁自律精神。发挥好在学术质量、学术规范、学术伦理和科研诚信建设方面的引导把关作用,力戒功利浮躁,杜绝"关系稿""人情稿",坚决抵制和纠正学术不端行为。

进入 21 世纪,学术出版形式发生了变化,逐渐去纸质化、去中心化、去专业化,编辑不再是学术出版的轴心,而服务变为学术出版的轴心。因此,编辑的服务精神显得更为重要,要为读者、作者服务,更要为人民服务,为中国共产党治国理政服务,为巩固和发展中国特色社会主义制度服务,为改革开放和社会主义现代化建设服务。

**2. 专业知识和专业技能是新时代编辑职业素质的基础指标**

由表 2-9 可知,专业知识和专业技能在准则层排名分别位于第三、四名,仅次于价值观和态度,表明新时代的编辑不仅要"红"还要"专",既要政治过硬又要专业过硬。专业知识下的分指标出版专业知识和学科专业知识分别位于综合排序的第三、六名,也显示了专业知识的重要性。新时代编辑在具有扎实的出版专业知识的同时,还要不断提高自己的科学素养,根据主办的期刊类型不断充实自身的学科专业知识。比如作为材料类科技期刊编辑,不仅要了解材料各学科知识,而且要精通材料学某一领域知识,这样才能精准策划栏目,及时追踪学科前沿,报道最新创新研究。新时代编辑要把自己主办的期刊推向国际,一定要成为学者型编辑,因为形成具有中国气派、中国风格、中国话语体系和提高中国科技期刊核心竞争力,其依靠的关键主体是权威的学者型编辑(张海生,2021)。另外,新时代编辑的学术背景要多元化,以应对未来科技论文学科知识和研究方法的大融合发展。

在综合排序中,专业技能中的分指标策划技能和媒体技术应用技能也分别位于第九、十一位,表明进入 5G 时代后,对编辑的策划技能提出了更高的要求。新时代编辑在期刊策划方面要紧跟时代步伐,确保期刊在数字信息海洋中不被吞没。另外,在融媒体时代,纸质期刊已经不是主打的学术承载介质,因此,编辑要进一步提高媒体技术应用能力、审美技能和信息收集、信息分析、信息整合及应用等能力。

**3. 心理素质是新时代编辑职业素质不可忽视的关键指标**

心理素质之下的三级指标综合排名总体居后,进入前十五名的指标有情绪调节力、人际关系应变力和责任性,分别居于第十、十二、十四名,并非这些指标不重要。良好的心理素质是新时代编辑具有优秀品格素质和专业素质的保证。责任性、自信心、诚信正直、理性把控力和情绪调节力是培养新时代编辑优秀品格的基础;自省力和自主学习性是一流科技期刊编辑自我修正和提高的基石;求新创造性、洞察力、判断力、注意力、意识性、困境耐受力和人际关系应变力等是成为新时代编辑不可或缺的重要条件。《关于推动学术期刊繁荣发展的意见》的通知中提出,科技期刊要善于发现创新、引领创新,由此可见求新创造性既是推动一流期刊繁荣发展的原动力,又是一流期刊编辑心理素质中最为关键的成分。而善于发现创新从编辑心理素质的层面来考察,就是对新时代编辑的敏锐洞察力、正确判断力等在职业心理方面提出的高要求。另外,新时代编辑在面对诸如新冠疫情等突发公共事件时需要有责任担当意识、理性把控力和困境耐受力;在审读有关中国文化方面的文章时,要对中华优秀传统文化和科技成果具有高度的自信心。正如习近平总书记在党的十九大报告中指出,没有高度的文化自信,没有文化的繁荣兴盛,就没有中华民族伟大复兴。

## 2.5 新时代编辑职业素质提升策略

中华人民共和国成立以来,党和国家对出版界始终高度重视,其中对编辑各方面的要求也越来越高,尤其是进入新时代后,由于国际国内、政治经济等形势的变化,如何加强对提高编辑职业素质的关注、研究和落地,也成为迫在眉睫的问题。

新时代编辑必须继承编辑出版界的优良传统,也就是我们常说的"不忘初心";当然,在传承的基础上,更要根据新时代的形势与任务的需要,勇于推陈出新,将新时代编辑必须具备的职业素质发扬光大,进而总结出一条提高新时代编辑职业素质的可行性路径。

### 2.5.1 注重编辑政治素养的培养,坚守出版人初心和使命

我们党和国家对编辑政治素质的重视和要求是中国共产党长期以来的一个光荣传统,这个传统是党领导和管理文化的不二法宝。早在马克思主义在中国开始传播的初期,陈独秀在主办《新青年》期间,就和当时的编辑部同仁、文化界人士一起,从编辑的角度为马克思主义中国化和新文化运动做出了不可磨灭的贡献。可以说从《共产党》月刊、《向导》周报、《劳动界》和创办于1921年的人民出版社一直到20世纪五六十年代风靡海内的《红旗飘飘》丛书……这些出版物的编辑,其高度的政治素质和意识形态观念是这些报纸、期刊、书籍获得巨大成功的关键所在。

新时代,中国特色社会主义进入了崭新阶段,意味着中国特色社会主义道路、理论、制度和文化不断发展,拓展了发展中国家走向现代化的途径,给世界上那些既希望加快发展又希望保持自身独立性的国家和民族提供了全新的选择,为解决人类问题贡献了中国智慧和中国方案。编辑工作对中国文化传播有选择和引导功能,编辑主体意识决定了编辑所从事工作的行为准则和价值取向,因此,树立正确的意识形态观在编辑职业素养中占有重要位置。编辑是信息的把关者,一定要有政治敏锐性和政策理解力,无论放在编辑案头的是意识形态性极强的政治类出版物,还是以娱乐消遣为主的休闲读物,或是传播科学技术为主的普及型读物等,作为一名新时代的合格责任编辑,在自己的思想深处都要牢牢树立正确的政治观念。要做到这一点,没有什么捷径可走,只有加强政治理论学习,提高编辑自身的政治理论素养。政治水平的提高是一个长期、不间断学习和积累的过程,编辑应当具有长期学习政治理论的积极态度和学习习惯,及时了解党和国家的大政方针,国内国际政治经济及意识形态形势等信息,坚持正确的舆论导向,以高度责任感和强大的公信力去编辑、传递真实且客观的信息。特别是在当前数字融媒体时代,媒体和出版单位应更积极、有效地组织开展政治学习活动,使编辑人员的政治敏锐度始终处于高位状态。

### 2.5.2　注重编辑服务意识的培养,变传统的间接服务为主动出击

新时代,编辑出版与数字融媒体交汇,开启了服务行业的新纪元,给人们生活带来了巨大变化,比如,用手机网络就能便捷地为用户提供多样化的信息获取渠道;同时,通过微信和 QQ 等社交软件可方便地传播信息。在此背景下,以人为本的服务理念也如期注入出版行业中,用传统的纸质书刊做媒介为用户提供信息的优势已显不足,因此,编辑必须转变观念,要变被动服务为主动服务。首先,编辑要提升自身应用融媒体技术的技能,以满足用户利用碎片化时间进行阅读的习惯,比如,可以将书报刊中的一些重要知识转化成短视频、动画,帮助用户理解并提高他们的阅读兴趣;可以把书报刊中的优秀文章及时向读者推送出去,扩大阅读量,提高文章的影响力。其次,开通在线留言、在线咨询通道,及时获得读者的反馈信息,并应用大数据分析手段,了解读者的喜好,为后续精准地给读者推送阅读资料打下基础。最后,编辑可以充分利用互联网资源,与作者、读者和专家交流,以便建立良好的沟通关系;同时,坚持“内容为王”,始终为读者提供内容上乘的优质资源,绝不能为了博得读者眼球而刊发内容低俗的文章。

### 2.5.3　注重编辑专业素质的提升,以适应数字融媒体时代要求

在数字经济快速发展阶段,出现了很多交叉学科和新学科,如果编辑原地踏步,就不能跟上知识更新的速度,也不能很好地完成对新型学科领域的组稿、选稿等工作。因此,为了顺应时代变革,首先,编辑必须坚持学习,比如,可以参加相关培训,可以上一些网课,还可以进修、提升学历等,以不断完善编辑自身的知识体系。其次,编辑必须向学者型编辑转型,只有通晓某一领域的知识,才能游刃有余地追逐该领域的前沿动态,才能组来优质的稿源,为读者送上最新的科技成果。再次,在数字融媒体技术不断发展的新时代,编辑要不断提升自身的专业技能、应用网络技术和融媒体的技能,把电子书报刊科学地转换成多种传播形式,比如,可以把书报刊的文字素材与音视频素材灵活地结合起来,满足用户的视角和听觉需求,以引起用户对该信息的选择兴趣。最后,需培养编辑信息检索能力,方便他们了解社会动态和社会热点,及时策划相关选题,抓住读者口味。

因而,新时代编辑的专业素质建设要以数字技术为支撑、知识建设为根本,不断提高编辑的专业素质。

### 2.5.4　注重编辑心理素质建设,实现编辑身心和职业的和谐发展

在编辑工作中,编辑人员的心理状态和情绪变化始终贯穿于编辑工作整个流程,并直接影响和制约着书报刊的质量。因此,应注重培养编辑良好的心理素质,达到身心和谐和编辑职业的和谐。比如,有时可能由于意见不同,而与同事或作者发生摩擦,如果把情绪带到工作中,工作一定做不好,何况编辑工作是个团队工作。此时,编辑一定要控制好自身的情绪。情绪的管理主要靠编辑的内在意志,编辑平时可多看些心理学方面的书,学习一些调节情绪方面的技巧。编辑还要具有自知、自信和自强的心理素质。有自知,才能正确认识自身从事这项事业所具有的长处与不足;有自信,才能更好地处理编校中存在的问题。自信是建立在自知的基础上的,两者是相辅相成的。自强,表现在编辑内心要充满着积极向上的精神,在工作中不服输,能

勇于面对困难;对自己编辑的书报刊,有超越一流的勇气。

在新时代,有些出版机构及其编辑确实走在了时代前列,但也应该清醒地看到,有的编辑工作的创新步履艰难。之所以会出现这样的局面,原因是多方面的。如果从心理学角度去分析,其中重要原因之一是有些编辑存在着不同程度的创新心理障碍,这些心理障碍使得编辑难以把创新内化为自己的自觉行动。编辑工作是一种极为复杂的精神文化活动,在如何创新面前势必会引起编辑心理活动的再调整和再适应,假如编辑没能很好地适应和调整自己的心态,就会不自觉地形成编辑工作中的一种心理障碍,有的学者将其概括为认知刻板、功能固着、缺乏自我效能感、盲从心理的驱使、自大和优越感的作祟和述而不作和循规蹈矩的心理取向六大心理障碍(常勤毅,2003b)。作为新时代的编辑要有直面自己存在着不同程度的心理障碍的勇气,要有解决编辑创新工作中各种问题的思路,更重要的是要敢于付诸行动,积极做好编辑的心理建设,使之成为新时代的弄潮儿,而不是观望者,更不应该成为落伍者甚至逃兵。

所以,新时代的编辑和书报刊人要有良好的心理素质,要有敢为人先的勇气,才能面向世界,走出一条中国特色书报刊发展道路,为国家创新驱动发展战略做出贡献。

本章概述了编辑职业素质的概念、内涵及研究背景;通过文献调研、专家访谈等构建了新时代编辑职业素质结构和成分;分析了新冠疫情给编辑出版业带来的新问题以及部分编辑在应对突发公共事件中其职业素质的缺陷,并提出建设性意见,即加强对编辑的责任意识、为人作嫁衣裳的奉献精神、扎实的编辑功底和勇于作新时代弄潮儿的胆识的培养。另外,以一流科技期刊编辑为例,构建了一流科技期刊编辑职业素质评价指标体系,创新性地引入分别以主、客观见长的 AHP 和熵权法来计算一流科技期刊编辑职业素质各指标的复合权重,并根据各指标权重排名,有针对性地提出了新时代编辑职业素质提高的策略。

建构一套公认的科学合理、行之有效的一流科技期刊编辑职业素质评价指标体系是一个漫长的过程,需要全体编辑的共同努力,不仅要借助科学的计算模型,还要在实践中不断检验和修正。本研究主要意图是想把这种研究思想与计算方法传递出去,希望能为相关部门在制定更加科学、全面的一流科技期刊职业素质评价体系时提供一些数据支撑和理论指导,同时为出版界选拔编辑人才、开展编辑的继续教育以及培养优秀的出版专业人才等提供一些依据。

# 第3章　新时代编辑工作应对学术不端行为的向径

## 3.1　学术不端行为的界定

### 3.1.1　国内学术不端行为定义的演变

20世纪90年代,国内对"弄虚作假""造假""欺骗""剽窃"和"抄袭"等行为还没有一个明确的规范化的概称,不过有研究者已开始这方面的探索,比如,学者樊洪业(1994)在其论文《科研作伪行为及其辨识与防范》中根据英文术语"misconduct in science",把这些行为定义为"科研作伪行为",即在科学研究与评论过程中,为骗取科学共同体和社会承认而出现的伪造和剽窃的行为。也有的学者把这些行为定义为"科研越轨行为",比如,陈志凌等(1993)把"在科研立项、方案实施、报道或评议研究结果等过程中伪造或篡改实验数据、科研程序、数据分析、剽窃或抄袭他人研究成果,歪曲报道科研结果的种种作弊行为"定义为"科研越轨行为";张九庆(2003)进一步完善该定义为:科学家在科研过程本身、科研社会化过程中伪造、剽窃、僭誉等违反职业道德规范的行为以及在发现、处理这些违规行为过程中的违反职业道德规范的行为。

《科协论坛》2002年第6期发表的专家意见指出:近年来,"学术腐败"作为一个专用名词频繁出现在各种媒体上,对学术界、教育界、科技界等领域出现的各种不道德、不规范和违纪违规现象深恶痛绝,是完全正当的,可以理解的。但把这些不良现象笼统称为"学术腐败"并不科学,应按国际通行的说法,称之为学术不端行为或不良行为比较恰当。这大概是"学术不端"这个词出现的源头。赵肖为(2003)在他的论文《学术不端的初步探讨》中根据国际相关说法,概括学术不端定义为:在科学研究与评价过程中,为骗取科学共同体和社会承认而出现的伪造和剽窃行为。

2006年11月,科技部颁布《国家科技计划实施中科研不端行为处理办法(试行)》对科研不端行为界定为:违反科学共同体公认的科研行为准则的行为。具体表现为:剽窃,伪造、篡改,提供虚假信息,在人体研究中违反知情同意、保护隐私原则,虐待实验动物和其他学术不端行为。2007年3月28日召开了科研诚信建设联席会议第一次会议,科技部、教育部、中国科学院、中国工程院、自然科学基金会和中国科协六部门通过了在科研领域联手开展科研道德建设,打击学术不端行为的决议。六部门表示,将联合制定和发布"关于加强中国科研道德建设的意见",为科技界科研道德建设提出方向和目标;研究编撰"科研诚信指南",形成全国科技界共同遵守的行为规范和约束机制;编写"科研诚信知识读本"等教材,推动高校、研究机构、企业博士后工作站开设科研道德课程,提高科技人员科研道德水平;宣传科研道德高尚的先进个人,在科技界营造尊重科学、诚实守信的良好风尚(侯湘 等,2007)。中国科协在 2007 年的七届三次常委会上颁布的《科技工作者科学道德规范》中指出,学术不端行为是指"在科学研究和学术活动中的各种造假、抄袭、剽窃和其他违背科学共同体惯例的行为"(中国科学技术协会,2007)。

为了使学术不端行为的定义更有针对性,中国科学院、教育部等部委结合本领域的特点相继对学术不端定义做了一定变通,比如,2016 年 3 月,中国科学院印发的《中国科学院对科研不端行为的调查处理暂行办法》中界定学术不端行为为:在研究和学术领域内的各种伪造、篡改、抄袭剽窃和其他严重违背科学共同体公认道德的行为。2016 年 6 月,教育部发布的《高等学校预防与处理学术不端行为办法》中界定学术不端为:高等学校及其教学科研人员、管理人员和学生,在科学研究及相关活动中发生的违反公认的学术准则、违背学术诚信的行为。《国家自然科学基金项目科研不端行为调查处理办法(2022)》中将学术不端行为界定为:发生在科学基金项目申请、评审、实施、结题和成果发表与应用等活动中,偏离科学共同体行为规范,违背科研诚信和科研伦理行为准则的行为。

2019 年我国颁布的《学术出版规范期刊学术不端行为界定》(CY/T 174—2019)将学术期刊学术不端行为分为论文作者学术不端行为、审稿专家学术不端行为和编辑者学术不端行为。论文作者学术不端行为主要包括:剽窃、伪造、篡改、不当署名、一稿多投和重复发表。审稿专家学术不端行为主要包括:违背学术道德的评审、干扰评审程序、违反利益冲突规定、违反保密规定、盗用稿件内容、谋取不正当利益、其他学术不端行为。编辑者学术不端行为类型包括违背学术和伦理标准提出编辑意见、违反利益冲突规定、违反保密要求、盗用稿件内容、干扰评审、谋取不正当利益、其他学术不端行为。

百度百科定义的学术不端行为,是指学术界的一些弄虚作假、行为不良或失范的风气,或指某些人在学术方面剽窃他人研究成果,败坏学术风气,阻碍学术进步,违背科学精神和道德,抛弃科学实验数据的真实诚信原则,给科学和教育事业带来严重的负面影响,极大损害学术形象的丑恶现象。

我国对学术不端行为定义界定比较清晰和具体,一般有一个总体定义,然后再分述。比如前面说的《中国科学院对科研不端行为的调查处理暂行办法》中涉及的学术不端行为具体条款为:

①伪造、篡改、抄袭剽窃行为,包括伪造、篡改科研数据、资料、文献、注释等,抄袭剽窃他人的学术成果和重要的学术思想、观点或研究计划,或未经授权扩散上述信息等。

②在科研活动中的虚假陈述行为,包括在个人履历、资助申请、奖励申请、职位申请以及同行评审、公开声明中等提供虚假或不准确信息,或隐瞒重要信息。

③不当署名的行为,包括与实际贡献不符或未经他人许可的署名,将应当署名的人或单位排除在外,或对著者或合著者排名提出无理要求。

④一稿多投和重复发表的行为,包括将本质上相同的科研成果改头换面一稿多投或重复发表的行为。

⑤故意干扰或妨碍他人研究活动的行为,包括故意损坏、强占或扣压他人研究活动中必需的材料、设备、文献资料、数据、软件或其他与科研有关的物品。

⑥违反涉及人体、动物、植物和微生物研究以及环境保护等科研规范的行为。

⑦其他严重科研不端行为。

在研究计划和实施过程中非有意的错误或不足，对评价方法或结果的解释、判断失误，因研究水平和能力原因造成的错误和失误，与科研活动无关的错误等行为，不属于本办法所指的科研不端行为。

《高等学校预防与处理学术不端行为办法》中涉及的学术不端具体条款为：

①剽窃、抄袭、侵占他人学术成果；

②篡改他人研究成果；

③伪造科研数据、资料、文献、注释，或者捏造事实、编造虚假研究成果；

④未参加研究或创作而在研究成果、学术论文上署名，未经他人许可而不当使用他人署名，虚构合作者共同署名，或者多人共同完成研究而在成果中未注明他人工作、贡献；

⑤在申报课题、成果、奖励和职务评审评定、申请学位等过程中提供虚假学术信息；

⑥买卖论文、由他人代写或者为他人代写论文；

⑦其他根据高等学校或者有关学术组织、相关科研管理机构制定的规则，属于学术不端的行为。

《国家自然科学基金项目科研不端行为调查处理办法（2022）》中涉及的学术不端具体条款为：

①抄袭、剽窃、侵占；

②伪造、篡改；

③买卖、代写；

④提供虚假信息、隐瞒相关信息以及提供信息不准确；

⑤打探、打招呼、请托、贿赂、利益交换等；

⑥违反科研成果的发表规范、署名规范、引用规范；

⑦违反评审行为规范；

⑧违反科研伦理规范；

⑨其他科研不端行为。

总之，我国对学术不端定义界定比较精准、具体，在可能涉及学术不端的重要领域都有适合本领域、本行业的具体定义和规范。

### 3.1.2　国外学术不端行为定义概述

美国是较早研究学术不端行为的国家之一，在 20 世纪 80 年代，美国学者就开展对学术不端行为的研究，并逐步建立了防治学术不端行为的系统机制，同时制定相关法律依据。1986年，美国国家卫生研究院（NIH）在《国家卫生研究院项目资助和合同指南》中对学术不端行为给出了临时定义，即在科研活动过程中或科研成果报告时存在伪造、篡改和剽窃的行为，以及违反了联邦政府关于人类主体的保护和实验室动物福利等特殊规定（黄军英，2006）。1988年，美国《联邦登记手册》开创性地提出，学术不端行为就是指编造、伪造、剽窃或其他在申请课题、实施研究、报告结果中违背科学共同体惯例的行为（李靖波 等，2011）。同年，美国国家科学基金会(NSF)定义学术不端行为是指伪造、篡改、剽窃以及其他严重背离公认准则的行为(Malhar,2008)。1989 年 8 月,美国公共卫生局定义学术不端行为是指在研究中出现的捏造、篡改、剽窃以及违反公认准则的其他行为,同时说明该行为不包括在解释或判断数据时产生的诚实错误或诚实差异(Office of Research Integrity,2006)。2000 年,美国在《关于科研不端行为的联邦政策》中,将学术不端行为的定义明确为"在计划、履行、评审科研项目或报告研究结果中的伪造、篡改和剽窃行为",并对"伪造、篡改、剽窃"三个核心概念进行了进一步的解释(Office of Science and Technology Policy,2000)。该定义简单明确、可操作性强,已经被美国大多数机构采用,成为美国普遍接受的定义。

加拿大《三大理事会关于科研与学术诚信的政策声明》则认为,"任何违背诚信的行为都是不端行为"(主要国家科研诚信制度与管理比较研究课题组,2014)。

丹麦是欧洲最早成立学术不端应对机构的国家,其学术不端委员会(DCSD)在《学术不端委员会执行准则》(2008 年版)中将学术不端行为明确定义为伪造、篡改、剽窃和其他严重违反良好科学实践的行为(OSTP,2002)。

德国马·普学会于 1997 年通过并于 2000 年修订的《关于处理涉嫌学术不端行为的规定》中列出了"被视为学术不端行为方式的目录",指出"如果在重大的科研领域内有意或因大意做出了错误的陈述、损害了他人的著作权或者以其他某种方式妨碍他人研究活动,即可认定为学术不端"(山崎茂明,2005),随后他们在 2002 年《关于科研不端行为认定的目录》中,将学术不端行为分为虚假陈述、侵犯知识产权、妨碍他人研究工作和连带责任四个方面。

1998 年 12 月,英国研究理事会(RCUK)出台《保障良好科学行为声明》,该声明认为:学术不端行为是指捏造研究成果、抄袭以及不当引用他人的研究内容。2009 年该理事会在发布的《关于良好研究行为管理的政策规范》中将学术不端行为分为剽窃、伪造、篡改、未如实陈述、未妥善保管数据或原始资料和违反审慎的职责六个方面(中国科学院,2013)。

芬兰对学术不端概念的界定比较清晰,认为学术不端是指误导科研界,往往也误导决策者的行为。这包括向科研界提供虚假数据或结果,或在出版物、科学或学术会议上的陈述、拟发表的手稿、研究材料或资助申请中传播虚假数据或结果(王少,2021)。

大洋洲的代表性国家——澳大利亚对学术不端定义独树一帜,它首先表明学术不端行为是一种违反准则(指《澳大利亚负责任研究行为准则(2018)》)的行为,然后具体列举(王少,2021)。

亚洲国家对学术不端行为也作了一些规定,比如,在日本著名学者山崎茂明(2005)发表的论文——《科学家的不端行为——捏造、篡改、剽窃》中将学术不端行为定义为捏造、篡改和剽窃。2006 年,日本学术振兴会在《关于研究活动的不端行为及研究资金不正当使用的对应规程》中指出,学术不端行为是指违背科研伦理,在研究活动和成果发表过程中,歪曲事实,妨碍正常学术交流,未尽到作为科研人员的基本义务,在发表的研究成果中出现的捏造、篡改及剽窃等行为。2016 年,东京大学发布的《东京大学防止学术不端行为的规定》中指出,学术不端行为是指作为科研人员,在处理和执行研究或报告研究成果时,故意或明显不谨慎地编造、伪造和剽窃等行为(高思,2022)。韩国于 2007 年 2 月 8 日颁布了《确保学术伦理准则》,又于 2008 年 7 月 28 日颁布了此准则的改正令,并明确了学术不端行为具体包括:造假行为、剽窃行为、作者名分不实行为等(蔡瑞,2016)。

通过对国内外学术不端行为的阐述,可总结出已达到共识的学术不端行为主要包括伪造(fabrication)、篡改(falsification)和剽窃(plagiarism)三种行为,简单地说,学术不端就是指在科学研究与评价过程中,为骗取科学共同体和社会承认而出现的伪造和剽窃行为。

## 3.2　学术不端行为研究综述

### 3.2.1　对学术不端行为采用手段及治理策略的探索

调查实施学术不端行为的手段以及如何应对该行为一直是学者们研究的重点,比如,郝凯冰等(2023)运用 NVivo 软件分析了抽样的医学科研失信案件中的诚信问题特征,指出"编造研究过程,伪造、篡改研究数据、图表等"行为是当前极为突出的医学科研失信现象,提出制定医学科研活动图片和数据使用行为准则、研发多模态医学科研诚信检测系统、健全医学科学数据管理技术平台等建议。汪勤俭等(2023)分析了医学科研论文一稿多卖案例,建议医学期刊编辑应重视对此类稿件的甄别和审查,注意辨别稿件的真实性;建立医学期刊学术诚信平台,鼓励论文数据共享;加强对作者的教育和警示;建议国家制定对第三方中介的惩处政策,严格防范第三方买卖论文的学术失信行为。易耀森(2020)指出,被撤销医学论文存在伪造数据、存疑数据、错误数据、不可靠数据、重复数据和剽窃数据等学术不端行为,提出作者应主动把好"源头关",自觉接受诚信监督;作者单位应履行科研诚信建设主体责任;期刊出版单位应提高数据存疑意识,强化数据和统计学审查,建立多技术协同防范机制;多部门主动构建失信联合惩戒机制,以有效遏制数据学术不端行为防范对策研究。张维等(2021)探讨了生物医学论文典型学术造假图片行为,即一图多用、图像裁剪拼接、图像局部篡改等;提出制定生物医学期刊图片处理规范;加强对论文图片的审查把关,防范学术不端行为;鼓励作者共享原始图片,提高数据透明度;制定针对作者学术不端行为的惩戒措施。

王影(2022)以《护理学报》为例探讨科技期刊编辑对调查研究类稿件隐性学术不端行为的审核要点,即编辑应在稿件的初审、二审阶段进行源文献挖掘,从选题、样本量、伦理审核、调查工具选择、资料收集方法和时间、数据统计及结果分析等方面全面审核稿件的逻辑性及科学性,判断稿件是否存在潜在学术不端行为,并建议科技期刊编辑为调查研究类稿件匹配相应领域的编辑和审稿专家,重视加强自身学习及与稿件作者的沟通,从而有效防范隐性学术不端行为。张和等(2022)探讨了科技期刊初审阶段如何挖掘隐性学术不端行为,并提出科技期刊严把初审关、科研机构和科研工作者加强学术诚信教育以及监管部门立法监督和惩处学术不端三个防范措施。万志超等(2021)探讨国际同行评议中审稿意见造假现象及如何防范相关的学术不端,指出在国际同行评议中,审稿专家审稿意见造假的学术不端情况并非个例,英文科技期刊需要针对审稿专家审稿意见造假的情况,进一步完善学术不端防范措施。

王志标(2020)指出,学术期刊论文引用失范具体表现为遗漏引用、张冠李戴式引用、扭曲引用、迷宫式引用、引用来源非权威出处、引用错误的文献、对多卷本引用的混乱等。造成学术期刊论文引用失范的原因在于作者研究态度不端正、未建立良好引用习惯、不了解学术规范等。作者、学术期刊、作者单位和行业管理部门等主体都需要加强对学术期刊论文引用失范的治理。王景周(2021)调查了"论文工厂"撤回论文的特征分布,结果显示:截至2021年7月31日,含有"论文工厂"原因的撤回论文共526篇,署名均含中国作者,发表在20家国际出版商的54种期刊上;PM论文的发表和撤回时间分别集中在2017—2019年(占80.42%)和2020—2021年(98.67%)。除"论文工厂"外,第三方调查、图片重复使用、结论不可靠3种撤稿原因的标记频次最高。邬加佳等(2021)依据《学术出版规范期刊学术不端行为界定》,将不当署名学术不端行为分为五大方面,即对有实质性贡献的人排除在作者名单外,未有实质性贡献的人在论文中署名,未经他人同意擅自将其列入作者名单,作者排序与其对论文的实际贡献不符,提供虚假的作者职称、单位、学历、研究经历等信息。杨珠(2022)以国家自然科学基金委员会查处的造假论文为例,调查中文造假论文被引情况,建议尽快撤销造假论文并在撤销声明中阐述具体原因;科研工作者应具备质疑精神;应警惕连环造假行为。

### 3.2.2　对学术不端行为鉴别方法的探索

怎样识别学术不端行为,学者们也总结了一些方法,比如,冼春梅等(2023)探讨了科技论文中的一种高级剽窃行为——洗稿,其常见表现形式有文字重组、结构拆分重组和图表文字互换,洗稿行为隐蔽性强、危害性大,侵犯作者著作权;要有效发现和甄别洗稿行为,需要科技期刊编辑部不断强化内部管理,提高防范意识,注重细节,增强智能工具的应用能力,初审严格把关。傅宁(2023)分析洗稿原理,收集洗稿数据,比较样本原文和洗稿成品的异同;利用人工智能服务平台和中国知网网站,有针对性地探索出基于关键词提取和比对的技术性方法。按提出的方法测试数个样本后,发现该方法能较准确地识别出洗稿类学术论文。张和等(2023)从语言翻译学和文献内容两个角度,总结英译中的跨语种抄袭特征,剖析编辑部出版实践中的典型案例,提出在出版流程中严格把关并发挥主观能动性,开发基于先进计算机技术跨语种抄袭检测软件以及加强学术诚信教育和惩处力度三个防范措施。庞海波(2023)探讨了"三核七查"法在生物医学论文初审阶段防范学术不端行为中的应用。"三核"是指核对标注基金与论文内容是否紧密相关、核对伦理审核是否真实进行、核对研究是否真实开展;"七查"是指审查论文中英文题名、文字复制比、一稿多投、IP地址、作者邮箱和电话、图片、稿费支付人。王佳静等(2022)讨论了论文作坊的特点与甄别方法,即论文作坊常通过抄袭剽窃、数据造假、图片重复使用、大规模同行评议造假、不当署名、基金标注不实、一稿多投和重复发表等手段作伪,既会损害科学的独创性,割裂署名的权责关系,又会增加审稿和撤稿环节的时间成本和经济成本,甚至对地域的学术声誉造成重创,可根据写稿、投稿和撤稿环节的异常情况对作坊论文予以甄别。

### 3.2.3　对学术不端行为预防和处理方法的探索

如何预防学术不端行为的发生,学者许蔚萍(2023)指出,高校学术不端的治理应当确立以"学术共同体"为核心的治理理念,建立"诚信自律"与"法治约束"相结合的制度体系,推进"数字化"与"智能化"相融合的治理方式。罗云梅等(2023)探讨了ChatGPT对学术出版伦理的影响,指出出版业人员应警惕ChatGPT等人工智能工具对于科学透明性和真实性的冲击,牢牢把握科学透明红线,确保技术不被滥用,同时应不断更新与调整出版政策,监管与发展要同步。

　　胡金富(2022)以《图书情报工作》为例从期刊出版的前期、中期和后期三个维度探讨了学术期刊防治学术不端行为的策略,即可通过强化联盟化防控机制、优化稿件全流程管控机制、细化编辑职业发展机制和深化技术辅助研判机制等策略,完善期刊的学术不端行为防治体系。杨继涛等(2023)对科技论文初审查重结果判定模式进行研究后指出,根据论文各部分的重要性以及相似片段在不同部分的分布情况,将初审论文重复类型分类,在此基础上,提出有针对性的判定策略。龙宝新(2023)讨论了学术不端行为问责的逻辑、机理与路径,指出要开展有依据的大学学术不端行为问责,就必须基于学术不端行为的发生原理、根治机理与问责学理来展开;要实施有效能的大学学术不端行为问责,就必须沿着"责任归咎——程序设计——机制建构"的线路来持续优化学术问责工作方案。陆宜新(2023)辨析了学术期刊编辑的学术不当与不端行为,提出通过加强编辑的质量意识及职业道德建设、制定严格的管理和监督制度、建立诚信档案等约束编辑行为的措施,使编辑真正成为学术质量的守门人。

　　杨道涛(2023)基于政策法律法规文本的分析,探讨学术期刊在我国科研诚信建设中的责任与作为,指出学术期刊在科研诚信建设中的作用不容忽视,国家政策法律法规层面要赋予学术期刊更多的责任与作为,学术期刊也要主动参与科研诚信建设。李丹丹等(2023)探讨了研究生学位论文再发表存在的学术不端问题,讨论了学位论文再发表时论文作者、学校、期刊社、数据供应商各方的不同利益,认为高校管理者是串起这一系列复杂关系的核心要素。从高校管理视角呼吁相关部门制定相应政策,为研究生学位论文再发表及深入开发利用指明方向。

　　西佛罗里达大学的学者 Belter(2009)探讨了减少大学生学术不端策略,指出减少无意抄袭的有效方法是指导学生如何正确引用和明确引用来源,并要求作者承诺学术诚信。另外,为了营造风清气正的学术环境,很多期刊相继发布了遏制学术不端的公约:比如《医药导报》(佚名,2023d)、《河海大学学报(哲学社会科学版)》(佚名,2023a)、《小型微型计算机系统》(佚名,2023c)等。《临床儿科杂志》(佚名,2023b)等期刊声明已启用"科技期刊学术不端文献检测系统",对检测出有严重学术不端行为的稿件,编辑部将一律退稿。

### 3.2.4　对学术不端行为产生原因及其研究动向的探索

　　既然有这么多学术不端行为发生,其背后的原因有哪些呢?学者蒙胜军等(2023)基于有限理性理论视角提出科技期刊论文发表不当署名影响因素理论框架,并借助数据统计对科技期刊论文不当署名的现实表现、成因、影响因素等进行研究,得出学术素养和学术环境作为约束条件对不当署名行为具有显著影响。王志标(2020)指出,造成学术期刊论文引用失范的原因在于作者研究态度不端正、未建立良好引用习惯、不了解学术规范等。曹卫国(2009)分析了学术不端行为产生的主客观原因,主观原因表现为:追求同行和社会的承认、实现名利和尊重、一些学者"学而无术""不学无术"和缺乏基本的科学精神和人文精神;客观原因为:现阶段学术管理评估机制不合理。贺卫等(2016)分别从对学术规范的认知、就业压力、信仰缺失、"性善论"文化、结果主义道德观、官方行为的示范效应等方面,分析高校师生学术失范的原因。其中,对学术规范的认知、就业压力属于高校内部的直接原因,信仰缺失、"性善论"文化、结果主义道德观、官方行为的示范效应属于高校外部的深层原因。

　　陈小满等(2023)从经济学视角对高校教师学术失范本质进行探讨,并从静态博弈与动态演化博弈角度对高校教师学术失范行为的原因进行分析,同时指出:高校教师实施学术失范行为的收益是影响教师学术失范行为的关键因素,教师学术失范行为被查后的利益损失也会影响教师学术失范行为的产生。刘月(2022)指出高职教师学术道德失范行为的主观原因:高职院校还未形成系统的学术诚信和学术素质培养体系,教师受外界急功近利、不劳而获等不良风气的影响,高职院校的职称评聘标准影响。客观原因:部分高职院校存在学术道德相关制度不健全、学术道德失范惩处制度不完善等问题。白如江等(2023)系统分析我国科研数据学术不端影响因素,得出我国科研数据学术不端受个人、组织、期刊、社会4个维度11个因素综合影响,11个影响因素分别是:科研数据素养、学术道德素养、学术能力、科研诚信教育、科研诚信环境、科研评价压力、监督惩治机制、数据公开、数据审查、数据学术不端检测技术、论文代写代发。不同因素的因果属性、重要程度存在差异,其中,科研诚信环境、监督惩治机制、数据审查、数据学术不端检测技术、论文代写代发属于关键影响因素。杜云祥等(2010)指出,形成学术不端行为的主要原因有:宣传教育上的缺失、急功近利的社会风气影响、学术评价机制的错位和规范制度的滞后。吴晶等(2009)指出,学术不端行为与当前科研评价体系重数量、轻质量,重短期效应、轻长期积累的取向有关。从根本上说,我国学术不端行为的存在也与我国的高等学校研究生培养体制及职称评定机制有一定关系。

邓瑶等(2016)对《中国血吸虫病防治杂志》作者学术不端知行信进行调查,调查结果显示60%以上的作者认为:社会风气不良、学术评价制度有不合理之处、部分人为获得利益而置规范于不顾是产生学术不端的主要原因。王育花等(2018)调查了科技期刊编辑和审稿专家对学术不端的认知,得出学术不端行为的个人成因,编辑倾向职称晋升是主要动因,而审稿专家认为科研考核压力是主要动因。不过二者都认为缺乏科学公正的学术评价和考核制度以及不完善的监督制度是造成学术不端的主要环境因素。黄核成等(2012)通过对浙江高校大学生学术诚信问题现状分析,指出缺失"契约精神"是我国大学生产生学术不端的根源。Daniel等(2009)认为,导师对学术不端行为的宽容态度、高校管理制度的不完善以及惩戒力度小等外部因素也会导致学术不端行为发生。Judy等(2003)认为,学生为了顺利完成学业和避免失败,不得已选择学术不端行为。Kokkinaki等(2015)调查塞浦路斯大学学生和老师对学术不端行为的认识和看法,并总结产生学术不端的原因,包括出版压力、对剽窃行为缺乏了解以及缺乏追究剽窃行为责任的有效措施。

李新根(2023)基于CiteSpace的可视化软件分析了新世纪(2001—2021年)以来国内学术不端治理研究发展脉络与热点主题,研究表明:国内学术不端治理研究热度总体上不断增长,影响力持续提升;热点主题涵盖学术不端行为的主要类型及演进特征、学术期刊出版中的学术不端行为及防范、学术不端行为主体及影响因素、学术不端行为治理的向度与进路四大类。周志新(2020)基于CiteSpace可视化软件分析我国科技期刊出版伦理研究概况,研究结果表明:"编辑道德""编辑工作""医学期刊""出版伦理"代表着不同时期出版伦理研究领域的热点,其中关于"编辑道德"方面的研究主要集中在1982—2000年,关于"编辑工作"方面的研究主要集中在1984—1994年,关于"医学期刊"方面的研究主要集中在2011—2019年,关于"出版伦理"研究主要集中在2013—2019年,说明目前我国科技期刊出版伦理研究趋势经历了以编辑道德、编辑工作为主向以医学期刊、出版伦理为主的转变。

## 3.3　新时代学术不端行为新动向——一种隐蔽的 "语际变换式"剽窃行为研究

### 3.3.1　研究的必要性分析

随着中国对外开放、法治建设步伐的日益加快,人们对版权、著作权的保护意识也开始加强,政府等主管部门高度重视科研诚信,越来越多的学术不端行为遭到社会舆论的谴责(孙雄勇 等,2019)。但在学术界还存在一种"语际变换式"剽窃行为,其由来已久,由于表现隐蔽而没有得到足够的重视。

所谓"语际变换式"剽窃行为,就是把他人作品的部分或全部翻译为其他文字,从一种语言变换为另一种语言但不注明出处,并以自己名义发表的行为(赖莉飞,2020)。Pecorari(2016)在其文章中指出,随着国际人口流动性的增加,具有第二语言学者的数量迅速攀升,这群人中的一部分是实施"语际变换式"剽窃的易发人群,给学术诚信带来了潜在的危险。"语际变换式"剽窃行为已成为少数精通一两门外语者,特别是有着丰富境外论文资源的"海归"们嗜好的剽窃手段,该行为在少量大学外语教师身上也有所体现(程晓红,2017)。如果让这种行为在使用小语种的国家或者和我们文化出版交流不太多的一些国家中任其发展下去,将会直接影响我们的形象。如何防范"语际变换式"剽窃行为,保护作者版权和本国与他国的知识产权;如何杜绝我国学术期刊刊载各类有剽窃行为的作品,维护国家的声誉,是我们编辑工作者需要深入思考和研究的问题。

国内研究翻译剽窃的文章较多,但一般更多讨论的是所谓"中翻中"或"英翻英"剽窃行为,即剽窃者以一本或几本外文或中文译本为蓝本,采用替换近义词、调换词序、删减内容、提取不同译本章节组合等手段最终变成以自己名义发表的行为(李云龙,2014;韦群林,2007);而针对"语际变换式"剽窃行为讨论的文章较少。较早出现"语际变换"剽窃这个词的是在韦群林(2007)发表的论文《论文字作品剽窃手法的识辨》中,文中他把前面提到的"中翻中"或"英翻英"剽窃行为也简单归为其中,还没对"语际变换"剽窃行为的特点展开叙述。本研究重新厘清"语际变换式"剽窃行为内涵,认为"中翻中"或"英翻英"属于同种语言剽窃行为,把它们划归为"语际变换式"剽窃行为有些不够准确,因此,本研究认为"语际变换式"剽窃行为应该定位在"不同语言"间的、把别人的作品部分翻译、压缩翻译或全文翻译后变成自己作品的内容发表的行为。

在国外的研究中,偏重于对高校师生剽窃行为的调查研究类文章较多,比如:Ehrich 等(2016)比较研究了中国和澳大利亚大学生对剽窃行为的态度;Babalola(2012)调查了尼日利亚私立大学本科生对剽窃行为的认识和剽窃的发生率;Sousa-Silva(2019)考查了剽窃行为作为一种跨文化、跨语言现象,不同国家的高校教师和学生对它的看法;Krokoscz 等(2019)调查了圣保罗大学研究生对学术著作剽窃行为的看法。而专门针对"语际变换式"剽窃行为研究也不多,对该问题研究较全面的是俄亥俄多米尼加大学的 Dougherty(2019),在其文章中用翔实的事例表述了哲学交流中的"语际变换式"剽窃行为和危害,但没清晰指出其特点和防范策略;

另一位开展相关研究的是 Michael 等(2015),他调查了存在于学生中的一种新的"网络"剽窃行为——反翻译剽窃行为,即利用软件翻译剽窃。

基于以上分析,可知"语际变换式"剽窃行为危害之深,因此很有必要对这种较隐蔽的剽窃行为进行深入研究。本研究针对国内外研究的不足,深入分析"语际变换式"剽窃行为的特点和表现,并结合相关案例进行评析。

### 3.3.2 "语际变换式"剽窃行为特点及表现形式

**1. 特点**

(1)隐蔽性强

"语际变换式"剽窃行为是一种比较隐蔽的"变相"剽窃行为(Dougherty,2019),因原文本与剽窃文本被采用不同的语言来表述,由此拉远了二者的距离,导致不易被发现,所以至今还游离在被有效监管的范畴之外,甚至有的作品被剽窃两三次,由不同的抄袭者翻译成不同的语言发表。由于不同国家语言表达方式不一样,因此,很难鉴别出"问题作品"中的某一段话是出自其他语言的作品,有时甚至整篇文章被剽窃翻译成其他语言文字后发表,也没被发现,除非被关联的事情牵扯才出现在人们的视野里。比如,2020 年某报纸网站报道的一起"语际变换式"剽窃事件处理公告,是因某大学教师于 2015 年在 Nature 杂志旗下知名期刊《科学报告》(Scientific Reports)上发表的论文涉嫌抄袭匈牙利某技术经济大学一位学生 2013 年的本科毕业论文。其实发现其抄袭也是一种巧合,是因为该教师在该文章中引用了此学生发表的另一篇论文,此学生一直从事该方向的研究工作,比较看重自己的科研成果被名刊引用,正是这个引用,揭开了该教师跨语言抄袭行为。截取学生学位论文片段翻译成英文并重新组合成新的论文发表,而不加引文,这是典型的"语际变换式"剽窃,如果不是因在影响力和传播力都很强的名刊上发表,则很难引起原作者的注意和发现。

如果我们经常看外文译著,就会发现有些译文段落很难和原著对应,更何况有些作者截取别人的观点、方法或数据翻译成其他语言发表。正因为"语际变换式"剽窃行为具有较强的隐蔽性,因此,至今还有一些该类型的论文和作品充斥在国际学术界。

(2)裁定困难

"语际变换式"剽窃行为不容易被裁定,证明"问题作品"是"变相"剽窃是一项困难且耗时的工作。由于不同语言的构词法和语法不同,因此,很难拿出确凿证据判断某段话是被翻译剽窃过来的,特别是那些"外语通",他们更懂得如何规避母语和外语常规的互译模式。如果他们把几篇原始母语作品抽取一部分拼凑成新的文章、翻译成外文发表或者把拼凑的外文文章翻译成母语发表,即使采用高科技的识别软件鉴别,也只能说和几篇文章疑似相似,不能定论说是抄袭。

比如,旅美某学者 2007 年在网上发表文章批评国内某教师发表的作品抄袭外国作品。由于涉及的西方原著,当时国内很少见,因此无法查证,其后甚至有人发公开信指证爆料者有精神病,此事就在这样不公的舆论声中平息了。后来,有学者重新梳理此事件,并拿出翔实的证据证明该教师存在剽窃行为(杨沐,2007)。

　　要进一步在司法实践中,判定"语际变换式"剽窃罪成立更是难上加难,就算是裁定那些既有译本、译语的"中翻中"或"英翻英"侵权诉讼时,往往还存在举证困难的问题。某翻译家曾表示,为证明他翻译的作品被某公司抄袭出版,他觉得比他翻译那本书还费劲(李云龙,2014)。

　　由于裁定困难,便给剽窃者留下了生存的空间,甚至给剽窃者本人和出版单位带来巨大的利益,因此,无形中促使他们带着侥幸心理继续延续这种"短、平、快"的既违法又失德的学术不端行为。

　　(3)关注度延迟

　　"语际变换式"剽窃行为不容易引起大众的及时关注。其剽窃者认为"问题作品"也花费了他们的精力,即翻译成本。把母语作品翻译成外文作品或把外文作品翻译成母语,满足了不同的受众人群,可以说他们在某种程度上也承担了所谓"翻译家"或"传播者"的工作;另外,两个不同语言的文章可以说是两部作品,以翻译者名字发表似乎理所当然。由于这种剽窃行为听起来存在一定的合理性,并且它对其他人的伤害似乎不大,所以许多不是被剽窃对象的人员常常认为该行为是可以接受的,从而导致了这种剽窃行为的警示作用下降,在学术界被关注延迟,除非被人举证揭发才进入公众视野。比如,2012 年震惊世界的事件中,少不了曝光关于匈牙利总统施米特·帕尔的博士毕业论文涉嫌抄袭德国学者克劳斯·海涅曼一篇文章的报道(邬金浜,2021),该事件历经近 20 年,是反对党为了弹劾他,挖空心思找证据才被发现。最终他也付出代价,被迫辞去总统职务。

　　由于"问题作品"被关注延迟,在它被发现前会以正常的论文在学术界流传,不仅侵害了原作者的名誉权、财产权、人身权,而且还常会被大量的下游论文引用,比如 Dougherty(2019)在评述哲学交流中存在的翻译剽窃现象时揭露和讲述了一个有趣的"语际变换式"剽窃行为案例,事件线索见图 3-1。古希腊哲学家希罗多德的作品在 1980 年被 Feix 译成德文,1992 年被 Strmmer 合理引用在作品中,后来 Strmmer 又提炼出另外一份手稿,但没标注引文,于 2001 年翻译成英文作品发表,后面的作者在阅读和引用这个问题作品时已完全不知道最初的作者是谁了。这种现象如果任其发展下去,将会严重影响下游研究文献的纯净性,进而造成学术研究风气的污染。

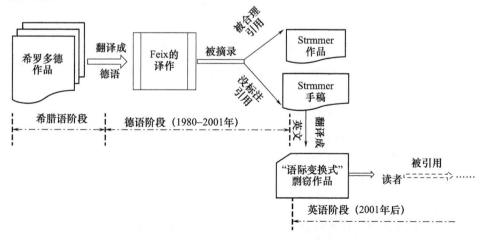

图 3-1　"语际变换式"剽窃作品典型案例的演变和影响

## 2. 表现形式

根据国家新闻出版署 2019 年 5 月 29 日颁布的《学术出版规范——期刊学术不端行为界定(CY/T 174—2019)》标准,笔者将"语际变换式"剽窃行为的表现形式分为以下五种类型。

(1)观点语际变换式剽窃

不加引注或说明把他人的观点翻译成其他语言使用,包括直接使用、转述使用、增减后使用或拆分重组后使用,并以自己的名义发表的行为。

以前针对产品还可以申请专利进行保护,而属于精神产品之重要组成的"观点"却一直没有好的保护措施。比如,某些作品中提出了一些创新性的观点,由于语言局限还没能传播太远,一些人投机取巧,窃取该观点不加引注,且在此基础上锦上添花后,再翻译成其他语言文字发表,最后靠其名利双收,而原作者却长期不为人所知。如今,学术不端标准出台明确了该行为是剽窃行为。

(2)数据语际变换式剽窃

不加引注或说明把他人已发表文章中的数据翻译成其他语言使用,包括直接使用、微修改后使用、增减后使用、调换顺序后使用以及改变呈现方式后使用,并以自己的名义发表的行为。这种行为在科技论文中出现较多,比如,2019 年艾普蕾通过软件筛查发现国内某些学者发表在多个 SCI 期刊上的 13 篇论文涉嫌剽窃美国华人院士的研究成果。

(3)图片语际变换式剽窃

不加引注或说明把他人已发表文献中的图片和音视频翻译成其他语言使用,包括直接使用、微修改后使用、增减后使用并以自己的名义发表的行为。

2020 年《科学》(Science)杂志网站刊登了专打图像造假的斗士——美国生物学家伊丽莎白·比克(Elisabeth Bik)的相关文章引发争议,比克博士和其同伴通过图片比对技术发现 400 多篇造假论文可能来自同一个"论文工厂"。"论文工厂"背后原因更多指向国内医院医生。这里面除了图片造假,也可能涉及"图片语际变换式剽窃"。2023 年 4 月,国家自然科学基金委员会对 2023 年相关科研不端案件涉事主体进行了公示和处理,其中有多家医院医生发表的英文论文存在买卖实验数据、伪造实验数据、伪造图片、编造研究过程等问题。

(4)研究(实验)方法语际变换式剽窃

不加引注或说明把他人已发表的独创性的研究(实验)方法翻译成其他语言使用,包括直接使用或修改该独创性的研究(实验)方法中的非核心元素并以自己的名义发表的行为。

(5)文字语际变换式剽窃

不加引注或说明把他人已发表文献中具有完整语义的文字表述翻译成其他语言使用,包括直接使用、增减后使用并以自己的名义发表的行为。该行为是比较常见的行为,其中,把编译、翻译作品当自己作品发表的行为是典型的"文字语际变换式"剽窃行为。这种案例很多,被发现的只是冰山一角,说明其具有"关注度延迟"的特点,只有被"好事者"或当事人指证后才引起人们的注意。

"问题论文"在发表前为什么没被发现?一方面表明人们对"语际变换式"剽窃行为的认知有限,认为这种翻译作品也是具有某种"独创性"的作品;另一方面,人们没有足够重视和关注该行为,甚至有的人抱着"事不关己,高高挂起"的态度。这些认知也给剽窃者打开了一扇窗,在当下的学术氛围下,由于硕士研究生、博士研究生毕业有发论文的压力以及单位在职称评定或对员工年终考核有发表科研论文的要求,所以仍然有一些人冒着剽窃被发现的风险,在学术不端的道路上执迷不悟地走下去。

# 3.4　新时代编辑应对学术不端的责任——从论文查重的有效性论编辑的"三公"意识

论文查重一般是期刊编辑部规定稿件进入初审环节的第一步,目的是为了预防抄袭,保护期刊和学术论文的纯净,如果所投稿件重复率高于期刊规定的比例,编辑部将以退稿处理,作品连进入下一环节的机会都没有。但采用当今通用的查重软件分析,其查重结果是否合理和有效,即能否准确判断出文章是否抄袭,还需编辑们采取公开、公平、公正"三公"原则具体问题具体分析,因为重复率不等于抄袭率,而利用计算机软件甄别论文重复率更多的是在语言文字上进行机械对比,它很难根据稿件的类型灵活处理(Lai,2020),因此,在此情况下需要发挥编辑的主观能动性,需要凭借编辑的渊博学识、经验来甄别、判断。

## 3.4.1　不同专业论文特点分析

### 1. 涉及法令条文类论文

法令条文类论文一般是指从法学或法律法规政策等角度进行研究的文章。这类文章的特点就是强调其法理性和政策性,把所研究的问题或现象通过对相应法规、条文、政策、文件的解读而达到作者的写作目的。而作为被解读的法律条文一般都有其严格的文本,所以对这些文本的"照搬"引用是最基本和普遍的做法。

比如在学报投稿系统收到的稿件中,有篇文章题为《被剥夺政治权利终身的人死亡后作品出版问题研究》[①],不包括参考文献其总字数为5460。知网查重结果为文章重复字数1354,文字复制比24.8%。仔细分析重复文字发现涉及法律条文的字数约939,其文字复制比为17.2%。而打开涉嫌被抄袭的33篇文献,发现这些文献也都是引用了一些相同的法律条文,如果把这些内容归为抄袭显然是不合理的。

### 2. 哲学理论、政治思想类论文

哲学理论、政治思想类论文是指运用马克思主义或中外进步积极的哲学思想、理论方法来研究人类社会一切现象的理论类文章;而政治思想类论文则在研究和关注政治思想理论的同时,更注重与当今中国社会、新时代的现实问题的实践探索。这类文章由于所引用的常常是伟人和名人的经典论述及其政治文献,特别是涉及党和国家领导人的讲话、文章等,无论是从政治表述的严肃性还是对领袖言论的规范性角度,都不能有一丝一毫的偏差和疏忽。例如,学报投稿系统收到的稿件中有一篇题为《互联网时代马克思主义意识形态理论的发展与创新》文

---

① 举例文章都来自《宁波工程学院学报》投稿系统(https://lbgs.cbpt.cnki.net)。

章,不包括参考文献总字数为6449。知网查重结果显示:文章重复语句来源于20篇文献,重复字数为1274,文字复制比为19.8%。而在这些重复的文字中,涉及马克思、恩格斯的一些哲学理论和思想的文字约336字,所占文字复制比为5.22%。比如,"意识形态是系统地、能动地反映社会经济形态和政治制度的思想理论体系""恩格斯认为:社会主义自从成为科学以来,就要求人们把它当作科学对待,就是说,要求人们去研究它,必须以高度的热情把由此获得的、日益明确的意识传布到工人群众中去,必须日益加强团结党组织和工会组织"。在重复的文字中还有些是常规的专业术语搭配,比如,"赋予马克思主义意识形态以鲜明的时代特色""意识形态焕发蓬勃生机"。这些都是较经典的表达,难道前面的人用过,后面的人就不能用吗?中国的语言文字和词及语法运用和表达,虽然十分丰富,但是约定俗成和一般经常使用的固定用法就那么多,为了避免重复而有意去编一些蹩脚的新词或用法,或者为不被查重软件查出,而随意打乱常用的语序的做法,不但不被大众接受,而且也不是一篇优秀论文所应该具有的。

另一篇为《习近平意识形态工作重要论述的哲学基础研究》,不包括参考文献总字数为6545。知网查重结果:文字复制比为17.9%,重复字数为1170。其中涉及理论思想的文字约559字,其文字复制比为8.55%。分析这些涉嫌抄袭的语句发现许多是一些常用的表达以及习近平总书记的讲话和指示,比如,"习近平总书记发表了一系列重要讲话、做出了一系列重要指示""领导干部特别是高级干部要把系统掌握马克思主义基本理论作为看家本领""中国最大的客观实际是什么? 就是我国仍处于并将长期处于社会主义初级阶段""要树立大宣传的工作理念,动员各条战线各个部门一起来做"。如果这些语句也归为抄袭,这类文章简直没办法写了。

**3. 综述类论文**

综述类论文是指对某一领域或某一专题在一定时期内的科研成果进行学术梳理、科学归纳并做出学术评价或提出自己学术见解的文章。这类文章由于对所研究专业和问题要进行不引起歧义的观点概括和研究成果的学术整理,所以一般会将作者的原文忠实地引用过来。例如,投稿系统收到一篇题为《国内社会主义核心价值观国际传播研究综述》文章中,全文总字数为8686,重复字数为3160,文字复制比高达36.4%。文中许多地方已标注了引文序号,不知为什么知网查重系统还是以抄袭文字来处理(可能标注不规范),由此看来,仅仅靠机器来甄别文章是否涉嫌抄袭,有时得出的结论其实并不可靠。

**4. 引用经典理论模型、专业术语方面的相关论文**

此类论文一般是指借用数学等模型且引用专业术语较多的文章。通常被公认或者在有关专业领域约定俗成的专业术语,具有严格的独立属性,这种属性就决定了文章作者必须使用这种专业术语和业内语言(包括有关模型),可是在具体实践中,这种引用结果却导致查重结论为疑似抄袭。例如,投稿系统收到一篇题为《基于 XGBoost 模型的银行信贷高风险客户识别研究——以 Y 银行为例》的文章,总字数为10907。知网查重结果:重复字数为2417,文字复制比为22.2%。分析重复文字发现:其中把引用理论模型作为重复内容的文字为545字,占全文总字数的5.0%;把专业术语作为重复内容的文字为45字,占全文总字数的0.41%。不仅是经济类论文,理工类文章中也经常会引用一些经典的理论模型,这是展开研究必需的理论支撑,因此,不应归为抄袭。

**5. 历史回顾或典籍挖掘性质的年鉴类、古文献研究类文章**

历史回顾或典籍挖掘性质的年鉴类、古文献研究类文章,是指偏重于历史反思、文献整理、史料发现、历史人物评定等问题的文章。这类文章在我国学术界一般是在历史唯物主义的基本原则之下所进行的研究,而历史唯物主义最基本的原理就是尊重历史、尊重原创和实事求是,因而大量引用原作原文是这类文章十分普遍的现象。例如,学报投稿系统收到一篇题为《我国高校教学走向现代化的发展历程与展望》一文,不包括参考文献总字数为8336。知网的查重结果为重复字数1891,文字复制比22.7%。其中涉及教育家提出的教育理论以及高校教育发展历程中颁布的一系列文件的重复文字为1152,占文章总字数的13.8%。写这类文章如果不引用简直没办法写。

对于古文献研究类文章,如果涉及研究热门领域,发表这一领域的文章偏多,所引用的文献又都经常集中在具有权威性的那类典籍中,重复率自然高。反之,如果研究的是冷僻领域,引用的又是比较陌生的典籍,重复率自然低。比如,投稿系统收到一篇题目为《宁波地名考三则》的稿,涉足的是冷僻领域,文章总字数为8153。知网检测结果显示:文章重复语句来源于5篇文献,其中网络文献2篇;重复字数273,文字复制比为3.3%。在这些被认定重复文字中引用古文献字数为177,占全文总字数的2.2%。同时我们还要注意,像"《中国古代名物大典》记载:……""《象山县地名志》指出:……"这类文字应该不算重复。当然这篇文章总体重复不多,有一部分原因还在于该领域较冷僻,公开发表的文章较少。

通过以上分析可知,涉足法学、哲学、文学、历史学等专业领域的文章自然会涉及法律条文、哲学思想、古文献、历史资料等,作者引用这些知识应为合法引用;另外,还有综述类、涉及经典理论模型类和专业术语方面文章也需特殊对待。然而,这些文章在编辑查重分析中却经常受到不公正的处理,这种对查重软件的过分依赖与信赖,有悖于编辑的"三公"原则。

### 3.4.2　编辑"三公"意识分析

**1. 编辑"三公"意识解析**

公正,英语对应词是 justice,在当代中国语境里,公正的同义语是"公平正义"。公正是人类社会最古老的价值追求,古希腊哲学家柏拉图认为,公正是理想政体的重要德行。公正也是社会制度的最高价值。当代政治哲学家罗尔斯曾说,公正是社会制度的首要价值,如同真理是思想的首要价值。马克思主义认为,公正观念总是一定社会集团的公正观念,不存在永恒的、普适的公正,而一定集团的公正观念又是该集团现存经济关系的体现。恩格斯说,公正"始终只是现存经济关系在保守方面或其革命方面的观念化、神圣化的表现"(马克思 等,1995)。公正也是所有人民最渴望的价值理想。只有在公正的社会中,人民才能各得其所、安居乐业,而要做到真正公正,就要凡事公开,即坚持公开、公平、公正"三公"原则,不能暗箱操作。

我国《行政许可法》第五条中也做过这样的规定:设定和实施行政许可,应当遵循公开、公平、公正的原则(全国人大常委会,2019),证券交易学中也有"三公"原则的说法。

而本文中提到的"三公"原则,则是建立在对编辑工作的尊重意识、责任心与奉献精神的基础上,且从这三大层面来审视编辑们对待稿件查重结果的态度,以及如何不盲目迷信或全部依赖于查重软件,坚守公开、公平、公正"三公"原则,保持对作者认真负责的职业操守。作为传播和践行社会主义核心价值观的重要岗位上的编辑,怎样坚持"公平正义",将公开、公平、公正的原则和意识深深植根在自己的心中,这是衡量新时代下的书报刊编辑是否合格的一个最重要的标准。

**2. 编辑践行"三公"原则存在的问题**

(1)贯彻公平、公正原动力不足,查重过分依赖软件,没发挥出编辑主体意识和自觉能动性

目前,学术界存在"工具理性思维的异化"(朱荣华 等,2019)思潮,大部分期刊判断稿件是否抄袭主要还是依据软件查重报告,并完全信赖于给出的文字复制比,如果文字复制比大于规定的标准就给予退稿。很多编辑也知道这样做是有问题的,但权威部门也没给出一个明确的标准,他们害怕单独对特殊稿件放开标准,会影响对本期刊的评价指标。2019 年 8 月在沈阳举办的高等学校文科学报研究会上,恰巧有知网技术人员做报告推送他们开发的编辑方面新产品,在参会的人员中有提到知网查重软件存在的问题,知网技术人员解说是:"'学术不端'检测系统提供的百分比只是描述检测文献中重合文字所占比例大小程度,并非给定特定检测文献抄袭严重程度。是否认定为抄袭等,需要用户根据具体文献的内容及考核的侧重点和考核标准进行判定。"该解说表明查重系统提供的查重报告并非是尚方宝剑,并不具有绝对的权威性,编辑们可以根据自己判断去除不合理的查重部分。由于权威部门对论文查重报告认定没有明确的标准,即使有修订查重报告的权利,编辑们也不愿行使,一方面,工作量增大,编辑部人手不够;另一方面,编辑们也不可能精通每个领域,害怕自主取舍查重结果带有主观倾向,导致费力不讨好,认为还是不作为好,宁肯误杀。

(2)没能很好地履行公开性原则

现在有些核心期刊,特别是某些人文社科方面的期刊,审稿流程是不公开的,只在投稿公告中强调如 2 个月或 3 个月没见回音就自行处理,中途没任何反馈信息。有些稿件可能初审就被淘汰,其原因并不一定是稿件的质量问题,可能是查重结果超标(也存在软件误判),也可能是文章研究的主题并不是期刊感兴趣或急需的方向,结果让作者白白等待,耽误了重新投稿的时间。对外给予的理由经常是:稿件多、人手少,处理不过来。也有些期刊编辑为利益所驱使,暗箱操作,发表"关系稿"或通过"皮条客"赚取额外的版面费而不愿意公开。这种对稿件的极不透明的处理,严重点说是剥夺了作者应有的"知情权",轻一点说是编辑部或编辑对作者与读者的不尊重,显然,这样的做法是不符合公开性的原则。

(3)没有明确的查重认定标准支撑

针对查重结果如何科学认定,目前权威部门还没出台正式标准,由于"无法可依",编辑们很难达到对每一篇稿件的查重结果都能做到公正的评判。即使内心想贯彻"三公"原则,如光凭主观判断,未免会产生新的不公。就像制订其他行业标准、行为规范一样,在论文写作领域,怎样科学有效、以理服人又不失人性化地使用一些让各方都满意的行业标准,是摆在从学术论文鉴定机构到发表文章的期刊,从责任编辑到论文作者面前的一道难题。攻克这一难题,不能只依赖于"拒人千里"的"单纯操作机器",将作为活生生的人的论文作者和所谓软件之间处于"分离和隔阂的状态"(赖莉飞,2010)。

### 3.4.3　编辑"三公"意识的提升意义与思考

**1. 加强编辑对作者的尊重意识是公开性原则的基石**

在出版界有这样一种说法:读者是出版工作者的衣食父母,没有这些作为受众群体的读者,图书、报纸和期刊也就缺少了赖以生存和发展的基础和动力;而为出版提供丰富稿源的作者则是编辑的好友和兄弟姐妹,没有他们的信任和付出,再优秀、再有能力的编辑也是无济于事的。特别对那些通俗性较强、受众面较广的书报刊编辑来说,这两点就尤为重要。但是,由于包括学报在内的学术出版物自身的专业性强、受众面窄,尤其是在当前论文作者和稿件数量已经处于巨量"存货""积压"的情况之下,面对繁重的初审工作,再加上有的编辑的"清高""自负"和敷衍态度,使得他们对作者及其稿件的重视程度有所降低,把查重的任务全部推给软件,只要显示出论文的重复比超出规定的标准,就不分青红皂白无情地将稿子退回,而且还不向作者公开其具体原因,这样做也有据可依,因为在投稿指南里已强调一句"三月内没有接到通知"让作者自行处理。这种对作者和稿件的极不透明的处理,严重点说是剥夺了作者应有的"知情权",至少是编辑对作者的不尊重,显然这样的做法是不符合公开的原则。如果遇到那些好较真、个性与自尊意识很强的作者,甚至还会引起一些不必要的纠纷,就像下文将涉及 20 世纪 30 年代发生在编辑与作者之间的那次由鲁迅先生来亲自出面才平息的著名的"盘肠大战"。

**2. 发挥编辑的责任意识是贯彻期刊公平原则的原动力**

无论是核心期刊还是一般的书报刊,不管是重点大学的学报或是一般院校的学报,编辑的责任意识是评判书报刊能否公平对待每一篇来稿和每一位作者的关键所在,也是编辑工作者践行"公平正义"的社会主义核心价值观的最直接的体现。当一篇稿件摆在编辑面前时,是以稿件繁多、任务繁重、人手不足为借口,将一些好文章以机器查重结果高于编辑部人为制定的标准为理由拒之门外,还是像那些优秀的编辑前辈们那样火眼金睛,发现文章的优点、挖掘其中的学术价值、一分为二地分析文章重复率偏高的主客观因素,并在第一时间将修改意见告知作者,这是判断和鉴别一名责任编辑是否对得起"责任"二字的重要尺度。其实,不仅是学术出版物的编辑,就是文学期刊或者文艺作品的编辑也需从责任意识出发,认真对待来稿,认真审阅来稿,认真修改来稿……这才是编辑工作的硬道理。尽管有的时候还会被作者误会或不理解甚至非议,就像发生在 20 世纪 30 年代的中国现代文学文坛上的那次著名的"盘肠大战",当时作为左翼文学的重要刊物之一《文学》的编辑傅东华,本来是出于责任心和严谨求实的精神,认为周文的小说《山坡上》有关一个叫作王大胜的士兵肠子都从肚皮中流出来还在坚持战斗的描写是不真实的,因为在他看来"肠子都露出来是不可能进行搏斗的",于是他就将作者认为很重要、很真实的这段文字给删掉以后发表在第 5 卷第 6 期的《文学》上,结果引起了原作者周文的不满,两人开始了后来都惊动了鲁迅先生的文学论战。现在看来不管肠子露出来还可进行搏斗的描写是不是真实可信,作为编辑的傅东华本来的出发点是好的,至少是履行了期刊编辑的重要职责。在当下,尤其在融媒体时代,更需要像傅东华这样认认真真去审读作者文章的编辑,而不是像国内某杂志的主编、责任编辑有意或无意地没承担好一名编辑工作者应有的编审责任,而造成在纯科技学术期刊上发表不符合科技期刊稿件标准的奇葩论文的现象发生。

**3. 提高编辑的职业素养和综合能力是编辑践行公开、公平、公正的第一要务**

目前大部分报刊已实现在线投稿,从查重、形式审查、专家评审、责编审查……步骤清晰、环环相扣,很容易做到双向透明。合理利用软件"工具"减轻了编辑的负担,并且可及时把评审结果告诉作者,避免了编辑的独断和暗箱操作,保护了作者的知情权,在一定程度上体现了审稿的公开、公平、公正。但是涉及初审环节的稿件查重分析仅仅依靠查重软件是万万不行的,还需编辑对软件查重结果进行有效甄别,这就需要编辑有较高的责任意识、渊博的学识和丰富的经验。每个稿件都有特殊性,会涉足不同的领域,需要编辑能从宏观上把控论文的质量,特别对涉及法律条文、哲学思想、古文献、历史资料、理论模型、专业术语的文章要有高度的敏锐性,更需要编辑对查重结果有较公正的处理,尽量少出现妄断、错判,以免打击作者写稿积极性。编辑是一个杂家,知识要广博,因此,要大胆涉猎不同领域,学习并丰富自身;另外,编辑还要专业化、学者化(何玉娟,2017),需对某一领域有较深入的研究。打铁还要自身硬,只有站得高才能看得远,才能更好地履行编辑职责。我们还以前面提到的"盘肠大战"和国内某杂志的奇葩论文为例:前者,原作者周文之所以对傅东华的修改有那么大的反应,其中一个主要的问题就是他认为傅东华缺乏战争的经验和对战斗场面的了解与熟悉,也就是说,缺乏这方面的生活"常识"和素养;而傅东华的删改也同样认为周文的描写不符合生活真实和逻辑(周文,1936)。后者,杂志论文中谈及的"导师崇高感和师娘优美感"的文字之所以遭到大家的一致非议,就是人们普遍认为,该文字不应该出现在一本科技类核心期刊中。由此可见,我们千万不要轻视编辑的综合素养与能力,如果不加强这方面学习和修养,也许会引起作者和编辑之间的新的"盘肠大战"的发生,或者重演"导师崇高感和师娘优美感"之类的"黑色幽默"式"悲喜剧"。

# 3.5 新时代编辑工作应对学术不端行为举措

**1. 从技术层面——加强对学术剽窃行为的防范与筛选**

可把区块链技术嵌入到全球跨语言学术不端检测系统,实现对同种语言和跨语言学术剽窃行为的鉴别。区块链技术具有公开性、安全性和唯一性的特点(唐银辉 等,2019),它可实现对文献加密、跟踪。每个文献都被设定唯一的身份标识码,只要打开过该文献的人就会留下痕迹,并且该痕迹是不可抹去的,是鉴别同语言剽窃的有效技术。如果把该技术与有效的跨语言识别软件结合,从原文献到引用论文实现网链式的关联,并做到信息全球共享,也能实现对部分跨语言剽窃行为的鉴别,比如对"语际变换式"学术剽窃行为的鉴别。另外,利用区块链技术能为法律取证提供重要依据,如果一篇文章疑似抄袭,利用区块链技术可查证该文作者是否曾经关注和阅读过原文献,如果阅读过就为定罪增加了筹码。这样的筛选形式和鉴别手段也可威慑、警示抄袭者,从而在技术层面上加强了对学术不端行为的防范与筛选。

**2. 从政策层面——松绑名利之间的强关联,减少出版或发表论文的压力**

剽窃案例一般与出版和发表论文压力有关,或者为了职称晋升,或者为了拿博士学位,而实现这些目标都有发表论文的考核要求。当事人凭个人能力很难快速达到要求,只能抱着侥幸心理,铤而走险,他们也是这种以论文为唯一或重要标准的考核制度的受害者。因此,要松绑学术和权益的正相关关系。单位职称评定不要把发表某级别论文作为一个很重要的条件,不要把员工的绩效工资和他们发表的科研论文等级挂钩。另外,要改革对硕士和博士生的毕业考核要求,对于博士生毕业不一定要硬性要求发表 SCI、EI 或核心期刊论文几篇,要看他们实实在在做研究工作的能力。

**3. 从教育层面——提高对学术剽窃行为的认识**

产生学术剽窃行为的原因是多方面的,其中不乏有的人是无意剽窃,源于他们对剽窃和非剽窃之间的界线认识不清,特别是对学术剽窃行为的危害性认识不足。因此,对学术剽窃易发人群——大专院校学生,校方有责任对其进行学术不端防范教育,让他们懂得什么是剽窃行为以及它的危害性,让他们知晓保持个人学术的诚信重要性,并让他们掌握转述和正确引用参考资料等的技巧。另外,随着我国研究生规模持续扩大,学术诚信教育也成为研究生教育中的重点工作之一,导师作为第一责任人要主动跟进,及时了解学生学位论文的进展情况,及时打消学生的抄袭念头。

**4. 从监管层面——强化追责力度,明确惩罚制度**

依据最新学术不端标准,相关部门要制定对违规者的惩罚措施,并加强监管,以防范会带来负面影响甚至阻碍作用的跨语言学术剽窃行为的发生,保持公正、友好的文化交流环境。一旦发现剽窃行为,就要使行为者得到应有的处罚,以警示欲剽窃者不要越雷池一步。国家出台的《职称评审管理暂行规定》对剽窃行为的处罚已作规定:剽窃他人作品和学术成果……取得职称,不仅撤销其职称评定,还将记入职称评审诚信档案库,纳入全国信用信息共享平台。这就为从法律规章角度净化学术空气、从源头上防止学术剽窃行为的发生提供了根本保障。

**5. 从编辑层面——加强编辑的责任意识和"跨界"意识**

编辑是稿件的第一把关人,尽最大能力过滤掉问题作品是应尽的责任(徐海丽,2015)。目前很多报刊采用的投稿系统,一般自带查重功能,比如,知网投稿系统,可以及时查出高重复率的稿件,给编辑工作带来了便捷,但编辑要理性对待软件查重结果,特别是涉及法律条文、哲学思想、古文献、历史资料等论文,有些重复并不算抄袭,需要编辑灵活对待。另外,民间有些论文工厂或作坊为了避开查重软件查重,他们费尽心思量身定做了反查重软件,比如"洗稿",查重软件在这种稿件面前就失灵了,这就需要编辑提高防范意识,注重细节,严把初审关。一般涉嫌"语际变换式"剽窃行为的作品,语言表达会显得蹩脚、生硬,通过这些蛛丝马迹并结合其引用的参考文献,有可能会判断出抄袭。当然,还要特别注意参考文献多为外文的论文,有可能是"语际变换式"剽窃行为的感染者。然而,做这些工作会消耗编辑们大量的精力,需要编辑们有无私的奉献精神和责任意识。编辑是一个杂家,会涉猎不同领域的作品,因此,要有"跨界"意识,不断给自己充电。只有站得高,才能看得远,才能提高对问题作品判断的准确性,才能科学甄别查重软件结果,避免误伤。

　　本章概述了学术不端行为定义在国内外的演变情况,综述了学术不端行为研究的概况,并介绍了一种较隐蔽的剽窃行为——"语际变换式"剽窃行为。指出:每个作者都应该有法律意识、道德意识,不做问题作品的生产者;每个编辑都要有责任意识,把好源头关,及时把有问题作品消灭在萌芽状态;相关管理和检查机构要及时发现和解决问题,有效封杀有剽窃行为作品的生存空间。另外,从论文查重的有效性讨论了编辑的"三公"原则,提出新时代编辑应对学术不端的责任。编辑不能夸大"工具理性"的作用,在审稿过程中要把公开、公平、公正"三公"原则落到实处,避免对稿件的不公正处理。同时,为有效预防学术不端,提出了相关策略。

# 第4章 新时代期刊编辑工作的转型与思考

## 4.1 以"双一流"建设为契机的学术期刊国际化发展之路

### 4.1.1 "双一流"建设概述

"双一流"建设即指世界一流大学和一流学科建设,是在 2015 年 8 月 18 日中央全面深化改革领导小组第十五次会议审议通过的《统筹推进世界一流大学和一流学科建设总体方案》中提出来的,目的是推动国内一批高水平大学和学科进入世界一流行列或前列,提升中国高等教育综合实力、国际影响力和竞争力,为实现"两个一百年"奋斗目标和实现中华民族伟大复兴的中国梦提供有力支撑。2017 年 9 月 21 日,教育部、财政部、国家发改委印发《关于公布世界一流大学和一流学科建设高校及建设学科名单的通知》,公布 42 所世界一流大学和 95 所一流学科建设高校及建设学科名单。由此,中国的世界一流大学与一流学科建设("双一流"建设)项目正式提上日程。

"双一流"建设是继"211 工程""985 工程"之后我国高等教育领域中的又一国家战略,是国家对我国高等教育提出的新要求。"双一流"建设为高校建设指明了方向,即高校在发展中,可以突出优势学科建设,某些高校整体水平虽然距世界一流大学还有一定差距,但在某个学科上很强,可加强该学科建设,争取成为世界一流学科。另外,"双一流"评定是一个持续的过程,教育部等相关部门的专家组每 5 年进行一轮评估,淘汰不合格的学校,在此基础上对下一阶段"双一流"做出一个评估,并决定入围的新学校。这一举措为各高校带来了期望,在整体实力欠佳的情况下,可突出重点学科建设,只要成绩卓著,都有机会进入"双一流",从而在"双一流"建设进程中,推动了各高校的学科建设和人才培养。

### 4.1.2 "双一流"建设背景下学术期刊发展研究综述

自从国务院发布《统筹推进世界一流大学和一流学科建设总体方案》以来,国内期刊人对于学术期刊如何更好地推进"双一流"建设,也做了一些讨论,具体可分为以下几方面。

**1. 有关"双一流"建设与学术期刊协同发展的研究**

田江(2017)以成渝地区科技创新投入与产出的有关要素数据为基础,应用 DEA 分析方法系统分析科技期刊在我国区域创新系统中的影响和作用,全面剖析科技期刊发展与学科建设的协同性,并立足科技创新目标提出了加强科技期刊发展与学科建设的政策和建议。侯湘等(2023)从科研产出两个维度分析全球信息学科的发展趋势,揭示一流学科建设与一流科技期刊的关系,并寻找两者的协同发展路径;指出一流学科建设是一流科技期刊建设的学术基础,实现科技期刊主题约稿、专栏建设、队伍建设,同时一流科技期刊建设助力推动一流学科建设。高伟(2021)探讨了"双一流"建设推动高校学术期刊协同发展,指出学术期刊作为我国学术体系的重要组成部分,应在"双一流"建设中积极发挥学术出版的激励作用,促进高校一流学科建设及学术期刊的共同发展。姜红贵等(2022)研究了一流高校学术期刊建设与"双一流"建设协同发展问题,提出用"模式转换"破解目标一致性与发展差异性的矛盾,实现结构协同;用"多元治理"化解机构从属性与教辅边缘化的困境,实现机制协同;用"自主办刊"调和行政主导性与期刊依附性的难题,实现管理协同;用"追求共赢"平息服务高校教学科研与遵循期刊发展规律的冲突,实现利益协同。

史润东东等(2022)基于 SWOT 分析食品科技期刊与一流学科的协同发展路径,即形成学科—期刊协同建设连带机制;加快编辑人才队伍建设;形成食品科技期刊集群。秦明阳等(2022a)以《中南大学学报(自然科学版)》和《中南大学学报(英文版)》为例,探讨了中国特色的一流高校学报与"双一流"建设的融合发展,得出中国特色一流高校学报需要与"双一流"建设进行"三位一体"的融合,立足本土、面向世界,让两者并驾齐驱、协调共进。刘茜(2020)以五所入选一流学科建设的财经类高校为研究对象,从一流学科建设对高校学术期刊的指引功能、高校学术期刊对一流学科建设的服务效应两个角度作了讨论,指出要正确认识学科建设和学术期刊之间关系的重要性,在实践中加强制度创新、技术创新以及交流合作,从而促使学科建设和学术期刊走向共赢。包颖(2023)调查了"双一流"涉农高校期刊与一流学科协同发展现状,揭示综合性自然科学学报发文方向与一流学科的匹配度较高,并从互融共生、求同存异、务实创新和科学引导 4 个角度,提出高校期刊与农学一流学科建设协同发展的对策。李相(2020)研究了"双一流"建设背景下体育科技期刊与体育学科建设互动融合,指出体育科技期刊应认清自身在"双一流"战略中的责任使命,勇于担当,不辱使命,主动加强自身建设,服务与引领体育学科建设发展。

张改侠等(2022)探讨"双一流"建设中专业学术期刊协同培养研究生科技论文写作的路径,指出专业学术期刊协同高校培养研究生科技论文写作,不仅能助推"双一流"建设,还能培养研究生作者群,促进期刊发展。武晓耕等(2018)分析了高校"双一流"建设对学术期刊的意义和作用,阐述学术期刊为什么要参与"双一流"建设,如何参与"双一流"建设,以及如何在"双一流"建设中发挥"核心"作用,提出建立以学术期刊为核心的国际一流学科发展模式,力求使学术期刊在"双一流"建设的过程中集聚更多的资源,使我国的学术期刊获得更大的发展。

**2. 有关"双一流"建设背景下学术期刊集约化管理的研究**

刘青青(2023)研究了"双一流"建设背景下学术期刊集约化管理,以提升学术期刊集约化管理、综合质量为目的,结合集约化管理主体定位、人员编制、数量管控和专业化建设等内容展开分析,指出促进学术期刊的集约化管理,能够为期刊本身的价值发挥提供保障,也可以为高校自身的学术研究和管理奠定良好基础,适合新时期"双一流"高校建设的实际需求。秦明阳等(2022b)调研国内 18 所典型"双一流"高校学术期刊的集群特征,归纳出"双一流"高校学术期刊集群呈现的五个方面特征,即社会科学期刊与科技期刊相互补、中文科技期刊与英文科技期刊相协调、综合性学术期刊与专业性学术期刊相结合、创办高起点新刊与做精做强传统期刊相衔接、期刊载文方向与一流学科建设相匹配;指出未来高校需要整合内部资源进行集约化办刊,通过"传帮带"盘活区域内的"小"期刊以及联合外部资源进行协作化办刊,提升期刊集群的竞争力、服务力和显示度。姜春明(2021)从高校学术期刊集约化管理单位的定位、人员编制、管理期刊数量和期刊专业化情况等方面分析"双一流"建设高校实施期刊集约化发展现状,提出促进期刊集约化发展的建议,即明确期刊集约化单位在高校部门体系中的定位;加强服务学校"双一流"建设的水平;丰富学术期刊集约化管理建设的内涵。

**3. 有关学术期刊助力"双一流"建设对策的研究**

尤凯(2023)以《东北农业大学学报》(英文版)为例,探讨了"双一流"建设背景下高校英文科技期刊高质量发展的困境与对策,指出高校英文科技期刊在提高我国国际学术界的话语权和科技发展地位上有着不可或缺的重要作用,在助力高校"双一流"目标达成方面也扮演着关键角色,提出围绕学校学科建设重点任务,建立专刊或者专栏等举措。齐蘅等(2022)利用文献计量方法,统计分析 2010—2021 年《农业经济与管理》的栏目、作者、基金项目及参考文献引用等指标,总结其创刊 12 年来的载文特征;指出《农业经济与管理》应抓住"双一流"建设背景,加强与依托单位学科共建、打造期刊特别栏目,强化与顶级期刊合作,促进学术期刊与学科建设协同发展。莫弦丰等(2020)调查"双一流"建设和培育世界一流期刊背景下的农林高校期刊发展现状,指出期刊应集群化发展,并与世界知名出版商进行合作出版;"双一流"建设农林高校主办的期刊应借助一流学科平台和学术资源优势,实现专业化发展;农林高校期刊要打造特色专栏,服务于国家重大战略部署,实现农林高校科技期刊更具特色的发展。

为了解湖北省"双一流"建设背景下大学及学科的科技期刊发展情况,周舟(2022)对湖北省内与 5 所高校在学科建设中相关的 51 个科技期刊进行梳理,指出期刊存在刊期较长、建设学科分布不均、缺少专刊和外文刊、分区靠后等问题,提出适当缩短刊期、学科全覆盖、重视专刊建设、提升质量及影响力和提高国际化水平等发展建议。丁佐奇等(2022)调查了我国高校SCI 期刊与"双一流"协同发展情况,总结出我国主办的 346 种期刊中有 73 种期刊由"双一流"建设高校主办;我国高校主办的科技期刊已经取得了一定的学术影响力,但在学科分布和期刊数量上仍有较大的发展空间。建议我国高校可以从创办新刊、集群化办刊、增加社交媒体推广和提高开放获取占比等角度促进期刊与学科的协同发展。

李世秋等(2022)从《航空学报》的办刊实践出发,介绍其在打造高质量中文科技期刊方面的经验,即聚焦航空宇航学科,助力"双一流"高校和学科建设,引领行业发展;高校与科研院所并重,走进科研生产一线,服务一线科研人员。张芳英(2022)探讨了"双一流"建设背景下高校科技期刊与学科建设融合发展的路径,提出高校科技期刊与高校学科建设可以基于内容、人才和平台进行深度融合发展。

陈鹏等(2019)阐述一流学科建设为一流科技期刊发展带来的机遇,并从服务学科建设的系统工程、人才队伍培养和科技创新等角度,探讨培育一流科技期刊在助推一流学科建设中的作用。杨旺平(2022)提出了"双一流"建设背景下高校科技期刊的国际化战略发展路径,即加强管理创新,释放内在活力;扎根学科建设,打造一流团队;加强国际合作,提升学术声誉;发展出版技术,提高传播效率。

### 4. 有关高校期刊在"双一流"建设中的重要性、作用和发展方向的研究

郑琰燚等(2017)指出,高校学报应该依托所在高校和学科规划,发挥学报在学校各领域的独特作用;张文(2017)论述了高校学报应突显自己在引领科研方向、培育科研诚信和交流科研信息等方面不可或缺的地位和作用;朱剑(2020)指出,高校期刊要认识到建构期刊集群、改革不合理期刊体制的必要性和紧迫性。李燕文等(2019)探讨了高校学术期刊在"双一流"学科建设人才培养中发挥作用的途径,指出我国高校在"双一流"及高水平大学的创建过程中,高校学术期刊应该更加主动地找准定位,增强自身在教学和科研服务中的责任感和使命感,主动承担起培养人才的特殊使命。

温艳华(2022)探讨了"双一流"建设背景下高校学报的功能定位与高质量发展。指出走专业化道路是学报发展的方向所在,但是从综合性向专业性转型是一个复杂的系统工程,不能一蹴而就,而是要积极探索"小综合、大专业"的办刊模式,以实现高校学报的平稳转型;打破以校为主的办刊模式,整合优势资源,实现集约化组合;以"名主编、大编辑"统领编辑团队,以媒体融合打开高校学报相对封闭的格局。吕艳妮(2022)研究"双一流"建设背景下地方高校学报高质量特色发展,指出在"双一流"建设背景下,地方高校学报需依托地方特色,贯通优势学科,促进特色学科发展;坚持内外并蓄,组织专题研究,构建本土话语体系;紧跟学术前沿,完善选稿机制,引领地方学术创新,以助推形成具有地方特色、地域风格、本土气派的学科体系、学术体系和话语体系。张莹莹(2022)探讨了"双一流"建设背景下地方本科院校学报特色专栏与重点学科建设的协同发展策略,指出将学报特色专栏纳入重点学科建设体系之中,将重点学科人才队伍转化为特色专栏作者队伍,将特色专栏作为重点学科建设的开放式学术交流平台,借助特色专栏拓展学术交流空间,助力重点学科建设。

杨保华等(2020)通过统计42所"一流大学"建设高校主办的中文理工类综合性学报近10年(2009—2018年)发文特征与学校建设的"一流学科"之间的相关性,讨论了"双一流"建设背景下高校理工类中文综合性期刊的发展定位,提出高校理工类综合性中文学报应该采取增大发文量、调整发文方向和转型为专业刊3种策略。田爱苹等(2019)以"C9联盟"高校自然科学学报为例,分析学报的国际影响力,探索"双一流"建设背景下高校学报的国际化发展之路,指出高校学报学术质量存在明显差异,整体影响力和竞争力不容乐观。在"双一流"建设背景下,高校学报应该依托所属高校优势,明确自身定位,积极寻求政策支持,提高学报载文的国际合作度,提升学报的国际知名度。尚利娜等(2019)以137所"双一流"建设高校为研究样本,对我国"双一流"建设高校学术期刊与一流学科建设关系进行分析,指出一流大学主办的学术期刊数量显著高于一流学科建设高校主办的学术期刊数量,但与其一流学科的匹配度并不高,高校创办和发展与一流学科相匹配的具有较高影响力的中、英文专业性学术期刊势在必行。潘秋岑等(2023)采用问卷调查方法研究高校科技期刊编辑发表编辑出版学论文的现状及存在问题,指出大部分编辑对发表论文的意识不强,重视程度不高。建议增强编辑开展学术研究的主动性,组建研究团队和搭建合作平台,提高编辑学术素养,提升编辑的写作能力和学术水平,加大对编辑出版学研究的支持力度,以高质量的研究成果推动期刊高质量发展和高校"双一流"建设。

**5. 有关"双一流"建设与学术期刊发展关系的研究**

黄谷香等(2022)研究了一流学科建设对我国 SCI 期刊学科布局的影响,得出了一流学科建设的投入直接影响我国 SCI 期刊的学科布局和增长趋势;强大的工科投入力度促进高水平工学期刊数量的快速增长;新增期刊的学科分布亦呈现出一定程度的高投入、高增长趋势的结论。丁佐奇等(2020)利用 ESI 和 InCites 数据库,研究中国高校近 3 年新被 SCI 收录的 14 种期刊对 ESI 学科的贡献度,指出中国高校新被 SCI 收录的期刊发展态势良好,对各高校 ESI 学科的建设做出了积极贡献,但总体上落后于学科的发展速度,期刊和学科发展的互促模式还未形成,多数新被 SCI 收录的期刊对校内优质稿件的吸引力尚有待提升。李文娟等(2019)通过统计 2015 年第 1 期到 2018 年第 8 期《中国科技期刊研究》载文作者的单位、学位、职称等数据,分析高校编辑人才结构现状,得出在"双一流"建设契机下,高校学术期刊从业编辑人员中的高学历编辑比例显著提升,指出高校、高校期刊以及编辑三方合力有助于组建专业技能和学术技能并举的高素质梯度型编辑队伍,提高高校期刊编辑的科研探索精神,实现高校编辑素质的整体提升。

### 4.1.3 "双一流"建设背景下学术期刊的发展现状研究——以浙江省"双一流"大学学报理工版为例

高校期刊是展示高校教学和科研成果的重要"窗口",与高校一流学科建设具有天然的一体性。高校期刊在推动学校一流学科建设中具有义不容辞的责任,在培植"双一流"的进程中,对促进学术交流和人才梯队建设方面发挥着不可忽视的作用(赖莉飞,2021),因此,开展对高校期刊在"双一流"建设中的现状研究具有重要的意义。

通过上述文献综述可知,国内学者已从期刊与"双一流"建设的协同发展、期刊在"双一流"建设背景下的集约化管理、期刊助力"双一流"建设的对策以及高校期刊在"双一流"建设中的重要性等角度做了一定深度的探索。相比较而言,在"双一流"建设对期刊发展影响的实证方面的研究相对少一些,已有的相关研究一般聚焦"双一流"建设对被 SCI 收录期刊的影响、对高校编辑人才结构影响的实证研究等。本研究拟从这些分散的、侧重点不同的探讨中提炼出有价值的思想,开展"双一流"建设与学术期刊发展影响关系的实证研究,即通过对 2016—2019 年浙江省"双一流"建设高校学报(简称"双一流"学报)论文及其"双一流"建设学科相关栏目(简称"双一流"栏目)论文被引频次调查,揭示"双一流"建设对高校期刊发展的影响,高校期刊在支持高校"双一流"建设所做的工作及存在的问题,为从更为微观的角度归纳出较为系统的"双一流"建设背景下高校期刊转型路径提供数据支撑。

**1. 数据来源与研究方法**

本调查对象选择浙江省仅有的两所"双一流"综合类大学(浙江大学和宁波大学)创办的三种理工科类学报。调查着重考查这三种"双一流"学报创设的"双一流"栏目的影响力情况。特抽取论文被引频次作为考查指标,因为该指标是影响期刊影响因子的重要因素,而影响因子又是当今评价期刊影响力的重要指标。教育部、财政部、国家发改委联合发布《关于公布世界一流大学和一流学科建设高校及建设学科名单的通知》涉及的首批"双一流"建设高校有 137 所,

"双一流"建设学科有 465 个(段艳文,2018),而与栏目挂钩统计论文被引频次,目前知网搜索引擎还不能实现智能化,只能靠人工统计。如果考察所有的 137 所"双一流"学报,工作量太大,且难以实现。因此,本研究采用具有科学性且具有省时、省力优势的小样本研究法(程小红,2015;李俊德,1985),把研究范围界定在浙江省的两所在全国有较高知名度的"双一流"大学,并聚焦两所大学学报的理工版;主要考查 2016—2019 年《浙江大学学报(工学版)》《浙江大学学报(理学版)》以及《宁波大学学报(理工版)》年发文量与年篇均被引频次、"双一流"栏目年发文量与栏目篇均被引频次和讨论篇均被引频次居于前四栏目发文量及特点,并分析期刊年发文量居于前四栏目的发文量与其篇均被引频次的相关性以及期刊年篇均被引频次居于前四栏目的篇均被引频次与其年发文量的相关性。数据采集途径是通过三期刊官方网站查找过刊,整理出栏目相关论文,再与中国知网期刊数据库结合,统计和计算出栏目论文的被引频次和篇均被引频次,数据截止时间为 2020 年 4 月。研究方法采用调查法、图表法、SPSS19.0 软件分析法。

各学报栏目和"双一流"栏目统计结果为:《浙江大学学报(工学版)》每期栏目平均超出 5 个,每期栏目名称不完全相同,通过合理的归纳整合确定 10 个栏目;根据浙江大学"双一流"建设的 12 个理工类学科,确定"双一流"栏目 4 个,即"机械工程""计算机与通信""电气工程"和"化学与材料"。《浙江大学学报(理学版)》每期平均近 7 个栏目,通过合理的归纳整合确定 12 个栏目,其中"双一流"栏目 3 个,即"数学与计算机科学""化学与生命科学"和"环境与海洋"。《宁波大学学报(理工版)》每期平均 6 个栏目,通过合理的归纳整合确定 14 个栏目,根据宁波大学"双一流"建设的 1 个学科,确定"双一流"栏目 2 个,即"力学研究"和"机械工程与力学"。

**2. 调查结果与分析**

(1)期刊年发文量与年篇均被引频次总体调查

表 4-1 呈现的是浙江省"双一流"大学学报理工版 2016—2019 年发文量及年篇均被引频次。由表 4-1 可知,三个期刊年发文量和年篇均被引频次基本呈现逐年降低趋势,其篇均被引频次逐年降低符合文献计量学的定论,即发文时间越长,被引机会越高。特别说明的是,因 2016 年《宁波大学学报(理工版)》为季刊,自 2017 年后转为双月刊,所以 2016 年发文量最少,但单期平均发文量还是最高的;而在统计 2019 年三个期刊篇均被引频次时,发现总被引频次偏少,存在很多零被引次论文,因此,没做统计。横向比较三种期刊,发现《宁波大学学报(理工版)》年发文量居中,但篇均被引频次最低,而《浙江大学学报(理学版)》(核心期刊)年发文量偏少,篇均被引频次却居于第二,可能与期刊的级别有一定关系。

表 4-1　浙江省"双一流"大学学报理工版 2016—2019 年发文量及年篇均被引频次

| 时间/年 | 浙江大学学报(工学版) | | 浙江大学学报(理学版) | | 宁波大学学报(理工版) | |
|---|---|---|---|---|---|---|
| | 年发文量/篇 | 年篇均被引频次/次 | 年发文量/篇 | 年篇均被引频次/次 | 年发文量/篇 | 年篇均被引频次/次 |
| 2016 | 323 | 4.96 | 122 | 3.31 | 100 | 1.92 |
| 2017 | 305 | 3.45 | 107 | 2.51 | 126 | 1.75 |
| 2018 | 285 | 1.72 | 108 | 1.35 | 125 | 0.76 |
| 2019 | 278 | 偏少没统计 | 99 | 偏少没统计 | 121 | 偏少没统计 |

注:数据来源于 3 种期刊官方网站和中国知网期刊数据库,数据截至 2020 年 4 月

（2）"双一流"栏目年发文量与篇均被引频次调查

图 4-1 呈现的是《浙江大学学报（工学版）》2016—2018 年"双一流"栏目年发文比（对应栏目的年发文数与期刊年总发文数之比，简称发文比）和其篇均被引频次以及期刊该年篇均被引频次随时间变化的曲线。该曲线上标注的百分数指代发文比（图 4-2、图 4-3 类同）。可知大部分栏目发文量与篇均被引频次呈现正向变化，个别栏目也表现出负向变化。比如，"机械工程"栏目以发文量第一的优势，篇均被引频次一直居于前列，均高于期刊年篇均被引频次。"电气工程"栏目，2016 年发文比为 9.6%，在"双一流"相关栏目中发文比最低，而篇均被引频次却居于第二，与期刊年篇均被引频次持平；2018 年发文比为 11.9%，位于倒数第二，篇均被引频次却居于第一，高于年篇均被引频次。另外的两种"双一流"相关栏目"计算机与通信""化学与材料"篇均被引频次均低于期刊年篇均被引频次。

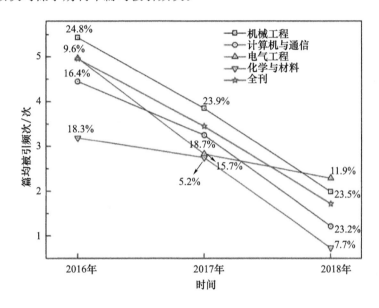

图 4-1　《浙江大学学报（工学版）》"双一流"栏目发文比和篇均被引频次

注：所标注的百分数为栏目发文比，下同

图 4-2 呈现的是《浙江大学学报（理学版）》"双一流"栏目年发文比和其篇均被引频次以及期刊该年篇均被引频次随时间变化的曲线。可知 2016 年"双一流"栏目发文比与篇均被引频次出现了负向变化。发文比最高的"数学与计算机科学"相关栏目，篇均被引频次在"双一流"相关栏目中最低；而"环境与海洋"栏目在 2016 年与 2018 年发文比最低，但篇均被引频次都居于第一。由图 4-2 还可看出，在"双一流"栏目中，除"环境与海洋"栏目表现出一定优势，在 2016 年和 2017 年篇均被引频次均高于期刊年篇均被引频次外，其他两个栏目"化学与生命科学""环境与海洋"篇均被引频次都低于期刊年篇均被引频次。

图 4-3 呈现的是《宁波大学学报（理工版）》"双一流"栏目年发文比和其篇均被引频次以及期刊年篇均被引频次随时间变化的关系曲线，可知 2016 年"双一流"栏目发文比与其篇均被引频次也呈现负向变化。年发文比为 6% 的"机械工程与力学"栏目篇均被引频次略高于"力学研究"栏目，居于第一；2017 年发文比为 1.6% 的"机械工程与力学"栏目与发文比为 15.9% 的

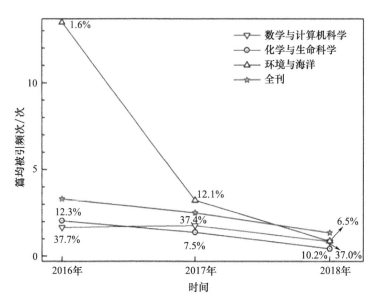

图 4-2 《浙江大学学报（理学版）》"双一流"栏目发文比和篇均被引频次

"力学研究"栏目篇均被引频次相同。除 2018 年两栏目篇均被引频次低于期刊年篇均被引频次以外,其他年份均高于年篇均被引频次。

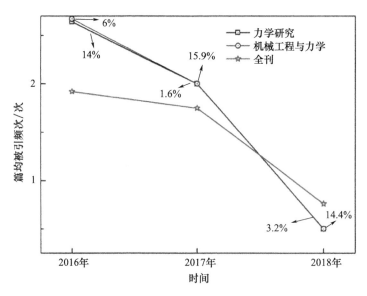

图 4-3 《宁波大学学报（理工版）》"双一流"栏目发文比和篇均被引频次

通过以上分析可知,"双一流"栏目发文比与其篇均被引频次之间关系不是很明确,在篇均被引频次相近条件下,发文量少相对来说在某种程度上有可能会提高栏目篇均被引频次(王军,2010)。

(3)篇均被引频次居于前四的栏目发文量及特点分析

图 4-4 呈现的是《浙江大学学报（工学版）》2016—2018 年篇均被引频次排名前四的栏目与其发文比的变化情况。由图 4-4 可知,2016 年期刊篇均被引频次与其发文比呈现正向变化,

2017 年其篇均被引频次与发文比没有表现出一定的关系,2018 年其篇均被引频次与发文比呈现了负向变化。在三年中篇均被引频次 3 次都挤进前四的"双一流"栏目是"机械工程",两次挤进前四是"电气与自动化"栏目,而 1 次挤进前四是"计算机与通信"。

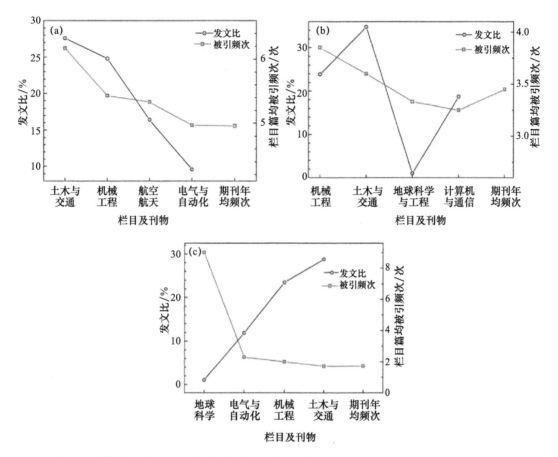

图 4-4　《浙江大学学报(工学版)》篇均被引频次排名前四栏目与发文比:(a)2016 年;(b)2017 年;(c)2018 年

　　图 4-5 呈现的是《浙江大学学报(理学版)》2016—2018 年篇均被引频次排名前四的栏目与其发文比的情况。由图 4-5 可知,2016 年栏目篇均被引频次与发文比呈现了正负方向变化的混杂状态,2017 年其篇均被引频次与发文比呈现负向变化,2018 年其篇均被引频次与发文比呈现正向变化。2016 年"双一流"栏目"环境与海洋"栏目篇均被引频次高达 13.5,位于各栏目之首。调查发现,其所刊载的文章中有一篇高被引文章,被引次数达到 27 次,而该栏目发文比为 1.6%。2017 年综述类栏目篇均被引频次最高,该栏本年度只发了两篇文章,其发文比为 1.9%,其中一篇是关于 CT 平扫方面的深度学习方法的综述,被引频次高达 16 次。三年篇均被引频次一直居于前三的是旅游学栏目,每篇文章被引频次都不低,这可能与文章受众面广有一定关系。

　　图 4-6 呈现的是《宁波大学学报(理工版)》2016—2018 年篇均被引频次排名前四的栏目与其发文比的情况。由图 4-6 可知,2016 年期刊篇均被引频次与发文比呈现近似的负向变化趋势,而 2017 表现的规律不明显,显得比较零乱,2018 年呈现正负方向变化的混杂状态。2016

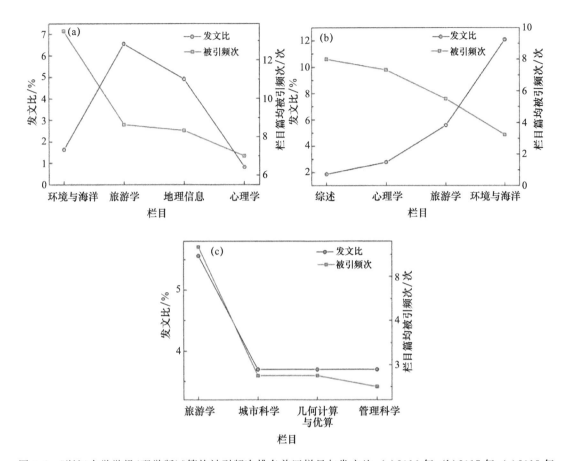

图 4-5 《浙江大学学报(理学版)》篇均被引频次排名前四栏目与发文比:(a)2016 年;(b)2017 年;(c)2018 年

和 2017 年篇均被引频次排名前四的栏目都出现"机械工程与力学"和"力学研究"两个"双一流"相关栏目。在 2018 年两个栏目篇均被引频次排名虽然没进入前四,但也居于第五、六位。

通过以上数据分析可知,"双一流"相关栏目对于提高论文被引频次起着一定的积极作用,但它们与人们生活联系紧密的栏目(比如涉及旅游、医学方面的栏目)相比较,在提高期刊被引频次方面并不一定有优势。如果简单把与论文被引频次有密切联系的影响因子作为考核学报办刊质量的重要标准,那么"双一流"相关栏目并不一定起到关键的作用。因为对于普通的读者来说,他们更关注热门问题;对于做科研的学者,又需要从国际视角考查科学研究的现状,必须引用一部分英文文献,这样就会削弱对中文文献的引用。因此,把影响因子作为评价期刊影响力的核心指标将会在一定程度上阻碍"双一流"学科建设与学报建设的协同发展,尤其是影响期刊设置"双一流"栏目的初衷和办刊理念。

(4)栏目发文量与篇均被引频次相关性分析

统计 2016—2018 年三个期刊年发文量排名前四的栏目,本应 36 个栏目,因排名前四有两个栏目篇均被引频次相同,所以确定最终有效样本 37 个。把各栏目的发文比与之对应的篇均被引频次输入到 SPSS19.0 软件中进行相关性分析。由于数据不符合正态分布,因此,采用 Spearman 相关系数进行相关性分析,计算结果见表 4-2,可知 $P=0.088<0.1$,说明统计结果有意义,而相关系数 $r=0.285$,表明栏目发文比与其篇均被引频次呈现弱的正相关。采用相

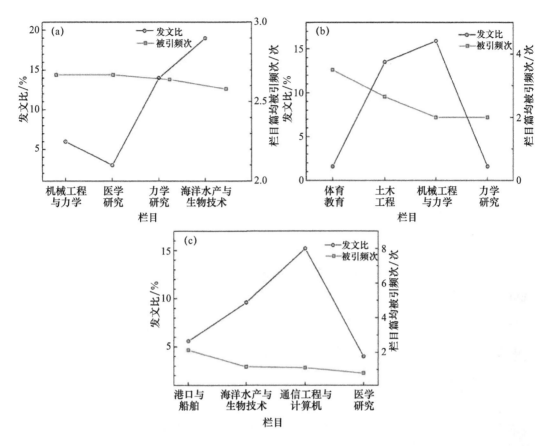

图 4-6　《宁波大学学报(理工版)》篇均被引频次排名前四栏目与发文比:(a)2016 年;(b)2017 年;(c)2018 年

同的分析方式选 2016—2018 年三个期刊篇均被引频次排名前四的栏目作为分析对象,共确定 36 个样本,进行篇均被引频次与发文比的相关性分析。计算结果如表 4-3 所示,可知 $P=0.095<0.1$,说明统计结果有意义,而相关系数 $r=-0.283$,表明栏目篇均被引频次与其发文比呈现弱的负相关。

表 4-2　期刊发文比排名前四的栏目发文比与其篇均被引频次的相关性

|  | 发文比 | 篇均被引频次 |
|---|---|---|
| 相关系数($r$) | 1.000 | 0.285 |
| $P$ |  | 0.088 |

表 4-3　期刊篇均被引频次排名前四的栏目篇均被引频次与其发文比的相关性

|  | 篇均被引频次 | 发文比 |
|---|---|---|
| 相关系数($r$) | 1.000 | $-0.283$ |
| $P$ |  | 0.095 |

以上统计结果说明,栏目发文比和篇均被引频次有弱的正或负相关性,表明栏目发文量多

有时对提高期刊篇均被引频次可起到适当的助推作用,有时也可起到一定的负面作用,但总体来说影响不大。

综上调查可得出主要结论:学报年发文量多并不能保证期刊篇均被引频次高,文章的类型、内容以及期刊的级别可影响期刊篇均被引频次;"双一流"相关栏目对于提高期刊篇均被引频次起着一定的积极作用,但与其他栏目相比并不一定有优势;栏目发文比和栏目篇均被引频次有弱的相关性。由于是小样本调查,这个结论不能完全断定具有普遍意义,但也不能否定它存在的合理性。期刊人要理性认识论文的被引频次问题,与论文被引频次有重要关系的影响因子作为期刊评价指标固然重要,但是高校学报在"双一流"建设转型路径上不要被这一评价指标所束缚,不应过度迷信被引频次和期刊排名(Engemann et al.,2009),要用发展的眼光看问题,制定合理的转型路径,以加快高校学报转型的步伐才是硬道理。如把影响因子作为评价期刊影响力的重要指标有可能会阻碍"双一流"建设与期刊结合的办刊理念。

"双一流"建设涉及众多的高校学报,由于条件所限,采用小样调查,只对浙江省两所"双一流"综合大学的三种理工版学报论文的被引频次等做了调查,且调查数据主要依靠人工统计,不可避免有些误差,调查结果也不一定具有十分普遍的意义,但还是具有一定的参考价值。

### 4.1.4 "双一流"建设背景下学术期刊国际化发展的创新之路探索

"双一流"是极具中国特色的新提法,在"双一流"大学的创建中,特别是创建初期可能与学术期刊的发展并不平衡,也不同步。在这样的"磨合期",为了保证学术期刊与"双一流"大学协同发展,期刊人应从大局出发。虽然创办"双一流"栏目等举措在短期内可能会影响学术期刊的影响因子和排名,但从长远来看,这些做法反过来会促进学术期刊的发展,从更深、更广层次上提高学术期刊论文被引频次和影响力。如果没有这种大局意识和为学科建设发展的奉献精神,学术期刊只是单纯追求被引频次和影响因子而没有将更多的精力用在可能暂时不会提高期刊影响力的"双一流"栏目建设上,并不利于学术期刊乃至教育事业的长期发展。这就促使我们去探索一条有利于"双一流"大学建设的学术期刊发展的转型路径。

我国学术期刊数量众多,2020年新闻出版产业分析报告数据显示,我国学术期刊数量为10192种,2023年中国科技期刊发展蓝皮书统计数据显示,我国科技期刊总量已达5163种,其中高校主办学术期刊约占20%。该数据表明,我国约4成学术期刊是非高校主办的,它们主要来自国家和省(区、市)级的各学科学会、国家和省(区、市)的各种科研机构、各级协会等。这些学术期刊反映了我们国家不同领域的学术研究情况,在展示我国学术成果方面发挥了重要作用。但由于"双一流"执行对象是国内的高等教育机构和相关学科,目标是通过资助一批高水平大学和学科,提升其教育教学水平和科学研究能力,从而推动中国高等教育领域的整体发展,因此,推动"双一流"建设的重任主要落在高校期刊身上,为了契合现实,本研究提出的"双一流"建设背景下学术期刊国际化发展的创新之路主要针对高校期刊。

为了更好地发挥高校期刊展示和传播高校学术成果、服务并推动高校"双一流"建设的功能,高校期刊不能仅仅停留在传统的简单服务功能上,更要突出高校期刊与高校学科建设的协同性的特点。基于此,本研究以对浙江省"双一流"大学创办的3种理工科类学报的调查数据为基础,以高校期刊发展为重点,从国际、国内、校内、学生四层面开辟高校期刊的创新路径,建立特色专业、人才培养和交流合作三位一体、相互促进、相互融合、可操作的多层面、多角度、多方位的转型网络新体系(图 4-7)。

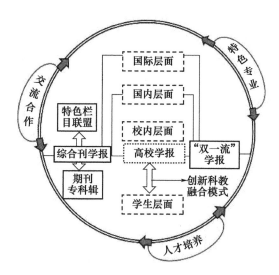

图 4-7 "四层面·三位一体"高校期刊转型创新路径体系

**1. 纵向分层路径**

(1)在国际层面上,以高校期刊为载体扩大国际交流与合作,促进被引频次和影响因子的提高

提高高校期刊被引频次和影响因子,首先,要发挥"双一流"大学或"一流学科"高校期刊的龙头作用,可组建国际期刊联盟,并联手承办英文期刊;其次,中文高校期刊特色栏目国际化,该栏目中的文章可同时刊载中、英文两种版本,促进国外作者对国内期刊文章的引用;最后,可以以高校期刊为依托定期举办国际会议,约些高质量的国际化文章,扩大高校期刊的影响力。

坚持"外推内引,质量文化"理念,将国内优秀的研究成果扎根在祖国大地,并吸引国外的研究成果,掌握"一流"的国际学术话语权和评价标准,增加国内作者的文化自信,扩大对国内文章的引用。这样就可以从一定程度提高高校期刊被引频次和影响因子。

(2)在国内层面上,以"双一流"大学或"双一流"高校期刊为引领,构建"特色栏目"联盟,提高非"双一流"高校期刊的影响力

传统的"一校一刊"的配刊模式,导致了许多高校期刊朝着综合式、内涵式方向发展,其稿源更多地来自校内,造成高校学报具有作为"展示窗口"开放、作为"自我园地"封闭的矛盾,如何解决这一矛盾?这就要求办刊人不要安于现状,要从长计议。非"双一流"高校学报可根据本校专业特色,加入相关的栏目联盟,并交流彼此稿件;可以以学报为媒介促进高校相同或相近专业间交流,特别是与"一流专业"间的交流,促进非"一流专业"的发展,为打造新的"双一流"大学或"一流学科"贡献一份力量。另外,综合刊高校期刊可联手构建特色栏目联盟或期刊专科辑。不仅要发挥一流期刊的引领作用,还要体现一般期刊的基础作用。在这样的良性发展中,有了特色栏目联盟,自然能吸引好的稿源,也能提升论文被引频次。

（3）在校内层面上，高校期刊要参与本校学科建设和人才培养，为"双一流"栏目或特色栏目储备优质的作者群体

高校期刊可参与本校学科建设和人才培养，比如，为学校申报科研项目、撰写学术论文，并在评审等环节给予学校相关部门一些合理化的建议和帮助；另外，还可为科研人员提供期刊"智库"。支持"双一流"学科或特色学科人才梯队与科研团队建设，也为高校学报"双一流"栏目或特色栏目有源源不断的稿源输入提供了人才保障。可利用学报编委会人脉以及专家库资源为高校人才培养和学科建设起推波助澜的作用。

（4）在学生层面，要挖掘和重视学术期刊和期刊人的"下沉"作用，扩大高校期刊在学生中的影响力

不论是"双一流"高校期刊，还是一般高校期刊，不能仅仅作为专家或教师"象牙塔"里的"专利"，要通过高校期刊把"一流"的理念和研究成果下沉到学生中。比如举办"真人期刊"讲座，邀请作者为相关专业学生讲述期刊论文，分享研究成果。也可以通过讲解一篇科研论文，让学生知晓科学研究的前沿信息，懂得如何设计科学实验去探究一个科学问题，并进一步认识到科学研究的重要性和严谨性；同时，培养学生缜密的写作思路，为后续撰写论文做准备。鼓励学报编辑人员"下沉"：可下沉到分院，指导学生查文献、写论文、申报课题，做专业导师并参与学生的毕业设计等，以此培养和拓展后备的作者群，为将来产生出更多的好作品奠定基础。利用审稿专家、作者群和同行朋友为学生牵线搭桥，包括考研、发表文章和就业；在编辑工作中，做作者的良师益友，特别针对学生作者群体，要主动指导他们如何修改论文，还可以与高校合作举办写作讲座，提高高校期刊在学生心目中的位置。长此以往，在学生中成长起来的作者便会自然而然产生感恩情结，会把好的稿子投给母校学报，也会把母校高校期刊推送给新的作者，对于宣传母校高校期刊提高学报影响力有一定作用。

**2. 横向拓展路径**

（1）以学报为纽带，促进各高校期刊间以及学校间的交流合作

在"双一流"建设背景下，各高校期刊间的交流合作显得尤为重要，特别对非"双一流"高校期刊来说，为了谋求更好的发展，必须要打开门、走出去。综合性高校期刊，要根据本校的优势专业找出各自的定位；加入以"双一流"高校期刊为龙头的特色栏目联盟或期刊专辑，形成共赢的"绿色生态"环境。另外，做好学校的"外交使者"，促进学校间的交流合作，为本校未来成为"一流大学""一流学科"添砖加瓦。

（2）提高数字期刊横向辐射带的动力，扩大数字期刊在融媒体时代的影响力

2023年8月28日，中国互联网络信息中心发布的第52次《中国互联网络发展状况统计报告》显示，截至2023年6月，我国网民规模达10.79亿人，互联网普及率达76.4%。通过手机上网浏览信息已成为首选。期刊在内容布局及内容长短方面相比图书更适宜浏览阅读，而在色彩和阅读愉悦性方面又远胜于报纸，因此，期刊数字化更适合用户手持阅读的习惯。特别在"双一流"建设时代，高校期刊更要提高数字期刊横向辐射带的动力，不能仅局限在各自的网络传播平台，还要和其他高校期刊合作互推好文，并建立公共的网络推送平台；另外，可突出栏目特色选择传播方式和传播平台，进行网络碎片化传播，扩大期刊的阅读面和影响力。

**3. 保证创新路径落地的政策保障**

为了保证高校期刊与"双一流"大学建设的协同发展,保证高校期刊更好地服务于"双一流"建设,在国家政策方面,要充分考虑高校期刊为支持"双一流"建设所做的工作,并能形成一套合理的指标以便更加科学地评价高校学报;在高校领导层面上,要给高校学报一些政策倾斜和足够的资金支持。高校期刊为了未来的发展,要培养一支素质高、专业与学术并进的复合型编辑队伍;在参加高校学科建设中要构建层次高的作者群、水平高的专家队伍以及兼有前两种身份并能引进优质稿源的编委。有政策支持和资金保障,才能留住优秀人才和优质稿源,才能维护好"双一流"建设的窗口。

## 4.2　以党史党建期刊为代表的哲学社会科学期刊的先导之路

### 4.2.1　新时代哲学社会科学期刊使命

**1. 做好党的喉舌,发挥好对意识形态的引领**

2016 年 5 月 17 日,习近平总书记主持召开哲学社会科学工作座谈会并指出:"坚持以马克思主义为指导,是当代中国哲学社会科学区别于其他哲学社会科学的根本标志,必须旗帜鲜明加以坚持。"新时代哲学社会科学类学术期刊应突出政治导向和意识形态引领,坚持正确的政治导向,增强对社会主义意识形态引领力,不能放松党对意识形态话语权的掌控,要自觉维护党对意识形态的领导权,要突出鲜明的马克思主义意识形态属性,要正确处理好政治正确与学术创新之间的关系,要旗帜鲜明地为党发声,自觉抵制不符合马克思主义、社会主义核心价值观的错误言论和错误思潮(戴正,2018)。

**2. 营造好的学术生态,发挥好对哲学社会科学体系的引领**

习近平总书记在哲学社会科学工作座谈会上强调:"坚持和发展中国特色社会主义,必须高度重视哲学社会科学……不断推进学科体系、学术体系、话语体系建设和创新,努力构建一个全方位、全领域、全要素的哲学社会科学体系。"中宣部、教育部、科技部联合印发的《关于推动学术期刊繁荣发展的意见》指出,哲学社会科学期刊要把深入研究、宣传、阐释习近平新时代中国特色社会主义思想,建设有中国特色、中国风格、中国气派的学科体系、学术体系和话语体系作为重大任务,加强理论武装与理论创新,围绕党和国家重大理论和实践问题,围绕群众关注的历史和现实问题,及时开展研究解读和引导辨析,为加快构建中国特色哲学社会科学贡献力量。在推进中国特色哲学社会科学"三大体系"建设进程中,哲学社会科学期刊扮演着重要角色,新时代哲学社会科学期刊应发挥好对学科体系、学术体系和话语体系引领,学术规范和学术生态引领,学术评价和学术人才培育引领。

**3. 肩负传播中华优秀传统文化的使命,发挥对现实问题的时代性引领**

习近平总书记在给《文史哲》编辑部全体编辑人员回信中还强调:"增强做中国人的骨气和底气,让世界更好地认识中国、了解中国,需要深入理解中华文明,从历史和现实、理论和实践相结合的角度深入阐释如何更好坚持中国道路、弘扬中国精神、凝聚中国力量。回答好这一重大课题,需要广大哲学社会科学工作者共同努力,在新的时代条件下推动中华优秀传统文化创造性转化、创新性发展。"新时代哲学社科类学术期刊应发挥好传播中华优秀传统文化的使命。纵观几千年来的中华优秀传统文化,对哲学、社会科学的高度关注和重视,一直是中华文明发展进程中的一个重要现象。可以说中国历史上主流文化中的英雄主义情结、奉献主义胸襟、理想主义色彩、和合主义思想、爱国主义精神、集体主义观念和民本主义情怀等,都是我们中华优秀传统文化的灵魂所在(常勤毅,2014)。这些中国精神、中国故事我们不但要很好地传承下去,而且要向世界传播开来。对内,讲好百年大党的故事,有益于人们了解中国共产党勇于牺牲、甘于奉献、艰苦奋斗、廉洁奉公的崇高品质,厚植爱党、爱国、爱社会主义的情感,为实现中华民族伟大复兴的中国梦积蓄力量;对外,为我们传播好中国声音,让世界更好地了解中国共产党、读懂中国故事提供了窗口(刘建明 等,2021)。而以党史党建期刊为代表的哲学社会科学期刊就是一个很好的传播平台。

### 4.2.2 新时代哲学社会科学期刊红色引领的类型与效果——以党史党建类典型期刊为例

党史党建类期刊是具有强烈的中国社会主义特色和高度意识形态性及其政治属性的重要期刊类别,尤其在进入新时代以来,这些期刊在党和国家重要方针政策宣传、党和国家主要领导人讲话与文章发布、马克思主义理论研究、政治生活与党的生活论述、当前国际国内政治热点追踪等方面,都起到了强大的红色引领作用。将这些党史党建类的优秀期刊的办刊特色、期刊布局、总体策划、作用影响、发展格局等,从文献跟踪的角度进行多维研究和调查分析,探讨党史党建类期刊在红色引领中发挥的作用,对促进党史党建类期刊的更大发展具有一定推动作用。

**1. 研究的现状分析**

目前国内学者对期刊引领作用的研究主要集中在对科技、人文以及教育类等学术期刊的探讨,并且突出对学科建设、专业研究以及对学术或学术文化发展的引领。比如,杨光宗等(2018)探讨了高校学术期刊对一流学科建设的引领、推动及发展,指出学术期刊作为传播媒体和对外展示平台,其专业化一定程度上象征着大学的研究实力,决定大学对外学术传播的影响力。王淑霞(2017)探讨了科技期刊对学科发展引领的途径,即从选题策划、编委职能、学术传播及沟通渠道建设等方面发挥科技期刊导向功能。王玮等(2018)探讨了数字环境下科技期刊的引领与服务作用,即以学术期刊的基本功能作为切入点,通过大数据分析方法验证科技期刊相对其他的论文载体在科学研究成果出版和传播方面的引领作用;同时,探讨在数字出版和传播环境下,运用便捷的全流程出版平台和新型数字出版模式,不断提升学术期刊对于作者和读者的服务作用。金强等(2021)从科学评价的角度对社科类学术期刊学术引领进行了思考,即社科类学术期刊应完善学术评价体系建设,发挥期刊栏目的建设作用,探索国际传播多元化路径,提高我国社科类学术期刊服务学术、引领学术发展的能力。龚倩(2020)在阐述教育期刊对教育课程设计改革、课程目标改革以及课程实施改革的引导作用,提出深化课程内涵,加强课程领导力建设,及时反映社会需求,突出人才培养,增强教学方法改变,加强理论教学,提高实践能力,优化教育课程改革。张业安(2019)探讨学术期刊在学科建设中服务、传播、引领之应然境界及其内涵,指出学术期刊应紧抓"双一流"建设契机,依托学科建设,拓展办刊资源,依托学科组织、平台,提升期刊专业化水平,依托学科学术共同体,优化期刊评价,助力学术期刊应然境界的实现。

部分学者探讨了学术期刊对意识形态、政治思想的引领。比如,徐绍华(2020)指出学术期刊应在社会主义意识形态工作中发挥思想引领和阵地管控的作用,并提出"坚持一个指导""抓住两个重点""实施四条路径"的策略。戴正(2018)分析了哲学社会科学学报对巩固马克思主义在意识形态领域的指导地位的影响,旨在深化对中国哲学社会科学学报与"意识形态"和"话语权"关系的认识,全面理解和把握哲学社会科学研究中复杂的多元化意识形态环境以及编辑实践过程中要处理的学术真理性与意识形态阶级性的关系。罗重谱(2022)指出,新时代社科类学术期刊应充分发挥引领作用,突出体现为政治导向和意识形态引领。徐丽娇(2021)以《科技导报》卷首语栏目为例,指出科技期刊作为科研成果和科技信息的载体,不仅是科学交流的主要工具,还具有价值引领的重要功能——主要包含弘扬科学精神和科学家精神、倡导科技伦理、团结引领科学共同体、开展正向舆论引导等方面。铁铮(2017)探讨了新时代中国高等教育期刊的引领与担当,中国高等教育期刊要讲政治:坚定地履行意识形态责任,充分发挥喉舌作用;讲时效:迅速及时传播教育正能量充分发挥阵地作用,体现大气派讲一流:积极占领教育学术制高点充分发挥窗口作用,体现大视野讲互动:寓教育于为受众服务之中发挥纽带作用,体现大智慧。战焰磊(2020)指出,在出版融合发展的时代背景下,学术出版与主题出版对接,将当前国家战略、科技创新以及民族复兴等时代主题与学术出版紧密结合是出版活动适应时代发展的必然选择。从服务国家战略需求和解决社会现实问题等方面发出中国声音,展现国家实力,提升学术话语权。

也有许多学者研究了党政期刊对意识形态、政治思想的引领。比如,赵慧(2018)通过马克思、恩格斯语录和对期刊发展史中的典型故事介绍,表明发挥社会主义意识形态的引领作用是党政期刊的灵魂所在和使命所系,并提出通过加强党政期刊的理论武装、阵地建设和话语表达来提高引领作用。彭德术等(2021)基于党史刊物《红岩春秋》研究,总结传统期刊在开展红色主题出版中的影响力和一些经验。《马克思主义研究》执行副主编李建国(2021)指出,马克思主义理论期刊要紧紧围绕加快构建马克思主义理论学科体系、学术体系、话语体系,加强办刊与学术研究联动,设置议题要面向问题、面向实践、面向世界,深入阐释如何更好地坚持中国道路、弘扬中国精神、凝聚中国力量,推动哲学社会科学的创新性发展。

以上这些讨论期刊对意识形态、政治思想引领研究在字面上没有直接出现"红色引领",可以归为对期刊红色引领作用的隐形研究,它们更侧重在宏观上谈发挥期刊对意识形态引领作用的重要性,没有对期刊引领的类型做系统的归纳,也没有对期刊引领效果进行评价。还有的研究虽然字面上出现了"红色引领"一词,但没专门针对党史党建类期刊进行研究,而是偏重于对红色文化的引领、红色精神谱系引领,如唐志荣等(2020)探析了大数据时代国内部分期刊"红色文化"栏目现状和传播力;冯刚等(2021)阐述如何用中国共产党百年红色精神谱系去引领高校的人才培育等。而国外学者很少在期刊红色引领方面做相关研究,这可能与这是一个具有中国特色的话题有关。

**2. 研究的方法介绍**

抽取具有代表性和典型意义的党史党建类期刊《求是》《中共中央党校学报》《中共党史研究》

《党建研究》《学校党建与思想教育》为研究对象,从栏目设置、论文内容等方面确定红色引领类型,主要突出政治引领、经济引领、文化引领、教育引领和伦理引领。参照万方数据库和中国知网中文期刊全文数据库2012年1月—2022年12月的相关数据,结合减法原则确定每类红色引领类型的最终篇数。每类红色引领类型论文篇数确定后,以期刊各引领类型论文数量为分子,以期刊所发表的有效学术论文数为分母,计算各引领类型占比。期刊栏目的选取则依据个性和共性相结合的原则,即每个期刊选择两个特色栏目,分别体现本期刊特点和各期刊共同点,以便期刊间进行横向比较。在考查抽样期刊高被引论文"代际引用"情况时,优先跟踪来源于核心期刊的引证文献;在调查期刊主题词分布情况时,主要考察出现频次排名前5位的主题词,并且单独选出主题词间有包含关系的文章,进一步根据文章的核心内容确定其主题词的归属。

**3. 比较视角下典型党史党建类期刊红色引领类型分析**

(1)不同期刊红色引领类型情况分析

图4-8显示5种抽样期刊各红色引领类型的占比情况。由图4-8可知,在《求是》《中共中央党校学报》《中共党史研究》《党建研究》中,都是政治引领占比遥遥领先;而在《学校党建与思想教育》中则是教育引领占比居于榜首,这正突出了学校党建的特色。相比之下,这5种期刊都是伦理引领占比最低,表明伦理引领还不是党史党建类期刊关注的重点和焦点。另外,在《中共中央党校学报》《党建研究》中,政治、经济、文化、教育和伦理引领占比表现为依次递减。而《中共党史研究》中文化引领占比较高,仅次于政治引领,主要因为该期刊以党史研究为重点,发表的史料论文较多,还有党史文化研究也是该期刊一直关注的内容。从这些数据可以看出,各期刊在选择文章类型时是有侧重点的。

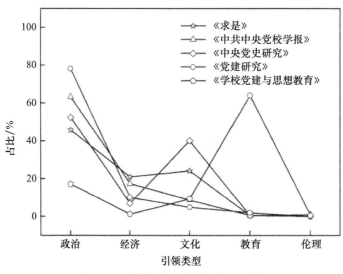

图4-8 不同期刊各引领类型占比情况

(2)同一期刊不同特色栏目红色引领类型分析

图4-9呈现的是《求是》特色栏目"高举中国特色社会主义伟大旗帜"(简称"伟大旗帜")、"党的建设"和全刊各红色引领类型占比情况。特别说明一下,栏目数据截止时间为2018年,因《求是》自2018年以后没再设栏目,但所设栏目年限达到了7年,是本研究年限的63.6%,

从统计学上说有一定的代表性。由图 4-9 可知,在两栏目和全刊中,政治引领占比最大,且政治、经济、文化、教育和伦理引领占比大体表现为依次递减,只是在"伟大旗帜"栏目和全刊中文化引领占比相较经济引领略有偏高。图 4-10 显示了《中共中央党校学报》特色栏目"习近平新时代中国特色社会主义思想研究"(简称"中国特色")、"党的建设"和全刊各红色引领类型占比情况,除"党的建设"栏目中经济引领相比文化引领占比略微偏低,总体上政治、经济、文化、教育和伦理引领占比表现出依次递减的规律。图 4-11 显示了《中共党史研究》中的"习近平新时代中国特色社会主义思想研究"(简称"中国特色")、"地方党史研究"两栏目及其全刊都表现出政治引领占比最高的特点。"中国特色"栏目仅涉及政治引领和经济引领,经济引领占比达到20.51%。在全刊和"地方党史研究"栏目中文化引领有不俗的表现,占比分别为 40.04% 和30.00%,体现了该栏目以党的史料研究为中心,是期刊的重点栏目。

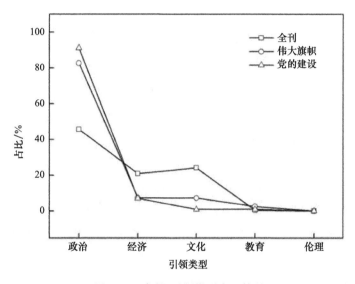

图 4-9　《求是》引领类型占比情况

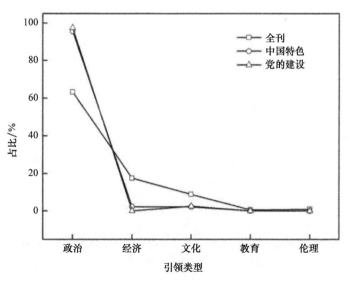

图 4-10　《中共中央党校学报》引领类型占比情况

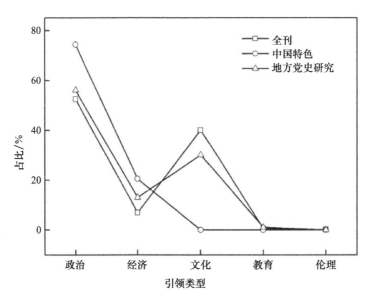

图 4-11 《中共党史研究》引领类型占比情况

　　图 4-12 呈现的是《党建研究》栏目"深入学习贯彻习近平新时代中国特色社会主义思想"（简称"中国特色"）、"基层党建"和全刊各红色引领类型占比情况。由图 4-12 可知,政治引领起领头羊作用,且占比遥遥领先;政治、经济、文化、教育和伦理引领占比大体表现为依次递减。图 4-13 显示的是《学校党建与思想教育》栏目"德育论衡""党建研究"和全刊各红色引领类型占比情况。在"德育论衡"栏目和全刊中教育引领占比已超出政治引领,从这一结果可知,"德育论衡"栏目不但是该期刊的主打栏目,也集中反映了该栏目与《学校党建与思想教育》刊物力求突出学校德育教育的特色,无论是对学生的政治思想品德教育,还是对教职员工的思想引领与管理,都是在充分发挥学校教育作用的基础上进行的。

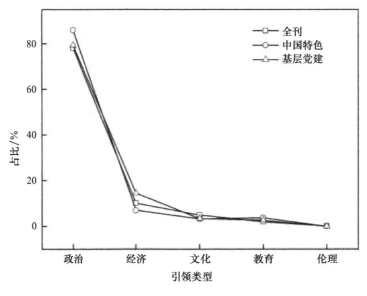

图 4-12 《党建研究》引领类型占比情况

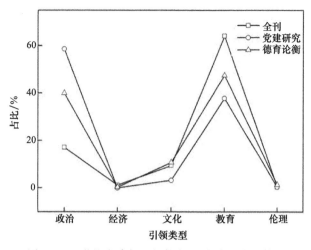

图 4-13　《学校党建与思想教育》引领类型占比情况

（3）不同期刊相同特色栏目红色引领类型分析

图 4-14 呈现的是《求是》《中共中央党校学报》《党建研究》《学校党建与思想教育》的相同栏目"党建研究"各红色引领类型占比情况。由图 4-14 可知，在《中共中央党校学报》中基本上是清一色的政治引领，其占比达到了 97.44％。在《求是》和《党建研究》中，政治引领也占了很高的比重，分别为 91.07％和 79.39％，但其经济、文化和教育引领中也占有一些份额，并大致表现为依次递减的变化规律。《学校党建与思想教育》相比其他期刊其政治引领占比偏低，为 58.57％，而其教育引领占比（37.85％）相比其他期刊（＜3％）超出很多，体现了学校把政治思想教育贯穿于教育教学并融入课堂教学的特点。图 4-15 呈现了《中共中央党校学报》《中共党史研究》《党建研究》中相同栏目"中国特色"各红色引领类型占比情况。由图 4-15 可知，在三期刊的该栏目中政治引领都占有很大份额，其中《中共中央党校学报》达到了 95.56％。《中共党史研究》政治引领占 74.36％的份额，经济引领分享了剩余的份额。《党建研究》政治引领占 85.98％，经济、文化、教育引领占少许份额，并依次表现为递减变化趋势。

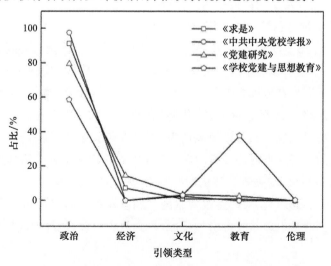

图 4-14　不同期刊"党建研究"栏目红色引领情况比较

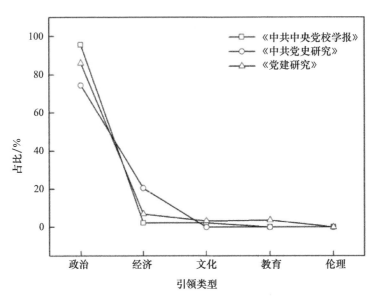

图 4-15　不同期刊"中国特色"栏目红色引领情况比较

综上分析可知,抽样期刊都突出了政治挂帅的根本目标,特别是在体现政治引领的特色栏目中,表明它们加强了对政治引领文章的遴选;另外,也凸显了它们期刊的特色,比如《求是》作为中国共产党中央委员会主办的机关刊物,不仅突出政治引领,还兼顾到经济、文化、教育等方面的引领。《中共党史研究》突出了侧重史料研究的特点,因而文化引领占优势,体现出在研究党史的过程中更好地宣传坚持中国共产党领导的必要性。《学校党建与思想教育》突出教育引领的优势,注重关注把思想政治教育贯穿于日常的教育教学全过程的研究。《中共中央党校学报》《党建研究》论题比较全面,各种引领都有涉及,但也不是平分秋色,都有各自侧重点。

**4. "代际引用"视角下典型党史党建类期刊红色引领效果分析**

(1)《求是》特色栏目及期刊高被引论文分析

①栏目 1:高举中国特色社会主义伟大旗帜。

该栏目自 2012 年第 1 期到 2018 年第 24 期,共发表论文 517 篇,剔除新闻报道类文章,有效论文为 507 篇,其中被引频次最高的论文是发表在 2015 年第 3 期的论文《把握大势着眼大事努力做好新形势下高校宣传思想工作》(袁贵仁,2015),被引 98 次,属于政治引领。选取其中的一条引证文献跟踪,0 级母版论文被"代际"传播了 4 代,但主题始终围绕着高校思政建设。其"代际引用"情况见表 4-4,可简单表述为:赢得青年就能赢得未来(李益杰,2016)→培养学生用马克思主义的立场观点方法分析问题(姜茹茹,2018)→思想政治理论课要借助新媒体技术打造网络育人新平台,增强理论课的时代感和吸引力(王喜满 等,2020)→教会学生在实际中学会做事(王相东,2021)。对比逐级文章的主题以及被引内容可知:0 级论文在逐级传播中由政治引领过渡到政治引领与教育引领叠加,再到教育引领,最终把政治思想教育落实到具体的教育教学中。

表 4-4　"高举中国特色社会主义伟大旗帜"特色栏目高被引论文跟踪

| 逐级被引内容 | | | |
|---|---|---|---|
| 0 级(袁贵仁,2015)→1 级(李益杰,2016) | 1 级→2 级(姜茹茹,2018) | 2 级→3 级(王喜满 等,2020) | 3 级→4 级(王相东,2021) |
| ……赢得青年就能赢得未来。……善于以法治方式处理高校意识形态中出现的各种问题,坚持教育引导和法律约束相结合…… | 思政课教师承担着培养学生正确的世界观、人生观和价值观,培养学生用马克思主义的立场观点方法分析问题 | 思想政治理论课要因时因势而进,适应信息传播的变革,利用好网络传播载体,借助新媒体技术打造网络育人新平台,增强理论课的时代感和吸引力 | 通过指导学生社团,教会学生在实际中学会做事,锻炼实践能力 |

②栏目 2:党的建设。

该栏目在 2012—2018 年共发表 112 篇论文,其中被引频次最高的论文是发表在 2013 年第 9 期的论文《把权力关进制度的笼子里》(李法泉,2013),其红色引领类型属于政治引领,被引用 52 次。抽选其中的一条引证文献跟踪,0 级母版论文被"代际"传播了 3 代。由每级论文主题和被引内容可知,在逐级传播中始终围绕着高校思政建设,到第 3 代落实到《治理现代化视角下辅导员队伍高质量发展的实践指向》(李新华,2021),政治引领的主线不变。其"代际引用"情况具体见表 4-5,可简单表述为:权力受制度约束(罗大蒙 等,2018)→治理应以人民意旨为制度基绳(罗颖,2021)→坚持和完善国家制度(李新华,2021)。在逐级对制度和权力关系的辨析中落地到具体工作中,即辅导员队伍要适应中国特色高等教育治理能力现代化的要求,从而更好地发挥辅导员对学生价值塑造和思想建设的引领作用。

表 4-5　"党的建设"特色栏目高被引论文跟踪

| 逐级被引内容 | | |
|---|---|---|
| 0 级(李法泉,2013)→1 级(罗大蒙 等,2018) | 1 级→2 级(罗颖,2021) | 2 级→3 级(李新华,2021) |
| ……即"把权力关进制度的笼子里",使有权不任性,用权受监督,从而真正地把"权力运行纳入制度轨道,用制度监督、规范、约束、制衡权力,保证权力正确行使而不被滥用 | 治理应以人民意旨为制度基绳,……依据现实考量保证执行程序的可操作性,强化人民权益实现的细节设计和流程规制 | ……在坚持和完善制度前提下,对国家治理现代化进行了又一次的顶层谋划,这是国家根据时代所需做出的对于经济、政治、社会转型等的综合调整 |

③期刊被引频次最高文章。

《求是》在 2012—2022 年发表论文被引频次较高的是习近平总书记发表在 2015 年第 1 期的论文《加快建设社会主义法治国家》(习近平,2015),属于政治引领,被引 1182 次。抽取其中 1 篇较有代表性的引证文献《十八大以来习近平青年思想政治教育思想研究》,跟踪"代际引用"情况见表 4-6,被引主题句依次为:青年的价值取向决定了未来整个社会的价值取向→社会主义核心价值观等对青年思想政治教育内容的丰富和发展(杨增崟 等,2018)→用"中国方案"为学生输送正能量(方琼,2019)→"食品安全学"课程中的思政教育(王金玲 等,2020)→激发学生的爱国热情(吴庆华 等,2020)。从逐级论文主题和引文内容可知,习近平总书记的文章在被逐级引用过程中已被落实到青少年思想政治教育,并落地到具体的课堂教学中,这充分说明了红色引领在不断深化中发挥了教书育人的作用。在逐级传播中论文的引领类型由政治引领过渡到与教育引领叠加,再到以教育引领为主,即探讨在具体的课堂教学中嵌入思想政治教育元素。

表4-6 《求是》高被引论文抽样跟踪

| 逐级被引内容 | | | | |
|---|---|---|---|---|
| 0级(习近平,2015)→1级(赵爱玲,2017) | 1级→2级(杨增崟 等,2018) | 2级→3级(方琼,2019) | 3级→4级(王金玲 等,2020) | 4级→5级(吴庆华 等,2020) |
| 青年的价值取向决定了未来整个社会的价值取向 | ……阐释了社会主义核心价值观、中国梦、"四个自信"、"红色基因"等对青年思想政治教育内容的丰富和发展 | ……用"中国方案"诠释马克思主义理论的生命力,为学生输送富有营养的成长正能量 | 为了帮助学生内化"食品安全学"课程思政人元素,可以丰富各种教学活动 | 增强全体学生对国家战略的学习与理解,并增强对食品安全战略的自信心,激发学生的爱国热情 |

(2)《中共中央党校学报》特色栏目及期刊高被引论文分析

①专题1:习近平新时代中国特色社会主义思想研究。

该专题自2018年第1期开始,到2022年12月已策划21期,共发表45篇文章。其中被引频次最高论文是发表在2017年第6期的《习近平新时代中国特色社会主义思想的重大意义》(肖贵清,2017),被引80次,该论文属于政治引领,其"代际引用"情况见表4-7,0级母版论文"代际引用"传播了6代。对比文章的逐级主题以及被引内容可知:0级论文在被逐级传播中使得新时代中国特色社会主义思想获得了渗透、深化和升华,即把中国特色社会主义思想融入中国制度和治理体系,并从人民性、民族性、总体性的叙事体系和叙事逻辑中展现中国特色社会主义制度的优越性,直至中国特色社会主义制度优势是经过实践验证的结果。可知在被"代际引用"过程中始终没有偏离政治引领的主题,突出了中国特色社会主义的制度优势。

表4-7 "习近平新时代中国特色社会主义思想研究"专题高被引论文跟踪

| 逐级被引内容 | | | | | |
|---|---|---|---|---|---|
| 0级(肖贵清,2017)→1级(张明,2018) | 1级→2级(杨彬彬,2020) | 2级→3级(韩步江,2021) | 3级→4级(吴育林 等,2021) | 4级→5级(杨彬彬,2022) | 5级→6级(郭德钦 等,2022) |
| "中国道路"在人类现代化问题上具有双重超越性……走出了一条符合自身实际的现代化道路 | 理论上的失声与失守必将对主流意识形态的话语权产生严重冲击与挑战 | 中国制度就具有鲜明的民族性、自主性、发展性,在与……的过程中,形成了当代中国的制度体系和治理形态 | 党对先进制度的高度熟悉、认同和追求,才使得制度优势得以真正地转化为国家治理效能 | 应从人民性、民族性、总体性的叙事体系和叙事逻辑中展现中国制度的主体与社会基础优势、历史与文化底蕴优势、理念与领导机制优势 | 中国特色社会主义制度优势是经过实践验证的结果 |

②专题 2:党的建设。

该专题从 2015 年第 2 期开始至 2022 年第 6 期共举办 18 期,发表 41 篇文章。被引频次最高的是发于 2019 年第 5 期的论文《授权赋能:党建引领城市社区治理的新样本》(姜晓萍等,2019),被引 117 次,且 0 级母版论文繁衍了 5 代(表 4-8)。每代主题都围绕着"党建引领城市社区治理",属于政治引领。第 5 代的论文题目为《公众参与引导下的社区小微空间更新研究:以金侨时代家园"生命之环"实践为例》,已把社区治理落实到比较具体的小微空间中。可看出 0 级论文在"代际"传播过程中已从宏观理论指导下沉到社会最基层,"润物细无声"地融入社区具体工作实践当中。

**表 4-8　"党的建设"特色栏目高被引论文跟踪**

| 逐级被引内容 | | | | |
|---|---|---|---|---|
| 0 级(姜晓萍 等,2019)→1 级(刘厚金,2020) | 1 级→2 级(仝林,2021) | 2 级→3 级(涂晓芳 等,2021) | 3 级→4 级(王玉莹等,2022) | 4 级→5 级(董国升 等,2022) |
| 由于新时代的社区治理转型迫切需要构建超能型引领主体、中枢型决策平台和整体性运行机制,只有将"授权赋能"理念嵌入社区治理的全过程,才能有效回应当前社区治理中的重心下移、激发活力和高质量发展的时代趋势 | 党建引领城市基层治理的过程中,执政党在整合社会资源的过程中,具有推进社会资本的积累和增值以及推动各项制度的建设和执行的重要功能 | 疲于应对上级行政性命令与检查,无法有效履行自治功能 | 基层党组织通过价值、人员及行为联动,从而做深基层治理工作,扩大治理效能 | 社区小微空间更新项目中公众参与的新途径:以党建引领带动居民公众参与 |

③期刊被引频次最高论文。

《中共中央党校学报》2012 年 1 月—2022 年 12 月,被引频次最高的是发表在 2015 年第 3 期的论文,题目为《法治体系内的党内法规探析》(付子堂,2015),被引 259 次。该文章探讨了党内法规,属于政治引领,被"代际"传播了 7 级,其"代际引用"情况见表 4-9。从每级论文内容可知,主题始终围绕党内法规和党的纪律建设,政治引领的主线没变。联系逐级论文主题以及被引内容可知:0 级论文在逐级传播中不断演化,从对象、效力、特色等不同方面阐述了党内法规,且研究重心由党内法规到党内法规和党内制度并存,再到重点研究党内制度,并具体指出党的纪律中成文规矩多具有"刚性"。这种逐级传播体现了研究者对更广泛意义和更深层次上的党内法规和纪律的阐释,便于读者理解。

**表 4-9　《中共中央党校学报》高被引论文跟踪**

| 逐级被引内容 | | | | | | |
|---|---|---|---|---|---|---|
| 0 级(付子堂,2015)→1 级(江国华 等,2016) | 1 级→2 级(伊士国,2017) | 2 级→3 级(李国梁,2019) | 3 级→4 级(袁超,2020) | 4 级→5 级(陶俊怡,2021) | 5 级→6 级(滕文浩,2021) | 6 级→7 级(孙晓敏 等,2022) |

| 逐级被引内容 | | | | | | |
|---|---|---|---|---|---|---|
| 党内法规的规范对象……其指向的是党组织和党员 | 党内法规的效力来自党员对自己权利的自愿让渡,这种让渡是通过入党誓词以明示的方式表明 | 党内法规与国家法律的并存,是中国法治的根本特色……共同推进了中国法治建设的进程 | 二是联席会议制度,该制度"有利于在党内法规制定过程中加强沟通……提升党内法规制定水平" | 定位"战略"是党根据其在国家—社会关系中所处的位置……在(领导国家进行的)横向政治力量博弈中形成的视野格局来主动谋定的 | 百年来,党的纪律制度建设"历经了……四个阶段、三次跃迁",有效彰显党内纪律的制度优势 | 成文规矩多具有"刚性",不成文规矩则大多具有"自我性",如党的七届二中全会确立的"六条规矩" |

(3)《中共党史研究》特色栏目及期刊高被引论文分析

①栏目1:习近平新时代中国特色社会主义思想研究。

该栏目自2019年开设以来到2022年已发表39篇论文,其中被引频次最高的是发表在2020年第4期的论文《论伟大抗疫精神》(曲青山 等,2020),被引55次,属于政治引领。其被"代际"传播了3级,具体如表4-10所示,即由全国支援武汉抗疫的具体数据(邓珍艳 等,2021)→伟大抗疫精神在抗疫不同阶段的具体表现(郑家成,2021)→将伟大民族精神与高校思政课教育有机结合起来(景璐 等,2022)。将伟大抗疫精神上升到民族精神的高度,并融入对学生的思政教学中,很自然地从政治引领的角度过渡到以教育引领为主来贯彻对学生的思政教育。

**表4-10 "习近平新时代中国特色社会主义思想研究"特色栏目高被引论文跟踪**

| 逐级被引内容 | | |
|---|---|---|
| 0级(曲青山 等,2020)→1级(邓珍艳 等,2021) | 1级→2级(郑家成,2021) | 2级→3级(景璐 等,2022) |
| 从2020年1月24日除夕到3月8日,全国共调集346支国家医疗队、4.26万名医务人员和900多名公共卫生人员驰援湖北和武汉市 | 伟大抗疫精神在抗疫不同阶段的具体表现,如在迅疾应对突发疫情、初步遏制疫情蔓延势头阶段,伟大抗疫精神表现为服从命令和主动请缨的全局精神…… | 为了更好地培养高校学生的价值观,激发当代大学生的爱国心,增强其责任感与使命感,还要将伟大民族精神与高校思政课教育有机结合起来,使其融入高校思政课的教学中…… |

②栏目2:地方党史研究。

该栏目从2013年开设以来,到2022年已发表83篇论文,其中被引频次最高的是发表在2013年第4期的论文《土地改革与农村社会转型:以1949年至1952年湖南省攸县为个案》(陈益元 等,2013),被引30次,属于经济引领。其"代际"传播了5级,逐级被引内容如表4-11所示,即在土地革命时期,中国共产党要解决的关键问题是革命如何走入乡村(陈益元,2016)→由中国共产党发起的平均主义土地观在有强烈阶级形态色彩的社会运动中放大(黄家亮 等,2020)→农民专业合作社实行社员的相对平权主义(苏志豪 等,2021)→农村集体经济组织和农民合作社实现有机关联应坚持分类实施(郭晓鸣 等,2022)→实现农民农村共同富裕需要增强乡村发展主体功能与农民合作社的服务功能(李宁 等,2022)。5 级被引内容连起来体现了不同时期中国共产党的政策给农民生活带来的变化,凸现了在政治指导下发挥经济引领的作用。

表 4-11　"地方党史研究"特色栏目高被引论文跟踪

| 逐级被引内容 | | | | |
|---|---|---|---|---|
| 0 级(陈益元 等,2013)→1 级(陈益元,2016) | 1 级→2 级(黄家亮 等,2020) | 2 级→3 级(苏志豪 等,2021) | 3 级→4 级(郭晓鸣 等,2022) | 4 级→5 级(李宁 等,2022) |
| 革命如何走入乡村,是中国共产党乡村政治动员要解决的关键问题 | 平均主义的土地观在革命前的乡村社会中不占主导地位,它更多的是经由土改时期中国共产党发起的……具有强烈阶级形态色彩的社会运动所助推或放大的结果 | 农民专业合作社在"市场产权"观念下实行社员的相对平权主义 | 两类主体实现有机关联应坚持分类实施,强能人地区应采取以"村两委"领办合作社的发展路径,强资产地区应采取构建乡村经济综合体的发展路径,弱资产地区应采取联合体的发展路径 | 实现农民农村共同富裕需要增强乡村发展主体功能与农民合作社的服务功能,农村集体经济组织的乡村发展主体功能与农民合作社的服务功能 |

③期刊被引频次最高论文。

《中共党史研究》2012 年 1 月—2022 年 12 月,被引频次最高的是发表在 2016 年第 9 期的论文《关于文化自信的几个问题》(曲青山,2016),被引 271 次。该文章探讨了"四个自信"中的文化自信,属于政治引领,被"代际"传播了 5 级,逐级被引内容如表 4-12 所示。从每级论文主题及被引内容可知,始终围绕着习近平治国理政思想,涉及中国特色社会主义、中华民族的伟大复兴、以人民为中心以及人民政治,政治引领的主线没变。在"代际引用"中对习近平理政思想做了不同角度的分析。

表 4-12　《中共党史研究》高被引论文跟踪

| 逐级被引内容 | | | | |
|---|---|---|---|---|
| 0 级(曲青山,2016)→1 级(王钰鑫,2017) | 1 级→2 级(李弦 等,2017) | 2 级→3 级(乔耀章,2018) | 3 级→4 级(乔耀章,2020) | 4 级→5 级(崔文奎 等,2021) |
| 不断深化对中国特色社会主义的认识……是中国特色社会主义伟大实践不断推进……不断发展……不断巩固和完善的必然结果 | 习近平治国理政思想是以中华民族伟大复兴中国梦为目标、以坚持和发展中国特色社会主义为主题的具有内在逻辑的科学理论体系 | 以人民为中心、以人民为目的、以人民为动力、为人民担当是报告中始终坚持的基本立场 | 民众、人民"以吏为师",向官员、向干部学习 | 人民政治包含两个维度,即"人"的政治理想和"民"是历史性维度,"人"是马克思主义实现人全面发展的政治理想 |

(4)《党建研究》特色栏目及期刊高被引论文分析

①栏目 1:深入学习贯彻习近平新时代中国特色社会主义思想。

该栏目自 2018 年开设以来到 2022 年已发表 193 篇论文,其中被引频次最高的是发表在 2018 年第 2 期的论文《"两个伟大革命论"是党的重大理论创新》(曲青山,2018),被引 10 次,属于政治引领。在"代际"传播中始终围绕着"两个伟大革命"讨论,政治引领主线没变。逐级被引内容如表 4-13 所示,即伟大社会革命和自我革命对加强党的自身建设,加强和改善党的领导具有十分重要的指导作用(刘希良,2019)→在这场革命中,我们依然要坚持马克思的实践观点(邓锐 等,2021)→马克思的社会革命思想为社会主义现代化建设提供了有益的理论指导(孙全胜,2022)。在逐级传播中突出了在"两个伟大革命"中要坚持马克思主义思想的论点。

**表 4-13　"深入学习贯彻习近平新时代中国特色社会主义思想"特色栏目高被引论文跟踪**

| 逐级被引内容 | | |
| --- | --- | --- |
| 0 级(曲青山,2018)→1 级(刘希良,2019) | 1 级→2 级(邓锐 等,2021) | 2 级→3 级(孙全胜,2022) |
| (伟大社会革命和自我革命)对新时代加强党的自身建设,加强和改善党的领导具有十分重要的指导作用,为我们党跳出历史周期率提供了根本方法和具体路径 | 在这场革命中,我们依然要坚持马克思的实践观点,聚焦社会现实问题,不断地变革不适应生产力发展要求的生产关系,在研究真问题的基础上推动中国现代化的进程,努力把人民的事业推向新的更高的层次 | 归根到底,马克思的社会革命思想中蕴含的现代性批判理念为社会主义现代化建设提供了有益的理论指导。这些思想为当代中国跨越资本主义现代性陷阱,开辟中国特色社会主义现代化道路提供了宝贵的经验 |

②栏目 2:基层党建。

该栏目自 2017 年开设以来到 2022 年已发表 142 篇论文,其中被引频次最高的是发表在 2018 年第 2 期的论文《以基层党建引领基层治理与乡村振兴》(徐晓光,2018),被引 29 次,属于经济引领。在"代际"传播的 3 代中始终围绕着"乡村振兴"这个关键词,党建工作促进经济建设的主线没变。逐级被引内容如表 4-14 所示,即基层党建是基层治理的核心和龙头(朱超宇,2020)→基层党组织可引导农村居民实现农业经济建设长久稳定发展的目标(陈静,2022)→开展的党建工作与乡村振兴具有明显区分(王彩云,2022)。可以看出党建工作的重要任务之一是促进农村经济的发展。

**表 4-14　"基层党建"特色栏目高被引论文跟踪**

| 逐级被引内容 | | |
| --- | --- | --- |
| 0 级(徐晓光,2018)→1 级(朱超宇,2020) | 1 级→2 级(陈静,2022) | 2 级→3 级(王彩云,2022) |
| 基层党建是基层治理的核心和龙头 | 基层党组织可引导农村居民提升运用信息技术的能力,让农民能利用信息技术对经济发展进行有效探索,实现农业经济建设长久稳定发展的目标 | 开展的党建工作与乡村振兴具有明显区分,并且主要归属为两项工作内容,致使乡村振兴战略无法发挥出更好的实施成效 |

③期刊被引频次最高论文。

《党建研究》2012 年 1 月—2022 年 12 月,被引频次最高的是发表在 2017 年第 5 期的论文《把红色资源红色传统红色基因利用好发扬好传承好》(周金堂,2017),被引 108 次。该文章探讨了红色元素的传承,属于文化引领,被"代际"传播了 5 级。每级被引用的内容如表 4-15 所示,内容串联起来为:习近平总书记强调红色文化资源的重要性(渠长根 等,2019)→(学者们)对红色文化价值实现的路径进行了研究(孔令霞 等,2019)→论证红色文化是高校思想政治教育的重要资源(张蓉,2020)→(把红色文化)融入"三全育人"体系(孙礼胜,2020)→(把红色文化)融入"资助育人"的实践(张建勇 等,2022)。0 级母版论文在被"代际引用"传播过程中,由文化引领逐级过渡到教育引领,即把红色文化元素融入具体的教育教学中。

表 4-15　《党建研究》高被引论文跟踪

| 逐级被引内容 | | | | |
|---|---|---|---|---|
| 0 级（周金堂,2017）→1 级（渠长根 等,2019） | 1 级→2 级（孔令霞 等,2019） | 2 级→3 级（张蓉,2020） | 3 级→4 级（孙礼胜,2020） | 4 级→5 级（张建勇 等,2022） |
| 习近平总书记也曾多次强调红色文化资源的重要性 | 对红色文化价值实现的路径进行了研究,但当前提出的一些对策和做法仍存在着碎片化严重、系统性不足的现象 | 论证红色文化是高校思想政治教育的重要资源 | 资助工作应融入"全员、全过程、全方位"育人（"三全育人"）体系中 | 高校资助育人工作,需要探讨红色文化和资助育人的有效相融 |

(5)《学校党建与思想教育》特色栏目及期刊高被引论文分析

①栏目 1:德育论衡。

该栏目自 2013 年开始到 2022 年已发表 864 篇论文,其中被引频次较高的是发表在 2015年第 3 期的论文《大学生文化观现状及树立文化自信研究》(郝桂荣 等,2015),被引 118 次,属于文化引领。逐级被引内容如表 4-16 所示,即大学生通过网络学习受到了不良观念的影响(张欢,2017)→通过建设优质的红色文化载体和平台来培养当代大学生的红色文化自信(衣玉梅,2018)→革命文化的本质内涵和精神内核能激发人们的精神力量(孙晓晖,2020)→建立思想政治教育与课程之间的内在生成性关系(张桂香 等,2021)。可以看出在逐级传播过程中从如何培养大学生的文化自信到把思政教育贯穿到课堂教学,很自然地由文化引领过渡到教育引领,但始终围绕着培养学生文化自信这个主题。

表 4-16　"德育论衡"特色栏目高被引论文跟踪

| 逐级被引内容 | | | |
|---|---|---|---|
| 0 级（郝桂荣 等,2015）→1 级（张欢,2017） | 1 级→2 级（衣玉梅,2018） | 2 级→3 级（孙晓晖,2020） | 3 级→4 级（张桂香 等,2021） |
| 大学生通过网络学习先进文化知识……但是,由于其辨别能力较低、自律意识较差,潜移默化中,受到了不良观念的影响 | 充分利用网络资源优势,调动大学生的学习积极性,并且通过建设优质的红色文化载体和平台来培养当代大学生的红色文化自信 | 革命文化的本质内涵和精神内核,有利于吸引人、感召人、教育人,为激发人们的精神力量提供了支持 | 建立思想政治教育与课程之间的内在生成性关系,创新专业课程话语体系,实现专业授课中知识传授与价值引导的有机统一 |

②栏目 2:党建研究。

该栏目自 2016 年开始到 2022 年已发表 560 篇论文,其中被引频次较高的是发表在 2016

年第 12 期的论文《高校教师党支部书记"双带头人"建设探析》(骆军 等,2016),被引 90 次。该文章属于政治引领,被"代际"传播了 3 级。每级被引内容如表 4-17 所示,总体都在讨论党日活动,即把主题党日活动开展情况纳入党建工作责任制考核(陈华,2018)→常态化开展好主题党日工作(冯晓东 等,2021)→提升党支部组织力和党员先进性的重要载体和有效途径(解雅梦,2021)。在逐级传播中政治引领主线没变。

表 4-17　"党建研究"特色栏目高被引论文跟踪

| 逐级被引内容 | | |
|---|---|---|
| 0 级(骆军 等,2016)→1 级(陈华,2018) | 1 级→2 级(冯晓东 等,2021) | 2 级→3 级(解雅梦,2021) |
| 要加强对高校机关党支部的考核激励,把主题党日活动开展情况纳入党建工作责任制考核,作为评选先进基层党组织和优秀党务工作者的重要依据 | 常态化开展好主题党日工作 | 提升党支部组织力和党员先进性的重要载体和有效途径 |

③期刊被引频次最高论文。

《学校党建与思想教育》2012 年 1 月—2022 年 12 月,被引频次最高的是发表在 2018 年第 1 期的论文《专业教师实践"课程思政"的逻辑及其要领:以理工科课程为例》(余江涛 等,2018),被引 649 次,属于教育引领,被"代际"传播了 4 级,逐级被引内容如表 4-18 所示。纵观逐级论文主题及被引内容可知,重点聚焦在课程思政教育,侧重教育引领,即从理工课程教学重"术"的掌握和运用,人文社科重点在"道"的阐发和弘扬(胡术恒,2020)→目前教学存在知识传授与价值引领割裂的困境(陈理宣 等,2021)→教育的全过程包含的思想、价值、道德、情感体验等内涵(易鹏 等,2022)→对课程思政的研究主要局限在"融入"层面(赵光怀 等,2022)。指出了目前课程思政教学的不足,也探讨了课程思政研究的方向。

表 4-18　《学校党建与思想教育》高被引论文跟踪

| 逐级被引内容 | | | |
|---|---|---|---|
| 0 级(余江涛 等,2018)→1 级(胡术恒,2020) | 1 级→2 级(陈理宣 等,2021) | 2 级→3 级(易鹏 等,2022) | 3 级→4 级(赵光怀 等,2022) |
| 在课堂教学中,理工课程教学重"术"的掌握和运用,人文社科重点在"道"的阐发和弘扬 | 知识传授与价值引领割裂的困境 | 揭示知识产生、课程生成、教学设计与教学过程、学习过程各环节包含的思想、价值、道德、情感体验等内涵 | 对课程思政的研究与探索,目前主要局限在"融入"层面,融入又可分为"外融"和"内生"两种方式 |

通过对典型党史党建类期刊高被引论文"代际引用"的抽样分析可知:不论是特色栏目高被引论文,还是全刊高被引论文,在"代际"传播中都发挥了一定的红色引领作用。它们在逐级传播中,有把宏观的政治理论落实到具体的实践中,使得新时代中国特色社会主义思想获得了渗透、深化和升华;有把政治思想、红色文化元素和伟大的民族精神等落实到具体的教育教学中,使得对学生的精神重塑和价值培育"润物细无声"地融入课堂教学中;有把不同时期中国共产党对农民的政策与农民生活变化结合起来,凸显了在政治指导下发挥经济引领的作用。

被抽样的高被引论文在"代际引用"传播过程中,有的一直保持政治引领、教育引领的主线不变;有的在传递过程中出现了两种引领叠加,然后由政治引领过渡到以教育引领为主,或由政治引领过渡到以经济引领为主,或由文化引领过渡到以教育引领为主。其实两种或多种引领交织是正常现象,因经济、文化、教育、伦理引领都需要政治做指导,而经济、文化、教育、伦理之间又存在千丝万缕的关系,因此,有时不能说某个文献就是什么引领类型,而是说它更偏重为哪个引领类型。

**5. 主题词视角下典型党史党建期刊红色引领特色分析**

图 4-16 呈现的是各抽样期刊 2012 年 1 月—2022 年 12 月排名前 5 位的主题词及其占比(主题词出现的篇数与期刊总篇数的比值)。该累积柱状图不仅表现了每个主题词的占比,而且还体现了 5 个主题词的总占比。《求是》《中共中央党校学报》《中共党史研究》《党建研究》《学校党建与思想教育》排名前 5 的主题词叠加占比分别为 28.8%、10.2%、14.9%、8.2% 和 19.3%,从这些数值可以看出,这些主题词起着举足轻重的作用,在一定程度上可反映期刊的特点。

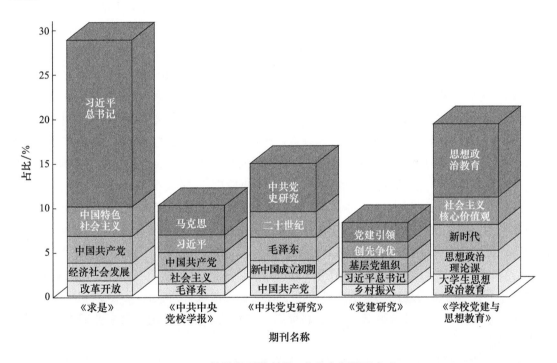

图 4-16　抽样期刊排名前 5 位的主题词及占比

《求是》作为中国共产党中央委员会主办的机关刊物,是中共中央指导全党全国全军的重要思想载体,是宣传习近平治国理政思想的重要窗口。因此,"习近平总书记"作为主题词出现的频次最高,达到了 18.7%,而居于后四位的主题词依次为"中国特色社会主义""中国共产党""经济社会发展"和"改革开放",它们也是新时代中国关注的重要话题。这些主题词虽然在检索时已剔除了词间相互具有包含关系的论文数量,但还是体现了习近平治国理政思想的重要内容,从而反映了《求是》关注中国发展实际,彰显理论权威的办刊理念。

在《中共中央党校学报》中,排名前 5 位的主题词依次是"马克思""习近平""中国共产党""社会主义"和"毛泽东",从图 4-16 可看出,每节柱状图高度相差不大,表明期刊论文中出现这 5 个主题词的篇数接近,也一定程度反映了该刊的办刊宗旨,即以习近平新时代中国特色社会主义思想为指导,立足推进马克思主义理论和国家治理现代化研究等。另外,这 5 个主题词叠加占比在 5 个抽样期刊中排名第 4,说明《中共中央党校学报》作为党校学报主题多元化,不仅传播习近平新时代中国特色社会主义思想,还要研究马克思主义理论、毛泽东思想等,构建中国特色、中国风格、中国气派的学科体系、学术体系、话语体系,为繁荣发展中国特色社会主义哲学社会科学而发挥其重要作用。

在《中共党史研究》中,主题词"中共党史研究"被引频次最高。其后的 4 个主题词中两个和时间有关,分别为"二十世纪""新中国成立初期",前者在时间维度上主要是指中国共产党成立以后领导中国人民革命的战争年代(1921—1949 年),后者主要是指作为刚刚执政的中国共产党带领人民跨入新中国的那段历史。另外,两个主题词则体现了中国革命和社会主义建设进程中的领导核心与重要领导人物,分别是"中国共产党"和"毛泽东"。这些主题词体现了《中共党史研究》作为中共中央党史研究室主办的机关刊物追溯党史、研究党史的办刊特色,也体现了该刊"以史鉴今,资政育人"、总结党的历史经验、为党和国家工作大局服务的办刊宗旨。

在《党建研究》中,主题词"党建引领"占比居于之首,体现《党建研究》作为中共中央组织部主管的唯一公开发行的党刊,承担着"全面正确地宣传党的基本理论、基本路线、基本纲领和基本经验,宣传党的建设的基本原理,特别是新时期执政党建设的理论;宣传党中央关于党的建设的方针政策"的重任。其后的 4 个主题词依次是"创先争优""基层党组织""习近平总书记""乡村振兴",表明该刊在坚持习近平治国理政思想的基础上,大力宣传基层党组织在推进乡村振兴中的先进模范作用的办刊思路。该刊 5 个主题词叠加占比在 5 个抽样期刊中排名最后,说明该刊虽然以研究党建为主,但话题多源,辐射面也较广。

在《学校党建与思想教育》中,主题词"思想政治教育"占比为 8.2％,居于之首,且与其他 4 个主题词相比领先明显,体现该刊作为全国教育系统的唯一党建期刊以探索创新学校党建和思想政治教育理论和实践的宗旨。其后的 4 个主题词分别为"社会主义核心价值观""新时代""思想政治理论课""大学生思想政治教育",体现了期刊突出反映把新时代社会主义核心价值观贯穿于学校思想政治理论课教学和对大学生的思想政治教育研究。另外,该刊主题词叠加占比在 5 个抽样期刊中排名第二,表明期刊聚焦学校党建和思想政治教育事业的发展与繁荣的办刊理念。

通过对抽样期刊间的定量比较分析、对抽样期刊高被引论文"代际"传播过程中的引证文献和引文内容的跟踪分析,以及对抽样期刊主要主题词分布情况调查分析可知:5 种抽样期刊作为党史党建类的重要刊物在期刊布局、总体策划方面都始终围绕着自己的办刊宗旨,凸显了各自的特色。《求是》紧扣新时代习近平总书记的理论思想,发挥了党在思想理论战线上的重要阵地作用,并彰显了理论权威性。《中共中央党校学报》作为权威党校学报,不仅宣传习近平治国理政思想,还反映学科建设,以促进中国特色社会主义哲学社会科学的繁荣与发展。《中共党史研究》突出了党史研究,发挥了"以史鉴今,资政育人"的作用。《党建研究》在宣传各级党建工作中发挥了重要作用。《学校党建与思想教育》以学校党建和思想政治理论研究为主线,凸显了其反映教育战线上的党建和思政工作的特色。研究结果表明:5 种典型党史党建类期刊在对社会主义核心价值观、对当前相关政策法律法规、对思想政治教育等方面中发挥了重要的红色引领作用。它们以新时代习近平治国理政思想为核心,从不同维度、不同层次辐射下去,为宣传和研究马克思列宁主义、毛泽东思想、邓小平理论、"三个代表"重要思想、科学发展观,尤其是习近平新时代中国特色社会主义思想,起到了正向的舆论宣传和重要指导作用。从另一角度也表明了研究典型党史党建期刊的办刊特色可为广大期刊在持续推进红色引领方面提供借鉴和促进作用,彰显了红色思想和红色文化落地到新时代期刊出版领域的必要性。

## 4.3　以内部资料性出版物为代表的中国特色出版物的探讨

### 4.3.1　内部资料性出版物概述

#### 1. 内涵及特性

根据国家 2015 年出台的《内部资料性出版物管理办法》,规定内部资料性出版物(简称内部资料)是指在本行业、本系统和本单位内部用于指导工作、交流信息的非卖性单本成册或连续性折页、散页印刷品,不包括机关公文性的简报等信息资料。内部资料性出版物分为一次性内部资料和连续性内部资料。申请一次性内部资料,应当提交申请书和稿件清样。申请连续性内部资料必须经过新闻出版部门审批后,按一定时间规律连续出版并在组织内部免费交流。内部资料是典型的、具有中国特色的出版物(王首程,2012)。

国家对内部资料性出版物的界定确定了它作为内部资料的属性,这是它区别于公开期刊的重要特征;另外,也表明了它的不能公开发行、不具备盈利的特性。同时,内部资料也具有许多公开报刊不可替代的优势:首先,具有较强的针对性。内部资料是行业内部用于交流、学习和传播文化知识的媒介,刊载的内容反映了行业内部的工作、文化,可以说是行业内部的"小喇叭"。其次,接地气。内部资料具有新闻报道的属性,会报道身边事、写身边人,这些是员工们乐意知晓的信息,同时也表明了它时效性强。最后,具有一定的专业性。内部资料主要登载的是系统、行业内的工作内容和学术成果,有一定倾向性和专业性,受众者主要是行业内部工作人员。

#### 2. 历史沿革

内部资料是极具中国特色的文化产品。随着社会的发展,人们对书报刊的传播功能有了一定认识,一些行业为了方便宣传和指导本系统的工作,有迫切的办刊需求。但报纸、期刊等作为党和人民的喉舌,有严格的审批制度,要新办一份公开发行的报刊极不容易。为了缓解供需矛盾,出现了由省级新闻出版行政部门审批的可在一定范围内交流的内部资料。

内部资料也经历了一个发展过程,大致分为三个阶段,即从非正式出版物到内部报刊,再到内部资料性出版物。第一阶段可追溯到 1987 年 5 月,当时,国家新闻出版总署颁布《关于报纸、期刊和出版社重新登记注册通知》,对当时的报纸、期刊按一定要求进行了重新登记,对正式与非正式出版物的身份进行了识别,其中非正式出版物就是内部资料最初的形态。

第二阶段起始时间为 1990 年 5 月,即原国家新闻出版总署发布的《内部报刊管理原则》,该管理原则将非正式报刊定义为内部报刊,并对其经济特点进行了改变,要求可以收取人工费用,但是禁止营利。1990 年 12 月,原国家新闻出版署发布的《报刊管理暂行规定》,对期刊和报纸又进行了区分,明确出版物有正式、非正式两种。1994 年 7 月,中宣部等四部委发布《关于加强内部报刊管理的通知》,内部报刊是指持"准印证",在本系统、本行业、本单位内用于指导工作、交流经验、交换信息的非商品性连续出版物(登记的标志是不带有"国内统一刊号 CN××— —××××",而只标明内部报刊准印证号)。出版内部报刊应严格遵守新闻出版署《内部报刊管理原则》的各项规定,有关部门特别是领导同志,应高度认识改革开放形势下内外不分的危害,切实加强对内部报刊的管理。新闻出版单位不得刊播内部报刊出版的消息、广告,不得刊登和播发内部报刊组织公开社会活动的消息,不得转载、播发内部报刊的消息、文章。

第三阶段为 1996 年 12 月,中共中央办公厅、国务院办公厅颁布《关于加强新闻出版广播电视业管理通知》,该通知指出,要重点转化内部报刊,压缩待业报刊。将现有的部分内部报刊,改成在本系统、本单位指导工作、交流信息的内部资料,不再列入报刊系列,并不得营利,不得刊登广告。现有质量高、社会效益好的内部报刊,经审查,可批准一部分改为国内改造或省内改造的报刊。1997 年 3 月,为了规范管理,原国家新闻出版总署颁布《关于报业治理工作的通知》《关于期刊业治理工作的通知》,也将内部报刊定义为内部资料,禁止将其列入全国期刊管理体系,而将其纳入机关文件资料管理体系中,其出版、管理等都需要根据印刷管理规定进行监管。1997 年 12 月,原国家新闻出版总署发布《内部资料性出版物管理办法》,明确内部资料性出版物严格限定在本系统、本行业、本单位内交流,不得收取任何费用,不得刊登广告,不得在社会上征订发行,不得传播到境外,不得拉赞助或搞有偿经营性活动,不得用《准印证》出版其他出版物,不得与外单位以"协办"之类形式进行印刷发行等。该管理办法于 2015 年由原国家新闻出版广电总局对其进行重新修订,定义内部资料性出版物,是指在本行业、本系统、本单位内部,用于指导工作、交流信息的非卖性单本成册或连续性折页、散页印刷品,不包括机关公文性的简报等信息资料。该办法施行至今,已近 10 年。

2012 年 7 月 30 日,原新闻出版总署印发的《关于报刊编辑部体制改革的实施办法》明确指出:"社会团体、事业单位和国有企业主管主办的用于指导工作、面向本系统发行的报刊,一律改为内部资料性出版物,仅限于在本部门本系统内部交流,不得征订发行,不得刊登广告,不得拉赞助和开展经营性活动。""对于科研部门主要承担专业学术领域工作指导、情况交流任务的期刊和高等学校校报,一律改为内部资料性出版物。"

### 3. 价值与作用

国内内部资料数量超过公开出版文献数量几倍甚至十几倍(王振团,2005),它是公开出版物的有力补充,是对大众媒体的细化和深化,并成为人们获取信息的重要途径,对经济建设和文化建设起到重要作用。另外,内部资料的学术价值是不容小觑的,尽管许多人认为内部资料大多缺乏评审透明度,也缺乏关于出版物是否经过同行评审以及以何种方式进行评审的细节,通常被认为不如发表在公开期刊和书籍上的文章等可信(Macdonald et al.,2016)。事实上,许多内部书刊也有严格的规范,就像公开书刊一样。Lawrence(2017)的调查显示,有三分之一以上的内部期刊进行了内部审查,或使用了咨询小组,或进行了同行评审。因此,不应该忽视一些有价值的内部期刊,特别在新时代,更要借助融媒体技术发挥内部资料的正向作用,科学合理地开发和传播内部资料,这对行业建设与发展具有积极意义,对于知识的传承具有重要价值。内部资料的价值与作用主要表现在以下三个方面。

(1)宣传和组织管理的媒介

内部资料出版物是一个行业内部的宣传性资料,利用它能够用专业的知识与理论来指导行业工作,能够营造一种使员工精神愉快、关系和谐的工作氛围。它在内部员工之间流传,能够渗透行业内部文化,能够增强内部员工的向心力与凝聚力,对行业文化的塑造发挥着重要作用。

一般企业、政府部门主办的内部资料刊登的多为会议、文件、领导讲话、重大决策和规章制度等,对组织和管理行业、部门起到重要的工具作用。高校、科研院所等主办的内部资料主要反映本校的学术、科研成果,具有较强的学术性。

(2)文献和档案的功能

内部资料是行业内部出品的文献资料,凝聚了专业人士的知识和智慧,具有专业性和针对性,也具有一定的传播和分享价值。很多内部资料如实记录行业日常生产生活,可以说是日常生活的"大事记",具有重要的文献功能和档案价值。比如,南京中共党史学会主办的内部资料《南京党史》在 1998 年第 5 期首发了江泽民同志撰写的文章《忆厉恩虞同志》。该文 2006 年 8 月收入人民出版社出版的《江泽民文选》第二卷。Clampitt 等(1986)研究认为,内部资料是信息沟通的书面形式,纸质材料是永久保存档案的一种方式。Riley(1992)表示,有些内部资料办刊持续时间长,它们能够成为历史学家研究企业沟通的有价值的资料来源。

(3)意识形态的宣传窗口

内部资料同公开报刊一样,也发挥着党和国家喉舌的作用,因此,必须坚持新时代习近平中国特色社会主义思想,坚持先进文化前进方向,为实现中华民族伟大复兴承担起提供精神动力、智力支持、思想保证和舆论环境的重要职能。内部资料的导向问题关系到改革发展稳定大局,关系到社会主义新闻出版业繁荣发展,关系到不同层次组织的精神文化建设,关系到广大组织成员的基本文化权益(蔡健,2015b)。2017 年 7 月,国家新闻出版广电总局发布《关于加强内部资料性出版物管理的通知》指出,内部资料具有发展的自发性、形式的多样性、安全问题的隐蔽性和管理的两难性等特点,其管理工作事关印刷发行领域意识形态安全和文化安全,责任重大、任务艰巨。

### 4.3.2　内部资料性出版物研究概况

截至 2023 年 10 月,在中国知网期刊数据库中,以"篇名＝内部资料"作为检索词,共检索出 202 篇文献,剔除公告、通知、报道、公文、检索目录等非学术论文,剩下有效论文 108 篇;以"篇名＝内刊"作为检索词,共检索出 616 篇文献,筛选出有效文献 202 篇。可见,国内学术界对于内部资料的相关研究偏少。追踪文献题目的变化,可以了解内部资料的变迁。文章题目中最早出现内部资料字眼可追溯到 1958 年(郝燕飞,1958),这里所指的内部资料包括图表、讲义、蓝图、译稿、档案、学位论文、经验报告等不公开发行的资料。文章题目中最早出现"内部资料性出版物"的字眼是在2001年,这与新闻出版署1997年第10号令发布的《内部资料性出版物管理办法》有关。而"内刊"作为"内部资料性出版物"的简称从1983年起就默认为合理形式存在于文章题目中。梳理这些文献研究的内容,可分为以下几类。

**1. 对内部资料价值的研究**

朱琳(2020)指出:在突发公共卫生事件中,卫生健康系统内刊突破发展瓶颈,凭借独特的行业优势,在组织动员和形成系统内认同等方面发挥积极作用,将科普指引及时传递给基层,在全系统形成科学共识,为抗"疫"精神认同建构提供保障。白莹(2022)以长江日报报业集团内刊平台的武汉战"疫"实践为例,指出特殊时期的党媒内刊,承担着"让记录历史者被记录、让鼓舞人心者被鼓舞"的特殊使命,总结疫情防控武汉保卫战中《长江报人》内刊平台的工作理念、工作举措、工作成效,不仅具备新闻史学的样本意义,更能从组织传播角度考察平台介质融合的能量裂变,为全媒体化报业深融转型提供典型"切片"。贺翠卿等(2001)指出:内部资料性出版物上发表的一些具有交流价值的论文或信息,是档案中成果性文件的加工品,它的内容十分详尽、具体、真实,具有很强的技术性和记录性,其内容接近于科技档案;内部资料性出版物作为记录知识的一种载体,对人类知识的继承和发展起着重要的作用,也是人们获取知识的一种重要途径。黄丽雯(2016)从档案学视角讨论了内部资料的收藏价值,因内部资料具有信息量大、专业性强、参考价值高的特点,具有较高的管理与利用价值。对于党政机关,内部资料是其对下传达思想方针、落实政策纲领,对上反映民声、建言献策的重要媒介;对于科研院所,内部资料是其研究过程的记录和研究成果的载体,对于后续的科研工作也具有十分重要的参考价值。杨洁(2022)梳理了太行革命根据地党委机关内刊《战斗》的编撰机构出版沿革以及创刊号刊行影响,指出《战斗》创刊号成为根据地创建并得到初步巩固的永恒纪念标记。

**2. 对内部资料的困境、存在的问题和规范管理的研究**

刘山青(2019)讨论了高校内刊学报办刊的困境,并提出加强管理机制、建立完善的编辑队伍等策略。林少珍(2003)探究了广东省连续性内部资料的现状与管理对策,即签订责任保证书制度、建立内部资料的准入机制和淘汰机制、建立日常监督管理机制、完善行政管理体系等举措。蔡健(2015a)以江苏省为例对连续性内部资料性出版物规制进行了系统研究,并指出:连续性内部资料性出版物规制创新必须融入深化改革的伟大实践,始终坚持理论创新与规制创新相融合、市场作用与政府作用相结合、放松规制与强化规制相配合的基本路径。张学文等(2014)讨论了成都市内部资料印刷管理的问题,即管理规定的权威受到挑战;另外,在内部资料事前把关、审批效果以及内部资料鉴定方面也存在问题。提出加大出版、印刷法规宣传力度和频度,坚持和完善监管长效机制以及畅通举报渠道等举措。

**3. 对如何提高内部资料办刊质量及发展路径的探讨**

安莹(2015)讨论了做好新时期人大内部资料性出版物编辑工作的思考,提出除了找准定位、了解需求以外,必须在服务的深度上狠下功夫。另外,要积极培育优质稿源,提高编辑自身素质,并注重内容与形式的有机结合。仲淑秋(2020)经调研提出要提升内刊学报重视度、革新奖励机制、实现栏目设置特色化、加强作者队伍和编辑队伍建设等举措。陈霞(2021)通过分析内部资料出版物质量评估体系建设面临的挑战,探究出版物质量评估与规范发展路径。王东(2022)以《高校思想政治工作》内刊为例,介绍了杂志在资源整合、办刊定位、传播方式以及角色拓展等方面的探索,试图为思政教育内刊转型突破提供一定的借鉴与参考。张彦等(2021)以宁波图书馆《天一文简》为例,阐述新媒体的内涵特征及在图书馆服务中的普遍应用,并提出馆办内刊的四点发展策略,即纸质版与数字化内刊应共存并行;内刊数字化的再设计、再加工;多措并举拓宽宣传渠道;提升全民阅读素养。李睿等(2021)探讨农业企业内刊的重要作用及发展路径,指出农业企业的内刊兼具服务企业与助推农业农村现代化的双重使命,其发展路径为:加强内刊编辑队伍建设;完善编辑部管理体制;挖掘深度报道引导舆论;加强内刊的电子化和网络化。秦萍(2023)探讨了如何做一名合格的企业内刊编辑,指出企业内刊编辑,在任何时候都要坚持"政治家办报"原则,同时要树立精品意识,发扬工匠精神,不断提升内刊品质,传播企业文化、服务企业发展、记录企业成长,为企业发展凝心聚力。

**4. 对内部资料数字化建设及版权保护方面的探讨**

专门探讨内部资料数据库建设的文献在中国知网数据库中仅发现一篇,即王振团(2005)谈到北京世新华文数码科技发展中心与国家图书馆合作建设《中文内部资料论文索引》数据库的有关情况。这说明国内还不十分重视内部资料数据库的建设。王首程(2012)讨论了建立内部资料网站的重要性,不仅便于员工自主选择阅读内容,还便于内部交流。李笑一(2017)探讨了融媒体时代企业内刊的创新发展,就企业内刊如何在融媒体时代中利用新型平台促进创新发展提出了建议,即要思维创新,突出内刊特色;要技术创新,增强核心竞争力;要形式创新,营造良好的发展环境。王晗(2020)提出,在融媒体时代,内部资料通过"融故事""融形式""融传播""融制作"这几个方面来提升自身的传播力、引导力、影响力、公信力,并探索融媒体背景下内部资料的转型发展路径。在涉足内部资料版权保护方面的研究也不多,仅发现一篇,即潘文佳等(2022)从当前图书馆行业内刊版权保护的困境着手,构建了基于区块链技术的图书馆行业内刊版权保护模式,阐述了其契合性、逻辑性以及对事业远景发展的思考,以期为图书馆行业内刊版权保护提供新方案。

国外也有内部资料,他们所指的内部资料其英文表达一般为"greyliterature"或"grayliterature",即"灰色文献",与我国内部资料在概念上有相同之处,也是用于内部交流的资料。不同之处是国外"灰色文献"不需要注册登记和行政审批,主办机构的自由度和自主权较大,发行等与公开期刊享有相同的权利(Woods et al.,2020)。国外对"灰色文献"研究较早,可追溯到1920年(蔡健,2015c)。国外对"灰色文献"研究可分为以下几个方向。

①对内部资料的功能、价值以及存在的问题讨论。如Griffiths(1995)界定内部资料是一种文化产品,可以传递组织文化,并感知组织者的变化;Phillips(2008)认为,内刊的功能是培育企业精神、忠诚、自豪感以及提高企业工作效率;Lawrence(2017)通过对澳大利亚内部文献的调研指出,在数字时代内部文献大量涌现,成为影响公众辩论的关键工具,成为公共政策和实践的证据基础,但它作为一种学术资源形式常常被忽视;Clampitt等(1986)认为,企业内刊刊载的内容还有许多缺陷,随着互联网的兴起,研究者应对灰色文献重新定位。②对内部资料未来的发展预测。Marcus(2006)认为,随着学术文献在网上"开放获取"的推进,灰色文学与非灰色文学的区别将最

终消失。③对内部资料数据库建设及检索方面的研究。荷兰的 Farace 等(2005)开发了一个名叫 AccessGrey 项目,专门用于对灰色文献的开放访问。英国帝国理工学院在新冠肺炎大流行期间意识到灰色文献的重要性,开发了一个依靠标识符(DOIs 和 ORCIDs)和度量(索引、引用和 Altmetric 覆盖)的发布模型(Price et al.,2020);Godin 等(2015)讨论了改善获取灰色文献的途径,即建立灰色文献数据库、定制的谷歌搜索引擎、建立目标网站和咨询联系人。④对内部资料被引用情况的调查。Stephen 等(2020)调查了灰色文献在 6 种顶级护理期刊中的引用率和类型。调查结果发现,灰色文献在 6 种顶级护理期刊被引用率占 10.4%。

### 4.3.3 以融媒体技术为主线的新时代内部资料性出版物发展现状调查

纵观已有的研究成果,很少有学者从内部资料办刊人员的视角了解内部资料的现状和洞悉未来的发展;特别是进入融媒体时代后,信息传递呈现多元化,受众筛选信息更具有自主性,也为内部资料的发展带来了重要的契机。在这样的形势下,只有及时了解当下内部资料的现状以及办刊人的认知,才能为融媒体时代内部资料的转型发展提出有效举措。基于此,本研究开展了对内部资料工作人员在办刊中的困惑和从业心理方面的调查研究,并在问卷里嵌入融媒体技术相关元素调查内部资料工作人员对新技术的看法,并为内部资料的未来发展提出建议。

**1. 研究设计**

(1)问卷设计及研究方法

通过文献调研并结合内部资料自身的特点编制问卷,其题目采用选择题形式。问卷分四大版块:即对内部资料工作人员及内部资料的基本情况调查(共 7 题);对内部资料现状看法调查(共 6 题);对内部资料未来发展看法调查(共 4 题);内部资料工作人员对其工作环境和职业看法调查(共 4 题)。后 3 部分选题采用李克特 5 级量表规则设计,其选题答案能体现被调查者所表达的态度倾向有积极和消极两方面,比如分别以非常满意、满意、一般、不满意和很不满意等相似语句作为选项,并依次赋值为 1、2、3、4、5 分。对自制的李克特量表进行可靠性分析,其克朗巴哈系数(Cronbach's α)为 0.711,表明该量表具有相当的信度,可以采用。

研究方法主要采用描述性统计分析法、相关分析法、单因子方差分析法和比较法。

(2)数据的来源与实施

调查对象为内部资料相关工作人员,主要由全国民办高校学报、职业院校学报以及浙江省部分内部资料的工作人员构成。问卷分发主要通过微信和 QQ 群推送,推送群主要有宁波市内部资料出版物群、全国民办高校学报群、全国职业院校学报群,最终收到有效问卷 200 份,将问卷数据进行初级整理后,最终将整理后的数据录入 SPSS 软件进行分析。

(3)样本的特征描述

由表 4-19、表 4-20 可知,调查对象主要为企事业单位主办的内部资料办刊人员,年龄结构呈现老龄化,45 岁以上人群占比为 44%;学历集中在本科和硕士研究生,硕士研究生学历的人员最多,占到 58%,而博士研究生人数为 0;职称集中在中级和副高,分别为 40% 和 36%,而初级和正高工作人员较少,各为 12%;性别比例分布基本均衡,男女各为 48% 和 52%。被调查的内部资料主办单位主要为事业单位和企业单位,各为 50％和 46％,政府部门办刊较少,仅有 4％;被调查的内部资料办刊时间大部分超过 10 年,主要集中在 11～20 年,占比达到 63％;被调查的内部资料电子版仅有 8％上传《中国知网》等数据库平台。

表 4-19　调查对象的基本信息

| 类别 | | 人数/人 | 百分比/% | | 类别 | 人数/人 | 百分比/% |
|---|---|---|---|---|---|---|---|
| 年龄 | 25 岁以下 | 4 | 2.0 | 文化程度 | 本科以下 | 8 | 4.0 |
| | 25～35 岁 | 32 | 16.0 | | 本科 | 76 | 38.0 |
| | 36～45 岁 | 76 | 38.0 | | 硕士 | 116 | 58.0 |
| | 45 岁以上 | 88 | 44.0 | | 博士 | 0 | 0 |
| 性别 | 男 | 96 | 48.0 | 职称 | 初级 | 24 | 12.0 |
| | | | | | 中级 | 80 | 40.0 |
| | 女 | 104 | 52.0 | | 副高 | 72 | 36.0 |
| | | | | | 正高 | 24 | 12.0 |

表 4-20　内部资料的基本信息

| 类别 | | 数量/个 | 百分比/% | | 类别 | 数量/个 | 百分比/% |
|---|---|---|---|---|---|---|---|
| 主办单位 | 事业单位 | 100 | 50.0 | 办刊时间 | 5 年以下 | 10 | 5.0 |
| | 企业单位 | 92 | 46.0 | | 5～10 年 | 38 | 19.0 |
| | 政府部门 | 8 | 4.0 | | 11～15 年 | 71 | 35.5 |
| 收录数据库情况 | 已收录 | 16 | 8.0 | | 16～20 年 | 55 | 27.5 |
| | 没收录 | 184 | 92.0 | | 20 年以上 | 26 | 13.0 |

**2. 调查结果与分析**

(1)李克特量表总体分析

采用描述性分析法对采用李克特量表设计的选题进行总体分析,主要求出各选题得分的平均值,并展示各选题的最大值、最小值和标准差。把量表中的平均值与李克特量表赋值标准对照,可了解全体被调查对象对各个选题的态度倾向,对于分析内部资料现状和未来发展有一定指导作用。

表 4-21 呈现的是“对‘内部资料’现状看法”版块的统计结果。选题 1 的平均值为 2.02,可知被调查的内部期刊工作者(简称被调查者)对该问题的回答为同意,表明他们认为期刊是否有刊号对办刊质量好坏有重要影响;选题 2 的平均值为 1.98,表明在稿源不足时,被调查者有焦虑的心理;选题 3 的平均值为 2.24,表明面对质量一般或较差的投稿,被调查者的态度更倾向于失望;选题 4 的平均值为 1.78,表明被调查者对重复率较高的稿件是很在意的;选题 5 的平均值为 2.66,表明被调查者作为内部资料的工作人员不被重视还是有点小自卑;选题 6 的平均值为 2.20,表明被调查者因主办的是内部资料而影响职称晋升,大部分人心情是沮丧的。

表 4-21 "对'内部资料'现状看法"版块的调查数据统计

| 名称 | 样本量/个 | 最小值 | 最大值 | 平均值 | 标准差 |
|---|---|---|---|---|---|
| 1. 您同意有无公开刊号是影响办刊质量的重要因素这种说法吗? | 200 | 1 | 4 | 2.02 | 0.958 |
| 2. 当"内部资料"存在稿源不足的情况时,您是否焦虑? | 200 | 1 | 4 | 1.98 | 0.795 |
| 3. 面对本刊投稿质量一般或较差,您是否失望? | 200 | 1 | 4 | 2.24 | 0.771 |
| 4. 对本刊发表重复率较高的文章,您是否很在意? | 200 | 1 | 3 | 1.78 | 0.616 |
| 5. 您作为内部资料的工作人员不被重视是否感到自卑? | 200 | 1 | 4 | 2.66 | 0.917 |
| 6. 因主办的是内部资料而影响您的职称晋升,您是否很沮丧? | 200 | 1 | 4 | 2.20 | 0.857 |

表 4-22 呈现的是"对'内部资料'未来发展看法"版块的统计结果。选题 1 的平均值为 1.94,表明被调查者认为内部资料有必要借助于融媒体技术进行传播。选题 2 的平均值为 2.76,表明被调查者对该问题的态度倾向于中立稍偏向同意,即对于"随着学术文献在网上'开放获取'的推进,公开出版物与内部资料的区别将消失"的选题,总体成"强中立+弱同意"的态度,即大部分人不同意也不反对,少数人同意。选题 3 的平均值为 2.34,表明被调查者态度在中立与有信心之间,更倾向于有信心面对本刊的编辑规范和学术不端等问题。选题 4 的平均值为 2.04,可知被调查者对该问题持坚持的态度,表明当内部资料在实现多元化传播中遇到挫折时,内部期刊人不会被吓倒,会坚持到底。

表 4-22 "对'内部资料'未来发展看法"版块的调查数据统计

| 名称 | 样本量/个 | 最小值 | 最大值 | 平均值 | 标准差 |
|---|---|---|---|---|---|
| 1. 您认为内部资料有必要借助于融媒体技术进行传播吗? | 200 | 1 | 4 | 1.94 | 0.978 |
| 2. 有人预测随着学术文献在网上"开放获取"的推进,公开出版物与内部资料的区别将消失,您同意该观点吗? | 200 | 1 | 4 | 2.76 | 1.098 |
| 3. 在内部资料多元化传播中,其编辑规范、版权以及学术不端等问题必然会引起重视,您有信心面对该问题吗? | 200 | 1 | 4 | 2.34 | 0.872 |
| 4. 内部资料实现多元化传播要经历一个曲折过程,您会坚持吗? | 200 | 1 | 4 | 2.04 | 0.605 |

表 4-23 呈现的是"对工作环境和职业看法"版块的统计结果。选题 1 的平均值为 2.34,表明被调查者对自己的工作岗位更倾向于满意。选题 2 的平均值为 2.76,表明被调查者认为自己目前的薪资趋于一般水平。选题 3 的平均值为 2.44,表明被调查者对自己的工作环境的态度持一般且稍偏向满意。选题 4 的平均值为 1.92,表明被调查者在乎自己对本刊贡献的大小。

表 4-23　"对工作环境和职业看法"版块的调查数据统计

| 名称 | 样本量/个 | 最小值 | 最大值 | 平均值 | 标准差 |
|---|---|---|---|---|---|
| 1. 您对自己的工作岗位是否满意？ | 200 | 1 | 4 | 2.34 | 0.626 |
| 2. 您对自己目前的薪资水平是否满意？ | 200 | 2 | 5 | 2.76 | 0.687 |
| 3. 您对单位提供的工作环境（包括设施、工具）是否满意？ | 200 | 1 | 4 | 2.44 | 0.577 |
| 4. 您在乎自己对本刊贡献的大小吗？ | 200 | 1 | 4 | 1.92 | 0.566 |

（2）典型因素对内部资料被调查问题的影响分析

①学历。

表 4-24 呈现的是学历与"对'内部资料'现状看法"版块调查问题影响关系的分析数据，可以看出，随着学历的增加，各选题分数均呈现降低趋势。结合李克特 5 级量表判定标准可推出选题 1 数据背后暗含的谜底，即学历越高的被调查者越同意有无公开刊号是影响办刊质量这一说法。由选题 2 数据可知，当内部资料稿源不足时，学历越高的被调查者表现得越焦虑，但被调查者态度总体都在焦虑的范畴，只是程度不同而已。由选题 3 数据可知，在面对投稿质量一般或较差情况时，学历越高的人越失望，本科以下的被调查者得分为 3.5，持有中立且稍偏向不失望的态度。选题 4 各数据接近，都表现为在意重复率较高的来稿，只是学历高的被调查者反应更强烈一些。选题 5 的数据呈现出一定阶梯，对于内部资料出版物不被重视是否自卑的问题，本科以下学历的被调查者态度介于一般与不自卑之间，本科学历被调查者略有一点自卑，而硕士研究生学历被调查者则表现出自卑。选题 6 的数据显示因主办的是内部资料而影响职称晋升，本科以下学历的被调查者态度中立，本科学历被调查者的态度介于中立与沮丧之间，但更偏向中立，而硕士研究生学历被调查者表现出完全的沮丧。对以上这几个问题的回答，本科以下学历的被调查者表现得较为不同。由目前高校等单位的进入标准可推知，本科以下内部资料工作人员一般是较早进单位、现在年龄普遍偏大的工作人员，他们对内部资料的现状和存在的问题已司空见惯，有较大承受力。

表 4-24　学历与"对'内部资料'现状看法"版块被调查问题关联数据统计

| 统计类别 | | 题项得分/分 | | | | | |
|---|---|---|---|---|---|---|---|
| | | 选题 1 | 选题 2 | 选题 3 | 选题 4 | 选题 5 | 选题 6 |
| 不同学历 | 本科以下 | 3 | 2.50 | 3.50 | 2.00 | 3.50 | 3.00 |
| | 本科 | 2.21 | 2.05 | 2.21 | 1.84 | 3.21 | 2.68 |
| | 硕士 | 1.83 | 1.90 | 2.17 | 1.72 | 2.24 | 1.83 |
| 相关性 | 相关系数($r$) | −0.277 | −0.153 | −0.205 | −0.118 | −0.531** | −0.510** |
| | 显著性（双侧） | 0.051 | 0.287 | 0.154 | 0.415 | 0.000 | 0.000 |
| ANOVA（方差） | $F$ | 2.097 | 0.657 | 3.028 | 0.334 | 9.939 | 8.737 |
| | $P$ | 0.134 | 0.523 | 0.058 | 0.718 | 0.000 | 0.001 |

注：**在 0.01 水平（双侧）上显著相关；*在 0.05 水平（双侧）上显著相关；$P<0.05$ 存在的差异显著

表 4-24 还显示学历与选题 5($r=-0.531$)和选题 6($r=-0.510$)有适中的负相关性,即学历越高的人,得分越低,进一步验证了前面的分析。为了多方位检测统计数据的可靠性,对该版块还做了单因子方差分析,以学历为因子,以选题为因变量,首先作方差的同质性检验,$P$ 大于 0.001,可判断本组选题作单因子方差分析的有效性。由表 4-24 可知,选题 5 和选题 6 在单因子方差分析中得到的 $P \leqslant 0.001$($P_5=0.000$;$P_6=0.001$),可知学历与选题 5 和选题 6 得分存在显著差异,说明选题 5 和选题 6 受学历影响显著。

表 4-25 呈现的是学历与"对'内部资料'未来发展看法"调查问题影响关系的分析数据。在对"内部资料"有必要借助于融媒体技术进行传播问题上(选题 1),本科以下被调查者态度中立,本科以上学历的被调查者觉得有必要并稍微偏向很有必要,表现出对新技术的敏感性强。在对有人预测随着学术文献在网上"开放获取"的推进,公开出版物与内部资料的区别将消失问题上(选题 2),本科以下被调查者态度倾向于不同意,本科以上学历被调查者态度在中立与同意之间,其中硕士研究生学历被调查者态度更偏向同意。在回答内部资料未来发展预测的问题上,更需要勇气和前瞻性,学历高的人表现出较为突出的追求变革的心理。对在多元化传播中,能否有信心面对编辑规范和学术不端等问题上(选题 3),本科以下和硕士研究生学历被调查者态度介于中立与有信心之间,本科学历被调查者显示有信心,表现出他们对工作的态度还是很严谨的。在对"内部资料"实现多元化传播要经历一个曲折过程,是否会坚持的问题上(选题 4),本科以下被调查者态度介于中立与坚持之间,本科以上学历的被调查者持坚持态度,表现出绝大多数工作人员在困难面前有坚守的决心。另外,表 4-25 中显示相关性分析的显著性系数均大于等于 0.05,表明学历与该版块选题没有显著的相关性;单因子方差分析结果($P>0.05$)表明学历与各选题没有显著差异,即学历对该版块影响不大。

表 4-25　学历与"对'内部资料'未来发展看法"版块被调查问题关联数据统计

| 统计类别 | | 题项得分/分 | | | |
|---|---|---|---|---|---|
| | | 选题 1 | 选题 2 | 选题 3 | 选题 4 |
| 不同学历 | 本科以下 | 3.00 | 3.50 | 2.50 | 2.50 |
| | 本科 | 1.79 | 2.84 | 2.05 | 2.00 |
| | 硕士 | 1.97 | 2.66 | 2.52 | 2.03 |
| 相关分析 | 相关系数($r$) | −0.050 | −0.145 | 0.195 | −0.063 |
| | 显著性系数(双侧) | 0.731 | 0.315 | 0.175 | 0.664 |
| ANOVA (方差) | $F$ | 1.436 | 0.629 | 1.715 | 0.612 |
| | $P$ | 0.248 | 0.537 | 0.191 | 0.547 |

注:＊＊在 0.01 水平(双侧)上显著相关;＊在 0.05 水平(双侧)上显著相关;$P<0.05$ 存在的差异显著

②职称。

表 4-26 呈现的是职称与"对'内部资料'现状看法"调查问题影响关系的分析数据。通过调研可知:随着职称的升高,被调查者对选题 1 的态度由一般逐渐倾向很同意,表现出对有无公开刊号是影响办刊质量重要因素的认可。职称越高的人一般资历长、阅历丰富,他们在多年

的摸爬滚打中,更能体会到内部资料办刊的不易。不同学历的被调查者对选题 2 的回答较为一致,都偏向焦虑,没米下锅的日子不好过;另外,还面临着期刊办不出来会被停刊的压力。对选题 3 的回答,初级和副高职称被调查者态度都趋向中立与失望之间,而中级和正高职称被调查者面对稿件质量差并不失望。对这个问题的回答和个人心态有关,心态好的人能坦然面对该问题。在内部资料上发表论文,大部分单位并不认可,作者当然不会轻易把好文章投过来。对选题 4 的回答也较一致,都在意重复率较高的文章,中级和正高职称被调查者倾向性更强一些,但由于稿源不足,只能被迫放开重复率。对选题 5 的回答,面对作为内部资料工作人员不被重视,初级职称被调查者态度中立,可能有些人入职时间不长,还没有切身体会;初级以上被调查者态度在中立与自卑之间,说明多多少少还是有点自卑。对选题 6 的回答,初级职称的被调查者态度在中立与自卑之间,更趋向于中立;初级以上职称被调查者面对因主办的是内部资料而影响职称晋升表现为沮丧,可能有些被调查者正在为评职称而焦虑,可能有些被调查者还被迫改评其他系列职称。

表 4-26 显示职称与选题 1 有弱的负相关性($r=-0.382$),也证明了职称越高的被调查者更同意有无公开刊号是影响办刊质量的重要因素的这种说法。该版块的单因子方差分析结果表明,职称与选题 1($P=0.027<0.05$)存在显著差异,从另一个侧面说明了职称对选题 1 有影响。

表 4-26　职称与"对'内部资料'现状看法"版块被调查问题关联数据统计

| 统计类别 | | 题项得分/分 | | | | | |
|---|---|---|---|---|---|---|---|
| | | 选题 1 | 选题 2 | 选题 3 | 选题 4 | 选题 5 | 选题 6 |
| 不同职称 | 初级 | 3.00 | 2.17 | 2.67 | 1.83 | 3.00 | 2.67 |
| | 中级 | 2.05 | 2.00 | 1.90 | 1.60 | 2.80 | 2.20 |
| | 副高 | 1.83 | 1.89 | 2.50 | 2.00 | 2.50 | 2.11 |
| | 正高 | 1.50 | 2.00 | 2.17 | 1.67 | 2.33 | 2.00 |
| 相关分析 | 相关系数($r$) | $-0.382^{**}$ | $-0.075$ | 0.038 | 0.088 | $-0.228$ | $-0.188$ |
| | 显著性(双侧) | 0.006 | 0.605 | 0.793 | 0.545 | 0.111 | 0.192 |
| ANOVA（方差） | $F$ | 3.332 | 0.185 | 2.916 | 1.458 | 0.859 | 0.755 |
| | $P$ | 0.027 | 0.906 | 0.044 | 0.238 | 0.469 | 0.525 |

注:**在 0.01 水平(双侧)上显著相关;*在 0.05 水平(双侧)上显著相关;$P<0.05$ 存在的差异显著

表 4-27 呈现的是职称与"对'内部资料'未来发展看法"调查问题影响关系的分析数据。在对内部资料性出版物有必要借助于融媒体技术进行传播问题上(选题 1),正高以下被调查者态度倾向有必要,正高职称被调查者认为极有必要,表现出对融媒体技术的期待。在对有人预测随着学术文献在网上"开放获取"的推进,公开出版物与内部资料性出版物的区别将消失问题上(选题 2),初级和副高被调查者态度倾向于中立与没必要之间,中级职称被调查者态度在中立与同意之间,正高职称被调查者态度极其鲜明,同意该观点。对在多元

化传播中,能够有信心面对学术不端等问题上(选题3),除了中级职称被调查者有信心以外,其他职称被调查者态度介于中立与有信心之间。在对内部资料性出版物实现多元化传播要经历一个曲折过程,是否会坚持的问题上(选题4),回答较为一致,全体被调查者态度都趋向于会坚持。

职称与该版块选题的相关性分析结果显示,职称与该版块选题3有较弱的正相关性($r=0.294$)。该版块的单因子方差分析结果显示,职称与选题3($P=0.002<0.05$)存在显著差异,表明职称对选题3有影响。

表 4-27　职称与"对'内部资料'未来发展看法"版块被调查问题关联数据统计

| 统计类别 | | 题项得分/分 | | | |
| --- | --- | --- | --- | --- | --- |
| | | 选题1 | 选题2 | 选题3 | 选题4 |
| 不同职称 | 初级 | 2.00 | 3.33 | 2.50 | 2.00 |
| | 中级 | 1.90 | 2.55 | 1.80 | 1.85 |
| | 副高 | 2.22 | 3.11 | 2.78 | 2.22 |
| | 正高 | 1.17 | 1.83 | 2.67 | 2.17 |
| 相关分析 | 相关系数($r$) | −0.110 | −0.177 | 0.294* | 0.197 |
| | 显著性系数(双侧) | 0.446 | 0.218 | 0.038 | 0.170 |
| ANOVA(方差) | $F$ | 1.864 | 3.207 | 5.691 | 1.325 |
| | $P$ | 0.149 | 0.032 | 0.002 | 0.278 |

注:＊＊在0.01水平(双侧)上显著相关;＊在0.05水平(双侧)上显著相关;$P<0.05$存在的差异显著

③年龄。

表4-28呈现的是年龄与"对'内部资料'现状看法"调查问题影响关系的分析数据。对选题1的回答,25岁以下被调查者不同意该观点,25岁以上被调查者随着年龄的增加态度逐渐倾向很同意,表现出对有无公开刊号是影响办刊质量因素的认可。可能年龄越大的被调查者更能体会出内部资料发展的艰辛。对选题2的回答,不同年龄的被调查者回答很一致,即当稿源不足时都偏向焦虑。对选题3的回答,25岁以下的被调查者趋向中立,25岁以上年龄的被调查者回答较为一致,即面对质量差的稿件态度倾向于失望。对选题4的回答也较一致,都在意重复率较高的文章。对选题5的回答,面对作为内部资料工作人员不被重视的现象,25岁以下被调查者显得自卑,可能是由于年轻气盛或者初入职场,他们比较在乎存在感;25岁以上的被调查者态度在中立与自卑之间。对选题6的回答,对因主办的是内部资料而影响职称晋升不同年龄段的被调查者都有点沮丧,只是25～45岁被调查者表现得稍微弱点。

表4-28调查结果显示,年龄与选题1有弱的负相关性($r=-0.300$),进一步验证了年龄越大的被调查者有更倾向同意有无公开刊号是影响办刊质量这一说法。而年龄与选题1的单因子方差分析结果表明,年龄对选题1影响不是特别显著($P=0.091>0.05$)。

表 4-28　年龄与"对'内部资料'现状看法"版块被调查问题关联数据统计

| 统计类别 | | 题项得分/分 | | | | | |
|---|---|---|---|---|---|---|---|
| | | 选题 1 | 选题 2 | 选题 3 | 选题 4 | 选题 5 | 选题 6 |
| 不同年龄 | 25 岁以下 | 4.00 | 2.00 | 3.00 | 2.00 | 2.00 | 2.00 |
| | 25～35 岁 | 2.38 | 2.00 | 2.12 | 1.63 | 3.00 | 2.25 |
| | 36～45 岁 | 2.00 | 2.00 | 2.16 | 1.74 | 2.63 | 2.32 |
| | 45 岁以上 | 1.82 | 1.95 | 2.32 | 1.86 | 2.59 | 2.09 |
| 相关分析 | 相关系数(r) | −0.300* | −0.024 | 0.037 | 0.110 | −0.082 | −0.072 |
| | 显著性系数(双侧) | 0.034 | 0.866 | 0.798 | 0.448 | 0.574 | 0.621 |
| ANOVA（方差） | F | 2.284 | 0.013 | 0.515 | 0.363 | 0.571 | 0.250 |
| | P | 0.091 | 0.998 | 0.674 | 0.780 | 0.637 | 0.861 |

注：**在 0.01 水平（双侧）上显著相关；*在 0.05 水平（双侧）上显著相关；$P < 0.05$ 存在的差异显著

表 4-29 呈现的是年龄与"对'内部资料'未来发展看法"调查问题影响关系的分析数据。在对内部资料有必要借助于融媒体技术进行传播问题上（选题 1），全体被调查者都认为有必要，25 岁以下被调查者认为极有必要，表现出年轻人对新事物的接纳能力强。在对公开出版物与内部资料性出版物的区别将消失问题上（选题 2），25 岁以下年龄被调查者持不同意态度，25 岁以上被调查者态度在中立与同意之间。在对多元化传播中，能否有信心面对编辑规范和学术不端等问题上（选题 3），25 岁以下被调查者持中立态度，25～45 岁被调查者表现有信心面对该问题，45 岁以上被调查者态度介于中立与有信心之间。在对内部资料实现多元化传播要经历一个曲折过程，是否会坚持的问题上（选题 4），答案较为一致，都趋向于会坚持。

年龄与该版块选题的相关性分析结果显示，年龄与该版块选题没有显著的相关性；另外，年龄与该版块单因子方差分析结果也表明，年龄对该版块影响不显著。

表 4-29　年龄与"对'内部资料'未来发展看法"版块被调查问题关联数据统计

| 统计类别 | | 题项得分/分 | | | |
|---|---|---|---|---|---|
| | | 选题 1 | 选题 2 | 选题 3 | 选题 4 |
| 不同年龄 | 25 岁以下 | 1.00 | 4.00 | 3.00 | 2.00 |
| | 25～35 岁 | 1.75 | 2.38 | 2.13 | 1.75 |
| | 36～45 岁 | 2.11 | 3.05 | 2.16 | 2.11 |
| | 45 岁以上 | 1.91 | 2.59 | 2.55 | 2.09 |
| 相关分析 | 相关系数(r) | 0.071 | −0.073 | 0.145 | 0.149 |
| | 显著性系数(双侧) | 0.623 | 0.616 | 0.317 | 0.302 |
| ANOVA（方差） | F | 0.582 | 1.410 | 1.040 | 0.728 |
| | P | 0.630 | 0.252 | 0.384 | 0.540 |

注：**在 0.01 水平（双侧）上显著相关；*在 0.05 水平（双侧）上显著相关；$P < 0.05$ 存在的差异显著

通过上述对调查数据的分析，可得出以下结论：没有公开刊号对内部资料的发展有一定影响,制约了稿件的数量和质量,也挫伤了办刊人的自信心,尤其对学历高、职称高、年龄大的办刊人;内部资料办刊人的工作作风总体是端正的,尽管没有公开期刊的许多待遇,依然看重自我奉献并严守编辑的相关规范;内部资料办刊人很期待把融媒体技术运用到内部资料并有决心面对前进中的困难,特别是年轻人和学历高的人;内部资料办刊人对自己的工作环境和工资待遇基本满意。

### 4.3.4 新时代内部资料性出版物发展策略

**1. 发扬优秀内部资料的榜样作用,解读政策红利,提升内部资料办刊人的活力和自信**

表 4-20 调查数据显示,内部资料办刊时间超过 10 年以上的期刊占到 76%,这些内部资料中不乏办得很好的刊物,它们对于宣传本行业的文化和学术研究起着举足轻重的作用。内部资料管理部门可以树立期刊典范,发挥好优秀期刊的榜样示范作用,以此助推其他内部资料的发展。比如宁波市委宣传部出版和版权处,坚持每年对宁波市所有内部资料出版物进行年检和严格抽查,并且形成《宁波市连续内部资料审读报告》发到各个出版单位,为内部资料的规范发展形成了很好的榜样示范作用和改进的警示作用。另外,通过政策解读,增强内部资料办刊人的信心和斗志。比如,2018 年 7 月,中共中央办公厅国务院办公厅印发《关于深化项目评审、人才评价、机构评估改革的意见》在改进科技人才评价方式指出,克服唯论文、唯职称、唯学历、唯奖项倾向,推行代表作评价制度,注重标志性成果的质量、贡献、影响。这一政策的推出无疑给内部资料送来一缕春风,随着新人才评价方式的逐步落实,内部资料成了人们发表论文的一个有效选择平台,从而改变了内部资料"等米下锅"的局面,稿源质量也可获得提升。

**2. 加强大局意识,放眼国家整体期刊战略布局,发挥好内部资料对公开期刊的补充功能与作用**

首先,内部资料办刊人要有大局意识,要始终牢记自己的使命,树立信心,积极参加省内外期刊出版方面的交流活动,扮演好内部资料在多层次期刊出版需求中的角色。不仅要服务好本单位,还要服务好本行业,发挥好其宣传和知识传播的作用。比如内部期刊可通过参加不同级别的期刊协会,增加内部期刊编辑学习和提升机会。其次,主办单位要有政策倾斜和资金支持,比如在职称评定及科研考核等工作中,主办单位应率先认可在内部资料上刊发的论文;要保证有足够的资金维持期刊的正常运转。另外,要提高内部资料办刊人的待遇,不仅是物质方面的,还要有精神上面的安抚,让他们感觉到自己做的工作是有价值的。最后,在工作人员参评编辑系列职称时,不应把是否有公开刊号作为一个硬性指标,而更应突出工作人员的编辑能力和素养。有了人才和人心才能办好期刊,才能更好地发挥好内部资料的补充功能。

**3. 积极推广融媒体技术,推进内部资料的数字化建设**

表 4-20 调查数据表明,内部资料电子版仅有 8% 上传到《中国知网》等数据库平台,究其原因,一方面,可能有地方政策限制,削弱了内部资料数字化建设进程;另一方面,一些办刊人为了争取到更多稿源也不愿意让刊物上网。目前行业里有个约定俗成的规定,即论文在内部资料发表不影响其在公开期刊发表,该行为也阻碍了内部资料数字化建设进程。

融媒体时代信息传递无界限,内部资料和公开刊物可以在同一平台竞争,二者在学术性、应用性和传播性等方面区别不大。内部资料办刊人应抓住机会,利用融媒体技术科学合理地传播内部资料。可通过以微博、微信等为主要媒介的学术"微传播",促进内部资料与新媒体技术的深度融合,实现内部资料传播的碎片化、即时性和互动性,加强用户黏性,增强内部资料在行业建设与发展中的积极意义和知识传承中的重要价值。

**4. 加强内部资料编辑队伍年轻化建设,提高内部资料工作人员的职业素质**

表 4-19 调查数据显示,被调查对象中 45 岁以上的人员占比达到 44％,说明内部资料编辑队伍已明显老龄化,可能因为内部资料发展前景不明朗,很难吸引青年人,有的内部资料机构甚至成了单位养老的退居地。为了内部资料的发展,必须引入新鲜血液。年轻人思维活跃,接受新技术的能力强;年纪大的老编辑经验丰富、办事沉稳、业务能力强。在编辑队伍中应形成"老带新"的良性传承链条,支撑内部资料的可持续发展。另外,要提高内部资料的质量,要求办刊人员不仅要政治过硬,而且还要专业扎实。只有坚持正确的政治方向,同时拥有广博的出版知识和学科知识才能把期刊做好做强。

**5. 注重融媒体技术的应用与创新**

有效应用融媒体技术,可以创新内部资料的呈现形式,扩大内部资料的受众面。可以把内部资料进行科学分类(如学术研讨类、科普类、企业文化类等),制作成音频、视频等存在相应的库中,并嫁接到内部资料数据库平台上,通过该数据库平台受众可以主动查阅所要的信息,平台也可根据读者的喜好进行主动推送。

比如:《××学院学报》编辑部联合推出一个弘扬和研究中国主流文化的特色栏目即"中国主流文化研究",该栏目是为了配合该校被人民网等主流媒体称之为国内高校第一家"中国主流文化研究所"而设立的。但由于该学报属于内部资料,少有人知道。为了让该资源被最大化利用,可将发表的重点文章的研究背景、研究对象及主要内容等做成短视频、音频、动画以及文字兼图片文档嫁接在学校网站上,为了拉近作者与读者的距离,还可制作作者访谈;并借助微信、QQ、抖音等平台实现对文章的"微传播"。读者在进行碎片化阅读时,可通过界面的超链接获取原文献,也可在交流区与编辑、作者互动,形成双向媒体融合。这一案例可作为未来内部资料数据库的"融媒体元",从"融媒体元"→"融媒体单元"→"融媒积元库"→"融媒体集群库",最终实现内部资料的多元学术传播体系。

本章主要采用抽样调查法,分别从 3 个研究对象入手、结合调查数据,分析了新时代编辑工作的转型:以浙江省"双一流"大学学报理工版为研究对象,探讨了学术期刊与"双一流"建设协同发展的国际化发展之路。以典型党史党建期刊为研究对象,指出哲学社会科学期刊要以典型党史党建类期刊为榜样,发挥好对意识形态引领的政治为首的先导之路。以内部资料性出版物为研究对象,讨论了内部资料性出版物的发展现状及以融媒体技术为主线的内部资料性出版物的未来发展;同时指出,科学合理地开发和传播内部资料,对于行业建设与发展具有积极意义,对于知识的传承有重要价值,在融媒体时代应给内部资料更多的机会和发展空间。

# 第5章　元宇宙视角下编辑工作的机遇与挑战

## 5.1　元宇宙的内涵和特征

### 5.1.1　元宇宙的内涵

元宇宙概念最初来源于美国著名幻想文学作家斯蒂芬森 1992 年出版的科幻小说《雪崩》。该小说描述了一个并非以往想象中的互联网——虚拟实境，而是与现实世界平行、与社会紧密联系的三维数字空间。元宇宙这个词就来源于该作品中的单词"Metaverse"，泛指即将建立的这个虚拟的三维数字空间。

有关元宇宙的概念至今没有统一的定义，2022 年 9 月 13 日，全国科技名词委召开元宇宙及核心术语概念研讨会，界定元宇宙(Metaverse)是：人类运用数字技术构建的，由现实世界映射或超越现实世界，可与现实世界交互的虚拟世界。"维基百科"将元宇宙定义为通过虚拟现实的物理现实，呈现收敛性和物理持久性，是独立于现实世界的虚拟空间，是映射现实实际的在线虚拟世界，是越来越真实的数字虚拟世界。北京大学陈刚教授和董浩宇(2022)定义元宇宙是：利用科技手段进行链接与创造的，与现实世界映射与交互的虚拟世界，具备新型社会体系的数字生活空间。清华大学新闻学院沈阳教授定义元宇宙是：整合多种新技术而产生的新型虚实相融的互联网应用和社会形态，它基于扩展现实技术提供沉浸式体验，以及数字孪生技术生成现实世界的镜像，通过区块链技术搭建经济体系，将虚拟世界与现实世界在经济系统、社交系统、身份系统上密切融合，并且允许每个用户进行内容生产和编辑(邢杰 等,2021)。

经济学家朱嘉明(2022)在新出版的《元宇宙与数字经济》中指出：元宇宙不仅平行于现实世界，而且是独立于现实世界的虚拟空间，是映射现实世界的在线虚拟世界，甚至是越来越真实的数字虚拟世界。中国新闻出版研究院出版研究所所长徐升国(2022)认为，元宇宙是一种通过增强现实技术和虚拟现实技术创造出的现实世界与虚拟世界相混合的状态，是继 PC 互联网与移动互联网之后的第三代互联网，标志着一个全真互联网新时代的到来。张新新等(2022)揭示元宇宙的科学内涵是指基于数字技术进行建构，以促进人的自由全面发展为价值皈依，以系统完备的数字文明为最终目标，蕴含资本、信息、数据和知识等要素，由虚拟文化、经济、政治、社会以及自然生态系统所构成的数字时空总和(数字世界)。任兵等(2022)认为：元宇宙既是数智技术集聚与应用的人类生存新时空，又拓展与延伸了人类社会的数智文明新价值，具有技术集成、虚实融合、去中心化和持续创造的功能性特征。喻国明等(2022)认为，元宇宙是集成与融合现在和未来全部数字技术于一体的终极数字媒介，它将实现现实世界和虚拟世界连接革命，进而成为超越现实世界的、更高维度的新型世界。方凌智等(2022)指出：元宇宙是社会和技术发展的必然,是互联网发展的终局。中国现代国际关系研究院美国研究所副研究员李峥认为,元宇宙的概念并非指代一项技术、应用或场景,而是代表了一种集成多项前沿技术的新型互联网发展模式(王俊美,2022)。董甜甜等(2022)在文章中说"元宇宙"本身并不是新技术,而是集成了一大批现有技术,包括 5G、云计算、人工智能、虚拟现实、区块链、数字货币、物联网和人机交互等多种新技术的集成应用。

其实,元宇宙本身也不是一个新概念,更像是一个经典传统概念的重生,是在扩展现实(XR)、区块链、云计算和数字孪生等新技术支撑下的在线虚拟世界,是越来越真实的虚拟世界。元宇宙的本质是整合人工智能、网络通信、数字孪生以及虚拟现实等技术产生的虚实相融的互联网应用与社会形态,其赋能用户进行内容生产与编辑,不但是数字感官体验的拓展,而且是现实活动的创新飞跃(丁刚毅,2022)。Wright 等(2022)认为,元宇宙是一类通过虚拟世界与现实世界的众多节点的接触与重叠而构成的、新的增强现实交互空间。陈秋心(2022)提出"元宇宙"是一个典型的隐喻式概念,是自 20 世纪 90 年代互联网普及以来不断更迭的众多互联网隐喻之一。元宇宙是互联网技术传播革命的第三次浪潮,是融合了当下与未来全部数字传播技术的"终极数字媒介"(喻国明 等,2022)和"元媒介"(metamedia)(胡泳 等,2022),是网络虚拟空间进化的最终状态(黄欣荣 等,2022)。元宇宙为经典互联网增加了空间性维度,它将赋予用户时空拓展层面上的全新体验、价值,为用户创造沉浸式、交互式,更多感官维度的体验将是元宇宙的技术主脉络。元宇宙是移动互联网的继承者,它将开辟一个全新的大陆,通过技术手段建立的全新规则,将具备强大的竞争力(王磊,2022)。除了专家、学者对元宇宙内涵有不同层次、不同角度的解析外,工业和信息化部办公厅、教育部办公厅、文化和旅游部办公厅、国务院国资委办公厅、广电总局办公厅关于印发《元宇宙产业创新发展三年行动计划(2023—2025 年)》的通知中也指出,元宇宙是数字与物理世界融通作用的沉浸式互联空间,是新一代信息技术集成创新和应用的未来产业,是数字经济与实体经济融合的高级形态。

根据以上学者及政府有关部门对元宇宙的阐述,本研究简单概括元宇宙的内涵为:应用先进的数字技术构建的、能与现实世界交互的虚拟世界,且具备新型社会体系的数字生活空间。

## 5.1.2　元宇宙的特征

关于元宇宙的特征也有不同的描述,比如产业界的罗布乐思(Roblox)公司首席执行官戴维·巴苏基(David Baszucki)明确了元宇宙具有八个特征属性,即身份性、朋友性、沉浸感、低延迟、多样化、随地性、经济性和文明性;Facebook 创始人扎克伯格认为,元宇宙应具有临场感、替身、家庭空间、远程传送、互操作性、隐私和安全、虚拟商品和切换自如的界面等特质。腾讯用"全真互联网"指出,元宇宙包含全真体验、自由协同、沟通和协作以及数实融合四大特征。光束(Beamable)公司创始人乔恩·拉多夫(JonRadoff)从结构层面提出了元宇宙的七层价值链,具体包括基础设施、人机交互、去中心化、空间计算、创作者经济、发现和体验(朱嘉明,2021)。学术界也有观点认为,元宇宙具有技术整合、虚实融合、沉浸体验、用户生产、社会体系、文明生长和社交网络等基本特征(杨新涵 等,2021)。参考上述对元宇宙特征属性的分析,本研究将元宇宙的特征归纳为以下几点。

### 1. 本质特征:时空拓展性

元宇宙把物理世界的时间和空间延伸到虚拟世界,提供了一个逼近现实且超越现实的新世界。元宇宙是数字技术赋能的结果,是"科技赋能的超越与延伸"(陆康 等,2023)。在元宇宙时空中,时间与空间不是连续的,时间不仅可回溯,而且还可跨越。元宇宙时间拓展性本质上是对元宇宙中情境信息组态的自由编辑与组合而成的内在时间意识的再构与创造,可分为时间广延性与时间重启性。时间广延性,即在元宇宙空间中,信息在自然时间上可得到自由延展,并被保存下来,供不同时间和空间的人使用;时间重启性,即在元宇宙空间中,时间不必连续,用户可以在元宇宙世界重新启动一个子元宇宙。元宇宙的空间拓展性可分为静态空间拓展与动态空间拓展。静态空间拓展,即在静止状态实现思维的拓展,比如一个作家躺在床上构思自己的新作品,可以像在梦境中一样与智能人进行实时交流,激发灵感。动态空间拓展,即通过光影与音效的叠加,给用户制造超越现实世界的动态体验。例如,读者在阅读岳飞的《满江红》时,眼前会出现岳家军英勇抗金的场面,使读者沉浸在战争的场景中,似乎也成为抗敌中的一员猛将。

### 2. 外在特征:高拟真度

元宇宙应用数字孪生技术把现实世界发生的一切都可以同步到元宇宙空间中实现,且通过虚拟现实技术、体感技术及交互技术等能给参与者提供极高的沉浸感,似乎置身于真实的场景中。在这个虚拟空间内,人类可以充分调动感官参与到元宇宙世界中。比如,刘慈欣在长篇科幻小说《三体》中创作了一款三体游戏,即借用以虚拟现实等方式,来讲述一个遥远文明二百次毁灭与重生的传奇,使游戏参与者似乎真正成为遥远国度中的一员。这个游戏可以说超前反映了元宇宙时空的部分特征,即具有高度的拟真度,同时具有时空拓展性。

### 3. 运行特征:去中心化

元宇宙利用区块链等技术把数据分散存储在区块链网络中多个节点上,每个节点都可成为一个中心;任何人都是一个节点,任何人也都可以成为一个中心。"去中心化"是互联网、移动互联网的特点。"去中心化"削弱了传统权威的影响力,使得社会变得更加多元,并形成多中心化的人群聚集。

"去中心化"有助于解决学术出版集中化与分散化并存的难题,共识机制、加密技术和时间戳可解决作者作品认证难及侵权问题,利用通证经济和智能合约可实现新的出版模式并改革版权体系(张小强 等,2022)。利用区块链等技术来打造期刊出版评审环节的分布式架构,形成以代码为基础的智能合约,让更多的人参与稿件的评审工作,对稿件的公正评审有积极的意义。

### 4. 社会化特征:虚拟的新型社会

元宇宙与现实世界一样有生产、消费、娱乐、政治和教育等社会活动,也存在一定的社会关系,比如,家庭关系、共同文化以及传统习俗等。元宇宙社会也有相应的法律和道德规范,用来约束元宇宙人的行为,保证元宇宙社会的和谐。

总之,元宇宙的功能特征是贯穿和应用于数字孪生、虚拟原生、虚实共生和虚实联动四个发展阶段的场景之中。元宇宙作为实体空间的平行镜像世界，通过技术支撑可实现元宇宙世界和现实世界之间的实时数据交换，并互相促进彼此完善。

# 5.2　元宇宙发展及研究概况

## 5.2.1　元宇宙发展简述

"元宇宙"这一术语于 1992 年首次出现在美国科幻作家尼尔·斯蒂芬森（Neal Stephenson）出版的科幻小说《雪崩》，随后逐渐进入人们的视野，并受到技术专家的关注。2007 年，以哈佛大学、麻省理工学院、阿肯色大学领衔的众多高校，与以谷歌、微软等为首的互联网企业联合成立"加速研究基金会"（Acceleration Studies Foundation，ASF），提出建立元宇宙路线图项目（Metaverse Roadmap Project），并发布了全球首个元宇宙研究报告《元宇宙路线图：通往 3D 网络之路》，对元宇宙的概念、分类、现状、挑战和发展路径等进行了深入阐述（SMART et al.，2007）。2011 年欧内斯特·克莱恩（Ernest Cline）出版的《头号玩家》通过游戏形式给人们呈现出最符合当今人类想象的元宇宙图景，该小说于 2018 年由美国导演斯皮尔伯格拍成科幻大片，其对元宇宙概念的普及起到了助推作用。2017 年，美国比特币交易所 Coinbase 的联合创始人弗雷德·埃尔扎姆（Fred Ehrsam）撰写论文《虚拟现实将会是区块链的杀手级应用》（EHRSAM，2017）提出的"以区块链驱动元宇宙"的构想，标志着元宇宙时代的真正到来。2020 年以来，全球科技巨头布局元宇宙，探寻未来信息技术的发展方向。

2021 年被认为是元宇宙元年，因该年元宇宙呈现超出想象的爆发力：2021 年 3 月，元宇宙第一股——"沙盒"游戏（The Sandbox）平台"罗布乐思"（Roblox）在美国纽约证券交易所上市，首日收盘价上涨 54%，成为国际股市的一匹"黑马"，带动国内外相关元宇宙科技概念股强势崛起；10 月，美国互联网社交公司"脸书"（Facebook）将公司更名为"Meta"，此举引发全球热切关注。国内互联网公司也加快步伐，腾讯公司在 2020 年年末提出创建"全真互联网"，于 2021 年申请注册"QQ 元宇宙"商标。字节跳动、网易、阿里和百度等互联网巨头亦加快元宇宙布局。2022 年中央广播电视总台春节联欢晚会节目《金面》利用扩展现实（XR）技术、人工智能（AI）多模态动作捕捉系统，打造了古代与现代交织、虚拟与现实同步、数字人和现实人互动的三维视觉效果。北京冬奥会开幕式植入人工智能、5G、裸眼 3D 等多种元宇宙元素，让世界各国观众共享了一场沉浸式的视觉盛宴。元宇宙在"群聚效应"（Critical Mass）的助推下，展现出迅猛发展的强劲势头（魏开宏 等，2022）。

## 5.2.2　元宇宙研究概述

### 1. 国内外元宇宙研究态势分析

1992 年以来，随着"元宇宙"这一术语进入人们的视野，不仅受到各国技术专家的关注，也引起了许多学者对这一新生事物的研究兴趣。比如，朱维乔等（2023）利用 CiteSpace 软件分析 2000—2023 年元宇宙的研究态势，研究结果指出：①元宇宙研究领域近年来在各国学者的高度关注下取得了迅猛发展。相关文献的发文量在 2021 年后呈现爆发式增长,当前处于研究的繁荣期,高产发文机构已形成一定的研究布局。②从学术期刊分布概况来看,元宇宙研究的核心来源期刊集中在计算机科学、通信工程等学科类别下,是以信息技术为支撑的前沿领域,具有较高的研究价值和研究难度。③从高频关键词的热点分布可以判断,元宇宙研究前沿方向主要聚焦于虚拟现实、数字孪生等相关内容,同时也有与其他学科的交叉融合,如在自动化学科中的应用,表明元宇宙研究体系正日益完善。

张夏恒(2023)采集"Ei Compendex Web""Web of Science 核心合集"和中国知网元宇宙主题论文,没设起始时间,截止时间分别为 2022 年 1 月 14 日(外文数据库)和 2022 年 1 月 25 日(中国知网),并结合定性与定量方法,对国内外元宇宙研究进行比较分析,研究结果表明:元宇宙在国内外均处于研究初期。国外研究早于国内,研究成果始于 2000 年,且持续性更久;国内元宇宙研究成果始于 2002 年,但在 2003—2015 年持续未有成果出现,一直到 2021 年才有较多研究成果涌现。国内热度高于国外,国内期刊接受度也高于国外。研究领域与研究热点内容国内外有所不同,国外更偏好自然科学及工科领域的应用,尤其是计算机学科,而国内偏好传播学;国内学科集中度高于国外。Carmen(2023)对 WoS 数据库(1995—2022 年)进行了文献计量学研究,总结出元宇宙研究的主题是扩展现实、区块链、人工智能和传感器,未来研究主题是建筑信息建模、数字孪生和治理,并提出了一种通用的分层元宇宙架构,以帮助研究人员和公司创新和改革。

**2. 元宇宙应用的探讨**

国内外学者在元宇宙应用方面取得的研究成果较多,且遍布的领域较广。比如,国内学者华子荀等(2021)探索了教育元宇宙的教学场域架构和关键技术,其建构的教育元宇宙教学场域包括物理层、软件层、应用层、分析层四层架构,贯通四层架构的关键设备与技术,包括 5G 网络、VR 沉浸设备及其对应的软件系统、高性能计算机及其相应的元宇宙系统、生物数据采集设备及其数据分析算法等。通过创设"图书馆""校园""教室"三类教育元宇宙场景,分别对应序列型指引、综合型探究和众创建构三种学习活动。实验实施后的数据分析表明,教育元宇宙能够促进学习者交互感、沉浸感和认知的提高。鲁力立等(2022)探讨了一种混沌型教学模式,即利用元宇宙技术,打破混合式教学模式中已固化的虚拟与现实、线上与线下等二元对立思维。它根据元宇宙消融边界、无限扩容和恒定动态的整体要求,在教育元宇宙背景下不仅强调教学情境的超强沉浸感,更要具备动态且无限的超大教学空间(大数据、师生容量和教学资源)与瞬时交互能力,在此基础上进一步模糊师与生、教与学、课内与课外等界限和概念,形成一种以体验、互动、创造为手段的未来教学模式。

李默(2022)构建了图书馆元宇宙体系架构,探讨了物理层、软件层、数据层、规则层、应用层和交互层 6 个层次的功能,认为元宇宙能对智慧图书馆服务产生积极的促进和影响。史安斌等(2021)从 NFT(非同质化代币)及其作为基础设施支撑的"元宇宙"等近期兴起的新技术入手,从理念溯源和实践应用等方面分析了前沿科技重塑全球新闻传媒业的路径与愿景,为如何深化媒体融合和数字化转型升级提出了方向性的建议。马向东(2022)指出:元宇宙或将助推新经济和新保险业态发展,元宇宙产业链及辅助产业有巨大的金融保险需求,元宇宙是智慧保险新的机遇和未来方向,元宇宙更方便智慧保险触达消费者。李普超等(2021)指出,融合了"元宇宙"概念与汽车特性的新型商业模式,无论是在工业生产方面的提质增效,还是对全新商业模式的启发,都在证明"元宇宙"概念对于汽车行业的未来发展具备较高的参考价值。郭泱泱(2022)开展了元宇宙技术在煤矿安全培训和应急演练中的可行性研究,指出元宇宙应用于煤矿安全培训和应急演练中具有直观、交互性强和知识转化率高等特点,可以很好地解决培训单调枯燥、演练走过场的问题。

国外学者 De 等(2023)综述了元宇宙在护理教育中的应用,指出:应用元宇宙技术辅助教学,有助于提高护理学生的自信心、参与度、满意度和表现欲。Reyes(2020)调查了墨西哥私立中学数学教学中应用元宇宙增强现实技术教学的情况,调查表明:应用增强现实技术能增强课堂的亲和力,激发学生的表现欲,提高教学效果。Martin(2018)探讨了在元宇宙虚拟环境中音乐集体创作过程对社会和人的心理的影响,研究发现:虚拟环境可以创造一个适当的空间来促进集体创造。在主题为元宇宙——图书馆的变革和未来的 2023 年 CIL 会议中,参会者着重讨论了图书馆采用元宇宙技术需要在诱人的利益和潜在的危险之间平衡,图书馆应积极参与变革,但无论是吸收新技术还是适应更普遍意义上的变化,都必须注意将图书馆价值观放在决策的首位(Lapierre,2023)。Firmansyah 等(2023)回顾了与商业学科相关的元宇宙文献后发现:大多数元宇宙商业研究都采用了定性方法,同时指出:通过元宇宙,企业可以吸引新客户,留住现有客户,改善公司运营,简化业务流程。Keith(2022)调研后得出:包括时尚行业、豪华时装公司巴黎世家和快餐行业麦当劳公司在内的行业都表示有兴趣参与应用元宇宙。

**3. 元宇宙治理难题的探究**

元宇宙在给人们带来丰富体验的同时,也给社会治理带来了一些问题。为了防患于未然,学者们针对元宇宙可能的风险展开了大量研究,比如,蔡恒进等(2022)探讨了元宇宙中的治理难题,指出元宇宙中的治理难题可从四个视角切入,即随时间积累的财富两极分化问题,如何遏制不实信息传播问题,可持续健康生态问题和伦理道德重塑问题。张继春等(2022)在探讨元宇宙的发展趋势与未来影响时指出:在元宇宙中获得的补偿亦会锐化虚拟世界与现实世界之间的裂痕,可能导致当人们在面对现实世界中的生存环境、价值观念、人际关系等方面的问题时产生消极和排斥情绪,甚至出现偏激行为。要加强技术指导和政策引导,防范元宇宙可能带来的颠覆社会价值伦理的问题,努力实现虚拟与现实之间的动态平衡。

谢倩(2022)针对元宇宙出版热潮进行冷思考,提出一些问题:"人人竞言元宇宙"似乎带来了元叙事权威的崩溃,每个人都有权利建构属于自己的"知识元宇宙"。然而,复兴于资本市场并全面受控于资本的"元宇宙"有可能产生一种信息霸权;"万物皆可元宇宙"的背后潜藏着"景观霸权"的危险。应该思考如何将"元宇宙"推向健康的发展方向。陈旭光(2022)指出,元宇宙是一个覆盖面极广、辐射性很强的"高概念"或"范式",必将影响人类社会。元宇宙世界或理论涉及伦理问题、想象力问题等,需要我们提早预警并深入思考。任兵等(2022)指出:新时空构成了元宇宙的基本形态,主要体现为虚实共融的空间拓展和全时间性的时间延伸;新价值丰富了元宇宙的功能意义,具体表现为生命价值、经济价值、文化价值和规范价值。但与此同时,元宇宙亦有可能在政治、经济、法律、道德等方面引发一系列的治理风险。李晶(2022)讨论了元宇宙中通证经济发展的潜在风险与规制,指出虽然元宇宙为通证经济主体平等参与、创作者经济获得价值、共识规则实现权利义务等方面提供了理想的数字空间,但与新经济形态发展伴随的潜在风险,可利用元宇宙与通证经济的组合工具特点进行"法律＋技术"规制。谢华平等(2022)探讨了元宇宙带来数字出版的危机与挑战:权力与资本的角逐带来数字出版内容生产的不平衡与价值定位的偏颇。"去中心化"带来的价值断裂,更多的虚拟社区的社会关系,对社会生态管理提出挑战;"去中心化"带来的多元化,可能带来价值观的混乱或无政府主义的虚无价值观,也容易成为反人类价值观滋生的场所。技术升级会带来数字传播的社会性差异,身份的隐匿性对数字出版的内容审核环节提出了挑战。

国外,Kye 等(2021)指出:元宇宙提供了更高的自由度,同时也因其虚拟性、匿名性而降低了犯罪感,因此,将会出现更新、更复杂的犯罪活动。Yogesh 等(2023)探索了元宇宙对社会的负面影响,即消费者的脆弱性、隐私容易泄露、身份盗窃、侵入性广告、错误信息、网络钓鱼,金融犯罪、恐怖活动、色情、心理健康、性骚扰等引发意想不到的后果。指出尽管元宇宙有许多经济和社会效益,但有必要意识到并理解元宇宙的黑暗面,以便利用这一新创新来改善我们的工作、生活、学习和社交方式。Fernandez 等(2022)概述了元宇宙将面临的隐私、伦理挑战,并重点讨论了元宇宙发展的三大支柱:隐私、治理及伦理设计,并为元宇宙的伦理设计提出了一个初步的基于模块的框架。Ljubisa(2022)指出,元宇宙是创建一个允许人们见面、社交、工作、玩耍、娱乐和创造的世界,元宇宙技术可能会创造一个模仿现实、有吸引力的环境,并进一步刺激社会媒体成瘾。Dionisio 等(2013)认为,虚拟世界的发展如今面临的最大挑战是:如何从复杂但完全独立的沉浸式环境转向大规模的三维虚拟世界集成网络,从而为人类的互动和文化建立一个平行的环境。Papagiannidis 等(2008)讨论了元宇宙世界里的商业机会、挑战以及企业的社会责任,重点关注道德和政策方面的问题。Falchuk 等(2018)探讨了社交元宇宙对个人隐私的冲击,用户留下的数字足迹可能会被跟踪,这种跟踪可能会泄露他们的敏感信息,如信用卡卡号、身份证号码、病史、银行账户信息等。Swati(2023)在探讨元宇宙对未来工作的影响时指出:元宇宙带来的不确定性迫使相关机构在使用元宇宙时要进行技术创新,并且在不久的将来这会成为最紧迫的事情。构建美好的元宇宙世界,需要结合多种方法和采取综合治理,保证元宇宙技术成为对社会有意义的技术。

**4. 元宇宙应用于期刊出版领域的探索**

目前国内对元宇宙部分技术应用于期刊出版做了一定的尝试和研究,为元宇宙学术期刊构筑了先试之路。比如科普期刊《航空知识》应用虚拟现实(VR)技术使期刊部分内容实现了"初级沉浸"体验(赵鑫 等,2019),并且该期刊已形成涵盖图文、短视频、中视频和直播等多种形式内容的全媒体矩阵(武瑾媛 等,2022)。应用 VR 技术的科普期刊还有《我们爱科学》《小哥白尼》《少年科学画报》等。不过,它们大多是通过手机 APP 扫描期刊中的二维码来观看相关的立体动画,与全真 VR 的五感"沉浸式体验"还有差别。在学术期刊领域,部分医学期刊已尝试应用 VR 和 AR 技术,比如,《创伤与急诊》电子杂志首次真正意义上实现结合 VR 和 AR技术办刊,在"VR/AR＋出版传媒"领域实现先试先行(陈研 等,2018)。不过由于技术限制,VR 和 AR 实现效果还不理想。

除此之外,学者们对元宇宙技术运用于期刊还作了一定的理论探索,为元宇宙学术期刊提供了理论支撑。比如,肖叶飞(2023)指出,拓展现实技术(VR/AR/MR 的总称)给出版产业与阅读方式带来深远影响,重构了内容生产和阅读方式,涌现出新内容、新体验与新场景,给用户带来身临其境的全新交互式的阅读体验,使用户阅读产生沉浸感、现场感、交互感。徐玲英(2017)指出,虚拟现实技术不仅改变和丰富了读者阅读形式,还使双向交流成为阅读的主要形式,实现了静态信息传递向交互传递方式转变。可以加强知识组织、知识导航和知识评价等知识链接服务功能。同时指出虚拟现实在实验设备展示、实验过程展示和科研结果对比等方面显示出较大优越性。刘星星等(2021)调查期刊融合虚拟现实(VR)技术情况后指出:并不是所有期刊内容都适合 VR,科技期刊融合 VR 出版要优化内容生产。陈研等(2018)以《创伤与急诊》电子杂志为例,通过初探 VR 和 AR 技术在医学期刊中的应用,分析其优势及存在的问题,阐述其对医学科技期刊出版形式创新及助推医学同质化教学的积极意义。

有关区块链技术应用于学术期刊国内学者已做了大量的研究,主要围绕学术不端、版权保护、期刊评价和同行评议等,比如,王永超(2022)指出:区块链、大数据、人工智能技术革新了期刊编辑、运营模式和传播媒介,我国科技期刊界可以将区块链、大数据和人工智能技术嵌入到期刊出版系统中,以实现数据互通。既可以利用这些先进技术建立全国性的科技期刊数据库,也可以接入各个期刊自身的编校系统,在不同的方面发挥各自的特长,并相辅相成地共同促进科技期刊健康发展。方卿等(2023)指出,区块链具有"去中心化"、可追溯性、不可篡改性、开放性和多方共识等特点,可防范学术不端,优化期刊出版的信任体系。人工智能可以协助审稿、策划组稿、辅助编辑加工、筛查学术不端和洞晓用户需求,并完成精准发行和传播。李莉等(2022)指出:利用区块链技术所具有的"去中心化"、数据不可篡改、智能合约、可追溯等特性,对这些问题和危机逐一进行化解,助力科技期刊实现高质量发展。也有少数学者探讨了区块链技术应用于中国科技期刊出版全过程,比如孟美任等(2022)从科技期刊全过程出版中的用户需求和现实问题出发,分别从科研要素、同行评议、贡献认定、科研评价、科研诚信五个方面梳理分析科技期刊全过程出版中面临的问题与挑战,归纳总结"区块链＋出版"的全过程解决方案。构建 PEST-SWOT 矩阵,分别从政策、经济、社会和技术四个维度分析我国"区块链＋全过程出版"发展的优势、劣势、机会和威胁。在此基础上提出增长型策略(优势—机会)、扭转型策略(劣势—机会)、防御型策略(劣势—威胁)以及规避型策略(优势—威胁)。

陈文静(2022)指出,大数据是以容量大、类型多、存取速度快、应用价值高为主要特征的数据集合,可革新出版模式,实现数字化出版,方便文献的交流和更好地为用户服务,推动了科技期刊进入信息资源兼具海量性与即时性、功能实现兼具智能性与互动性、服务范畴兼具多样性与开放性的智媒出版阶段。方卿等(2023)讨论了人工智能也带来了一定风险,比如,人工智能生成内容(Artificial Intelligence Generated Content,AIGC)能够通过内容自动化编纂、智能化润色加工、多模态转换和创造性生成等方式直接改变出版的内容生产范式和内容供给模式。同时引起版权问题以及技术伦理和学术伦理失范等伦理问题,还会进一步引发意识形态渗透、文化价值观偏离等文化安全问题。

当然,元宇宙相关技术也不是无所不能的,中国新闻出版研究院工程研发中心(信息中心)副主任王扬告诉《中国新闻出版广电报》记者,新技术应用存在的问题需要关注。内容质量方面,人工智能还存在逻辑不通、语言不准、信息不实的情况。VR 则容易过度依赖视觉效果,忽视文本内容的深度和内容。版权保护方面,涉及原创作者的知识产权,导致图书内容被非法复制和篡改。伦理道德方面,不良信息产生错觉或幻觉,影响心理健康和社会适应。用户信任方面,人工智能缺乏人类作者的个性和情感,对真实世界的认知和判断会受到干扰(尹琨,2023)。

近两年来,国内也有部分学者引入"元宇宙"术语开展期刊出版方面研究,比如钱锋等(2023)在探索以人工智能(AI)技术为核心元宇宙多模态、跨模态内容大爆发带来的科技期刊行业的范式创新和高质量发展路径中大胆假设:科技期刊发展也将在新技术变革的基础上从规范化发展时期跨越进入新的历史时期,即科技期刊从以语种为焦点逐渐向以元宇宙多模态、跨模态学术内容的生产、组织、审核、评价、确权、传播、存储和应用为核心转移。AI 赋能的"多模态数智内容编辑器"可解决元宇宙多模态内容的碎片化与孤岛化问题,是编辑与传播多模态内容的利器。于航等(2023)从元宇宙技术与出版融合的角度,提出未来科技期刊的元宇宙出版模式,即写稿平台的可视化、投稿平台的可监测化、审稿的高效化、出版的多元化等;余炳晨(2023)从强社交与强交互性、多媒介元素和多呈现形态、真正的个性化体验三个维度对科技期刊数字出版的元宇宙场景进行分析。延宏等(2021)以青岛出版集团为例,探讨了"元宇宙"视域下出版业的融合发展模式,分析了青岛出版集团在"VR+教育""VR+文旅"等出版产品与服务上的多元化、体系化的创新路径。李洪晨等(2022)在"天堂的具象:图书馆元宇宙的理想"论坛综述中谈道:依托各项技术加成后的元宇宙世界中,数字出版将会产生颠覆性的变革和创新,构建出一个立体化、多维度、全模拟、超现实、高沉浸的"图书数字出版"元宇宙。

国外的学者对元宇宙技术应用于期刊出版领域也做了一定探讨,比如,Huh(2023)指出,新冠肺炎大流行后,元宇宙技术在期刊出版中得到了推广,通过元宇宙技术,编辑工作者可以参加任何地区的会议,可以在虚拟空间与其他与会者进行讨论。Kim(2022)指出,元宇宙与现有的互联网相比,不仅具有更紧密的互动,而且能发布 3D 内容的论文,如果利用这些特点开发元宇宙新型期刊,能对科学的发展做出巨大贡献。Thomas(2022)在文章中说道,利用元宇宙沉浸式和"去中心化"特点可提供给作者和读者共同讲故事的机会,从而可以开发开放式新型书刊,让作者和读者成为故事的共同创作者和共同所有者。

## 5.3　学术期刊嵌入元宇宙空间的价值和策略研究

### 5.3.1　研究背景和基础分析

随着全球数字技术和数字经济的快速发展,人类社会已进入数据爆炸时代。而以数字技术为基础建构的元宇宙是数字经济在虚拟世界的延伸和发展。我们国家非常重视元宇宙建设,在《中华人民共和国国民经济和社会发展第十四个五年规划和 2035 年远景目标纲要》中将"虚拟现实和增强现实"列入数字经济重点产业,提出以数字化转型整体驱动生产方式、生活方式和治理方式变革,催生新产业新业态新范式,壮大经济发展新引擎。同时,工业和信息化部办公厅、教育部办公厅、文化和旅游部办公厅、国务院国资委办公厅、广电总局办公厅关于印发《元宇宙产业创新发展三年行动计划(2023—2025 年)》的通知指出,到 2025 年,元宇宙技术、产业、应用、治理等取得突破,成为数字经济重要增长极,有望通过虚实互促引领下一代互联网发展。元宇宙丰富了数字经济业态,并将逐渐落实到出版领域。

学术期刊嵌入元宇宙空间并非空中楼阁(赖莉飞,2023),区块链、人工智能、大数据、拓展现实和数字孪生等技术的发展和应用为元宇宙学术期刊建设奠定了发展基石;已有的相关研究不论在技术上、形式上还是内容上都为构建元宇宙学术期刊版块提供了一些素材和有价值的参考。但是已有的相关研究在开创元宇宙新期刊和构建元宇宙出版新模式中,都没有更多考虑如何把学术期刊合理地嵌入到元宇宙空间这个重要问题。学术期刊作为科研成果交流与展示的平台,无论现在还是将来都始终反映国家经济、政治、文化和社会的发展,是元宇宙出版的组成部分之一,因此,有必要考虑如何把学术期刊合理地嵌入到元宇宙空间这个命题;另外,人类对知识的传承都是在继承中发扬,在元宇宙空间不可能完全抛弃已有的知识载体而另建炉灶。因此,元宇宙学术期刊必须是元宇宙学术新期刊和现有学术期刊的集结。但也要清楚地认识到,这些研究还更多地局限在融媒体和数字出版层面,要完全与具备新型社会体系的数字生活空间的元宇宙相匹配仍有很长一段路要走。

国内外有关元宇宙的研究关注点主要是对元宇宙相关技术方面的探讨(CARMEN,2023),而在元宇宙应用方面针对教育、艺术或商业等领域的研究较多(De et al.,2023;Firmansyah et al.,2023;Keith,2022;韦恩远 等,2023)。相比较而言,在如何把元宇宙技术应用在期刊出版领域方面的研究还较少。纵观已有的相关研究主要围绕创办元宇宙新期刊和开启元宇宙出版新模式的探讨(于航 等,2023;余炳晨,2023;Kim,2022;韦恩远 等,2023)。

### 5.3.2 学术期刊嵌入元宇宙空间的必要价值

#### 1. 从元宇宙的优势来说,学术期刊具有嵌入元宇宙空间的必要价值

元宇宙是现实世界与虚拟世界的深度融合,相当于现实世界的孪生兄弟,应尽可能囊括现实世界所有的事物,因而元宇宙空间不能缺少学术期刊的参与。另外,元宇宙本身是推动和发展的数字文明,而这与出版业自身文化选择建构、承载传播的功能不谋而合;元宇宙本身的信息、知识和数据要素可由出版业进行有效供给;元宇宙的经济、政治、文化子系统和出版业的服务经济、政治、文化功能相吻合;元宇宙系统的标准化和目前的出版科技的创新标准遵循相同框架体系(张新新 等,2022)。学术期刊嵌入元宇宙空间,可从多维方向延展并丰富学术期刊内容和出版流程,可强化实体学术期刊的作用并降低成本。通过元宇宙空间,学术期刊的部分或全部内容以及引文等可实现可视化和全息化,为读者创造沉浸式阅读体验,使读者收获的知识远远超过期刊实体本身;通过元宇宙空间,可实现审稿的"去中心化",使得审稿结果更加公正;通过元宇宙空间开展编辑工作能极大地提高编辑的办公和沟通效率;通过元宇宙空间,编辑与异地作者、读者和专家们用虚拟的数字身份进行"面对面"交流,增加了亲近感,避免了由于信息不畅造成的误解。另外,元宇宙实验室具有超凡的大数据分析能力,实验者只要输入实验方法、实验步骤等,元宇宙实验室就能很快给出实验结果,不仅避免了环境污染、节约了成本,还为期刊编辑追踪和判断作者实验数据的真实性提供了便捷。

#### 2. 从学术期刊的社会价值和作用来说,学术期刊具有嵌入元宇宙空间的必要价值

学术期刊作为一种媒介,能传播学术信息、发表学术研究成果,在学术研究过程的上游与

下游之间对研究主体起着相互连接的中介作用;学术期刊直接体现国家科技竞争力和文化软实力,是国家科技创新体系的重要组成部分;学术期刊中含有丰富的学科及专业相关的理论、方法及实践经验,存在许多与教育教学密切相关的、可用于学科专业教师课堂教学和学生自主学习的优质教学资源。当元宇宙已经成为大众,特别是 Z 世代青年普遍接受的一种形式,作为学术传播载体的学术期刊应该与时俱进,及时融入元宇宙世界里。

**3. 从服务对象和编审环节来说,学术期刊具有嵌入元宇宙空间的必要价值**

学术期刊作为重要的学术资源主要服务于广大的学生、教师、科研人员和相关读者,为他们提供最新的学术信息、学习资料和学术观点,为他们科研、教学和撰写论文等提供材料和范本。元宇宙空间能开启全息的智能化搜索引擎,为读者快速了解所感兴趣领域的研究进展和最新科研成果带来了便捷;元宇宙空间能呈现更加成熟、智能的阅读场景,为读者提供更加丰富的学术内容。学术期刊为了更好地服务于读者应及时规划、构建元宇宙学术期刊版块,并嵌入到相关联的元宇宙版块中,比如元宇宙教育、元宇宙图书馆、元宇宙学者圈、元宇宙书店以及元宇宙科研流等版块。

另外,元宇宙空间也为学术期刊编审环节的工作带来了便利。编辑作为稿件内容的把关者,可以综合利用各种数字技术对稿件进行加工处理;当然,元宇宙时代编校等工作已部分转移给虚拟编辑去处理了,人工编辑工作量会大大减少。元宇宙学术期刊利用区块链技术去中心化,实现评审专家多阶化,评审结果更公正透明。在元宇宙空间,用户只要有阅读行为就可留下痕迹,这些痕迹能为学术期刊提供有效的反馈数据,以便编辑更好地策划期刊栏目、服务读者。

**4. 从加速我国学术期刊的国际化发展的角度来说,学术期刊具有嵌入元宇宙空间的必要价值**

目前我国有 5000 多种科技期刊,但被国际重要数据库收录的期刊只有 5% 左右。虽然我国在许多科学领域里研究领先,但 40% 左右的 JCR 细分学科中没有中国科技期刊(李新坡等,2022;任胜利 等,2018)。我国又是科研论文产出大国,从 2018 年到 2020 年,年均发文量为 407181 篇(王亚娟 等,2022)。许多优秀的科研论文不得不发表在国外期刊上。在国外期刊上发表文章,部分论文"处理费用超过 2 万元"(宁笔 等,2021)。同时,国外的几大学术出版数据商凭借自身的威望垄断了大量的优质学术资源,国内高校、科研院所、图书馆等单位为了享受其资源不得不花费大量的资金购买版权。

为了改变这一现状,中国科协实施了"中国科技期刊卓越行动计划",主要目标是推动更多优秀期刊进入世界一流行列;同时为了提高期刊的国际影响力,把论文写在祖国大地上,正努力建设中国自主的国际化出版与传播平台,打造中国的国际化学术期刊和构建国际化的期刊评价体系。但要赶超西方大国有一定的难度,也需要一定的时间。元宇宙的到来或许能为中国学术出版走向国际化提供一个弯道超车的机会(武晓耕,2022)。中国的学术期刊要抓住机遇,提早布局,为抢夺这块新阵地储备技术与力量。利用元宇宙技术优势构建先进的元宇宙学术期刊版块,率先为全球作者、读者等提供多元的信息服务和提供沉浸式阅读,将会彻底改变我们现在受制于人的局面,使中国有望在元宇宙时代成为国际交流的中心。

### 5.3.3　学术期刊嵌入元宇宙空间面临的问题和冲击

**1. 一味追求沉浸式阅读,学术期刊是否将会偏离其传播学术知识的本心?**

学术期刊种类很多,有些容易实现,也有必要实现沉浸式阅读,有些很难实现沉浸式阅读。比如科技期刊刊载的科研论文,其实验过程、实验现象等容易实现可视化,给读者制造沉浸式的体验;人文社科期刊涉及一些历史题材方面的论文也容易给读者营造沉浸式的感受。但一些偏向理论以及重在评述的学术论文就很难给读者提供沉浸式的感受,如果硬生生地去制造,反而淡化了学术论文本身的思辨力量和理论价值。因此,在元宇宙时空中学术期刊依然要保持传播学术知识的初心不变,"沉浸式阅读"并不是元宇宙期刊的万能标签。在元宇宙空间里,学术期刊还需重新分类、分层,在满足读者个性化需求的同时,更好地去体现学术期刊的正向学术价值。

**2. 一味构建元宇宙全学术期刊版块,是否会引起资源挤兑、劳民伤财?**

首先,学术期刊数量多(2020 年已达 10192 种),如果都实现可视化以满足读者的沉浸式阅读必然会产生大量的制作成本,显然是不现实的。另外,也不可避免地造成部分学术期刊论文内容的同质化,如不严格筛选就去制作 3D 视频,显然是浪费资源。这就需要制定标准去选择元宇宙常驻期刊或期刊论文,这必然对普通学术期刊带来了冲击。比如普通的高校学报,可能连通往元宇宙的通行证都很难拿到。其次,学术期刊进入元宇宙时空,对作者也提出了较高的要求,他们不仅要提供 2D 的电子论文,还要提供与论文相关的 3D 视频。由于受能力和条件限制,并不是每位作者都能及时制作出 3D 视频,这样会导致一些有时效性的文章迟迟不能见刊。最后,对于教改论文,如果把普通的教学实验过程拍成视频,既浪费成本,也可能淡化论文要传递的学术思想。如果让专业团队和平台来打造元宇宙学术期刊,可能又会形成新的学术资源垄断。

**3. 整合学术期刊不可避免地造成学术期刊领域的躁动,如何实现公平?**

建立元宇宙学术期刊版块,会诱发学术期刊重新洗牌,大量的学术期刊实体可能会走向消亡,这必然产生一些令人思考的问题。有些学术期刊有它存在的价值,比如高校学报,办刊的目的就是为了宣传、展示和交流本校、相关单位和个人的科研成果,然而按现行的期刊考核和评价方式,普通高校学报影响力自然比不上核心期刊。如果学术期刊进驻元宇宙空间依然沿袭现有的期刊遴选方式,很有可能把一些普通学术期刊打入冷宫、自生自灭,显然是不公平的,也不是民意所向。这就需要制定合理的进驻元宇宙学术期刊版块的规则。

**4. 元宇宙去中心化、开放式审稿,如何把握审稿的度?**

学术期刊嵌入元宇宙空间,其投稿、审稿以及出版形式已不同于当前的网络投稿、同行评议和数字出版。在元宇宙学术期刊中嵌入区块链技术,实施开放式审稿,专家和"路人"都能参与,比如遇到一篇人文社科论文,评审者观点差异较大,可能会因为一个观点不同而展开一场唇枪舌剑,使事态变得不可控,很有可能耽误了稿件的正常流程。这就需要制定一个规则,在保证学术论文质量的同时,也要保证学术期刊的期刊特点——按时出版。

### 5.3.4　学术期刊嵌入元宇宙空间的策略

元宇宙学术期刊版块是一个在元宇宙技术支撑下的集投稿、审稿、出版、知识检索与用户服务等为一体的综合系统，主要由评审、出版、服务和管理四大部分组成（图5-1）。在评审环节实现了"去中心化"，在出版环节实施动态的扩展现实出版，在服务环节提供多源的个性化信息服务，在管理环节实现智能化管理。为了合理构建元宇宙学术期刊版块，本研究提出以下方略。

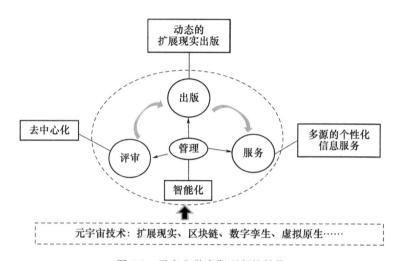

图 5-1　元宇宙学术期刊版块结构

**1. 有效把握元宇宙学术期刊去中心化审稿的进度，保证学术期刊价值不虚化、宗旨不动摇**

去中心化审稿的优势可避免暗箱操作，使审稿工作更公正。但如果编辑总是忙于处理专家和"路人"对原稿的各种点评，很难保证期刊准时出版，同时在面对太多的修改意见如何取舍的问题上，给编辑和作者都造成了困惑。元宇宙审稿系统必须自带选择机制，比如科研论文必须要求同行评议，不熟悉、不是该领域专家的"路人"不能参与；而一些贴近大众生活的社科论文，普通大众可以参与进来点评。元宇宙审稿系统要内设时间钟，每篇稿评审有时间节点。元宇宙审稿系统有常驻编辑和虚拟编辑，便于做好与作者、审稿人的协调和沟通，并最终形成科学、全面的审稿意见。在元宇宙空间，传统的论文审稿流程不能完全放弃。另外，元宇宙学术期刊应始终把传递正确的学术思想和为党和国家服务作为宗旨，不能为了契合元宇宙的"人性自由"而放弃原则、将价值虚化，甚至迷失了政治方向；也不能完全为了迎合读者的阅读兴趣与需求，而改变自己的办刊"初心"与风格。

**2. 合理划分元宇宙学术期刊版块的单元和空间，更好地突出元宇宙学术期刊动态扩展现实出版和沉浸式阅读的特点**

元宇宙学术期刊扩展现实出版如图5-2所示，即先根据学术期刊的类型和特点划分不同单元，然后再推送各学术期刊进驻相应的单元。比如，按学科类型可分为自然科学期刊单元、人文社科期刊单元、哲学与政治思想类期刊单元及综合类期刊单元等。每个单元又可根据期刊论文内容细分为多个论文子单元，比如自然科学期刊单元根据论文内容可分为实验类论文子单元、综述类论文子单元、设计类论文子单元、理论建模类论文子单元和科普类论文子单元等。另外,每个论文单元又可分为静态空间、静—动混合空间和动态空间。静态空间主要存储现有的 2D 电子学术期刊论文,这些资源可满足传统和怀旧派读者的需求,也可避免学术期刊限量进驻元宇宙空间引起的纷争。随着元宇宙技术的发展和资金的到位,这些静态空间的学术论文可以根据必要性有选择地被逐步激活并打造成半全息和全息的阅读模式,滚动到静—动混合空间或动态空间。在静—动混合空间里,学术期刊论文的部分章节实现了沉浸式或全息式阅读,并且读者还可按自己的需求选择观看与论文相关的图形、视频和引文。这既便于满足读者个性化需求,又不会因过多的信息刺激干扰读者对问题的思考。在动态空间里,学术期刊论文内容完全实现了立体化呈现,同时满足时间的追溯和空间的延伸,读者可以多角度、多维度去欣赏。在沉浸式场景中读者可以以虚拟数字身份与作者和相关的研究者交流,便于了解自己感兴趣领域的发展情况,也有利于作为科研工作者的读者更好地确定自己的研究方向。当然,在动态空间里,要考虑到实体人的生物特征,沉浸式体验要适度,不能让场景泛滥而分散读者的注意力和削弱读者的思考力。

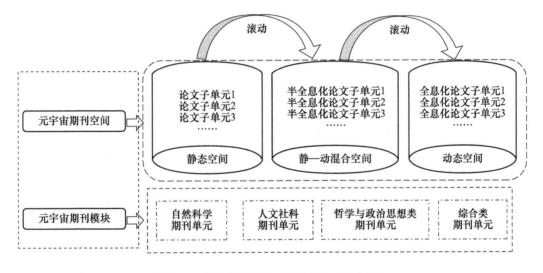

图 5-2　元宇宙学术期刊扩展现实出版示意图

**3. 科学统筹元宇宙学术期刊,构建和谐有效的学术生态环境,保证其价值落地的具体措施和组织架构**

首先,需要制定合理规则、科学评估学术期刊论文。可从学术论文是否具有被打造成立体化呈现模式的可能性与必要性出发,兼顾学术论文的内容和关注度,并考虑读者的需求以及产生的经济效益;同时也不能忽视某些学术期刊的特殊性。经多方面权衡后制定规则。只有依托透明的评审规则有序推进学术论文实现沉浸式阅读,才能把矛盾从学术期刊间的竞争中转移出来。

其次,要完成学术期刊与教育、科研和图书馆等元宇宙版块的有机融合。为了更好地体现学术期刊传播知识的价值,元宇宙学术期刊要嵌入元宇宙教育版块,为教育提供优质教学资源和瞬间传送的服务,方便教师在虚拟课堂上应用。比如教师给大学生讲授"中国古代史"课程,当介绍到某些具有较强、较复杂的戏剧性历史事件时,可嵌入相关的元宇宙学术论文知识模块,让学生沉浸在逼真的历史环境中,去观察、体验这些历史事件和人物对当时社会和政治的影响,师生们好像实实在在地穿越到那段历史空间,从而帮助学生掌握课程的知识点。元宇宙学术期刊还有必要嵌入元宇宙科研版块,因元宇宙学术期刊结合数字孪生技术可实现学术研究的模拟与重构、论文图片与视频场景的还原等,能为科研人员提供科学实验的重现等服务。元宇宙学术期刊版块依然要保持与元宇宙图书馆唇齿相依的关系,因为图书馆是收藏人类知识的重要场所,也是读者查找资料的关键领域。元宇宙学术期刊还要与元宇宙世界新的圈落、流派和部落合作,比如学者圈、科研流、"Z世代"部落等,在构建元宇宙学术期刊版块过程中,逐步实现与元宇宙各元素的和谐相处。

最后,在构建元宇宙学术期刊版块的同时,还须组建一个智能化的管理机构,旗下可分布许多职能部门,比如技术部、学科部、运营部、仲裁部和监管部等部门。技术部主抓论文的可视化实现,以满足读者的沉浸式阅读;技术部还要从技术上维护元宇宙学术期刊版块,保证其正常的运行。学科部主要负责对全部学术期刊论文的分类和遴选,确定适合静—动混合空间和动态空间的论文,分级、分批向技术部推送论文;学科部还要从学科的角度评估制作好的可视化论文的质量,把好质量关。运营部主要负责推送论文,除了推送论文到不同的元宇宙学术期刊空间和相关联的元宇宙版块外,还需做好对学术期刊论文的宣传。仲裁部主要对元宇宙空间中存在的版权纠纷和学术不端等问题进行裁决,维护作者的权益。监管部是元宇宙学术期刊版块的总督察,审查各个环节是否合法、合规,保证元宇宙学术期刊健康发展和价值落地。

### 4. 分阶段推进元宇宙学术期刊版块建设,实现学术期刊与元宇宙空间的有效融合和价值的最大化

元宇宙学术期刊版块建设要与元宇宙技术发展相匹配分阶段落地。元宇宙本身受技术等制约需分三阶段发展:第一阶段实现用户的虚拟体验,即通过外链式设备刺激用户,营造身临其境的感觉;第二阶段实现用户在虚实世界中自由转换,即通过在人脑内置芯片实现人与元宇宙时空的直接交互;第三阶段实现真实世界与元宇宙世界的一体化,即元宇宙世界似乎成了人体的一部分,用户可根据自己的意念随意切换。元宇宙学术期刊建设也需分三阶段进行。第一阶段——实验阶段。部分学术期刊论文实现读者的外链式虚拟体验,即读者通过外链式五感设备实现沉浸式阅读。但这个阶段实现沉浸式阅读要穿戴外链式设备,还要受特定场所的局限,可能在推广上受限。第二阶段——感应阶段。通过在人体太阳穴等部位内置芯片,实现与外界相关设备的耦合感应,从而让人产生身临其境的感觉,突破场地和时空的局限,实现轻松的"全息阅读"。借助于内置芯片技术,元宇宙学术期刊又上升了一个平台,读者随时可以登录元宇宙学术期刊版块享受"全息阅读",学术论文将不再依托载体和媒介,而是呈现于面前透明的空气之中。第三阶段——内化阶段。无须任何设备的制约,读者可随时随地遨游于元宇宙学术期刊版块,也无须担忧信息拥堵,因为元宇宙世界似乎已成为个人身体的独立的一部分,不会有人和你瓜分资源。在第三阶段,元宇宙学术期刊版块已基本成熟,就像现在每个人使用互联网检索学术资料一样普遍。自此,元宇宙学术期刊就像一个拥有高智商的新生生物时时为读者提供个性化服务。

**5. 重新审视学术期刊版权问题,做好元宇宙学术期刊版权的合理分割和监管,拓展其价值空间**

在元宇宙空间,作品的版权也将趋于复杂化。在"去中心化"审稿过程中稿件有机会融入多家之言,有可能导致一个作品已完全被改头换面,严格地说,作品的版权已不完全是原作者的,可以算是协同创作(张薇薇 等,2011)。协同创作将动摇当前版权制度中的作者身份定位;协同创作会导致版权保护中的利益失衡(蓝纯杰,2022)。因此,重新确定元宇宙版权概念不但是一个重要的理论问题,更为保证学术空气的纯净提供了法律保障。

正如英国皇家国际事务研究所国际法项目代理负责人哈里特·莫伊尼汉所表述,目前尚不清楚元宇宙的具体实践形式,但是需要政府、私营部门、国际组织共同努力构建监管机制。对元宇宙知识产权等监管政策必须更加灵活和可预测,以防止元宇宙放大现有的互联网风险或制造新的风险(王俊美,2022)。另外,中国工程院院士、北京邮电大学教授张平指出:只有构建中国自主可控的元宇宙技术标准体系,才有可能以安全的数据要素为核心,分享数据价值(张平,2023)。因此,我们国家必须提前预测并制定具有示范效应的元宇宙中国版权方案,抢先占领元宇宙版权国际话语权,以便更好地推动我国知识经济的可持续发展。

本章通过对元宇宙概念、特征以及对元宇宙发展及研究概况的分析,概括出学术期刊嵌入元宇宙空间的必要价值,同时指出学术期刊嵌入元宇宙空间存在的问题和面临的冲击,并为未来元宇宙学术期刊版块建设提出发展策略。元宇宙是人们的数字行为与社会生活的崭新融合,是社会发展的一种趋势。学术期刊嵌入元宇宙空间能实现知识传播效果的更大化,但元宇宙学术期刊会冲击传统的期刊规制和生态环境。因此,我们要提前规划和布局,分阶段推进元宇宙学术期刊建设,并合理制定元宇宙学术期刊规制和科学的版权方案,保证未来的元宇宙学术期刊能真正造福人类,满足未来人类对多元知识和全真阅读的需求。

本研究虽然有一定的前瞻性,但还存在一些不足,比如对元宇宙学术期刊的构想很多是站在"当下"的视角,会有一定的局限性。元宇宙学术期刊版块建设是一项有价值的、需不断探索的系统工程,希望今后有更多的学者参与进来讨论。

# 第6章 新时代编辑与编辑工作的回顾与展望

## 6.1 新时代编辑工作的回顾

新时代,在习近平中国特色社会主义思想的指导下,编辑工作紧紧围绕国家大政方针,做好选题策划和主题出版,发挥好党的喉舌作用,在推进学科体系、学术体系和话语体系建设中做出重要贡献。为了与时俱进,紧跟先进技术,在编辑工作中尝试融媒体技术和数字出版技术,并有一定突破。本研究通过文献分析,总结出新时代编辑与编辑工作表现为以下主要特点。

**1. 聚焦主题出版**

主题出版是"围绕党和国家工作大局,就一些重大会议、重大活动、重大事件、重大节庆日等主题而进行的选题策划和出版活动"(余声,2012)。主题出版作为宣传党的政策方针、体现党和国家意志的重要出版活动,在发展社会主义先进文化,提升国家文化软实力,增强文化自信等方面发挥着重要作用。在《2012年新闻出版工作要点》中提出要"抓好年度重大主题出版工作"(新闻出版总署,2012),在该政策的指引下,在编辑工作中开始尝试对主题出版的策划。2015年3月26日,中央宣传部办公厅和原国家新闻出版广电总局办公厅联合下发了《关于做好2015年主题出版工作的通知》,就主题出版内容进行选题部署,进一步促进了主题出版的发展。2021年12月30日,新闻出版署印发《出版业"十四五"时期发展规划》,把"做优做强主题出版"作为"十四五"时期出版业发展的首要内容,明确了其纲领性地位和战略意义,推进了主题出版的繁荣发展。2023年2月22日,国家新闻出版署发布《2021年新闻出版产业分析报告》中指出:2021年度全国印数达到或超过100万册的一般图书中,主题图书28种,占40.6%,较2020年提高9.8个百分点;总印数30740.1万册,占78.0%,提高37.2个百分点。一批反映新时代发展成就的图书引人注目。

经过10多年的发展,主题出版内涵建设逐步完善,为主题出版的高质量发展提供持续的理论支撑。中国式现代化作为出版史上最强力度的时代主题、核心任务,应在保持中国式现代化语境主题出版工作常态化的同时,切实遵循习近平总书记在中国共产党第十九届中央政治局第三十次集体学习时的讲话中指出的"要采用贴近不同区域、不同国家、不同群体受众的精准传播方式,推进中国故事和中国声音的全球化表达、区域化表达、分众化表达,增强国际传播的亲和力和实效性"的指示精神,在主题出版分众化、对外传播上下功夫,进一步提升中国式现代化语境下主题出版的对外传播水平(谭可可,2023)。主题出版"走出去"方兴未艾。讲好中国故事、传播好中国声音,展示真实、立体、全面的中国,是新时期我国文化建设的重要任务。

主题出版"走出去"能传播中国的先进理念和核心价值观,建构中国的国家形象,已经成为我国文化输出的主要发力点(付哈利 等,2023)。

2023 年 6 月 2 日,习近平总书记出席文化传承发展座谈会,对中华文化传承发展的一系列重大理论和现实问题作了全面系统深入阐述,深刻揭示中华文明内涵特征,深刻指出"两个结合"的历史必然性,为扎实推进中华民族现代文明和社会主义文化强国建设指明了前进方向、提供了根本遵循(佚名,2023e)。主题出版作为文化传播和传承的重要载体,如何更好地与中华优秀传统文化相结合,更好地发挥其在实施中华优秀传统文化传承发展工程中的基础性作用,意义重大。传统文化类主题出版要把握历史底蕴和当下价值的统一,传统文化类主题出版要把握学术性和故事性的统一,传统文化类主题出版要把握中华价值与国际标准的统一,传统文化类主题出版要把握科学精神和人文精神的统一(李婷 等,2023)。主题出版是马克思主义出版观中国化的创新实践发展。在政治传播视域下,马克思主义出版观与主题出版分别是服务于社会主义精神文明建设的价值规范和实践路径,它们以马克思主义基本原理"灌输论"作为理论基础并以主题灌输的方式加以落实。马克思主义出版观吸纳主题出版,可强化主题出版的知识合法性和理论意涵;主题出版嵌入马克思主义出版观中,可从实践维度拓展马克思主义出版观的理论体系内容,二者相互成就、协同发展,共同夯实了出版学理论的基础(杨石华,2024)。学术期刊的主题出版,应以国家需要为使命、以人民利益为准绳。学术期刊的主题宣传,主要是着眼解决新时代改革开放和社会主义现代化建设的重大理论和重大实际问题,具备一定的理论深度和理论厚度。当前哲学社会科学期刊的主题宣传,需要构建作为国家指针的、广泛的哲学体系,并为其不断提供营养。学术期刊的主题宣传是学术性与意识形态性的统一。学术追求真善美,其中有超越意识形态、超越时空的内容和价值,应当保持一定的自由性和独立性(刘曙光 等,2024)。

主题出版内容资源与融媒体技术的有效融合,是数字时代出版界面临的重要课题,将融媒体思维贯穿整个出版流程,以二次创作整合主题出版建设内容,并采用生动新颖的呈现形式,成为当前主题出版发展的新趋势(付哈利 等,2023)。2019 年 1 月 25 日,习近平总书记在中共中央政治局第十二次集体学习中指出,全媒体不断发展,出现了全程媒体、全息媒体、全员媒体、全效媒体,信息无处不在、无所不及、无人不用。"四全媒体"为新时代更好地运营主题出版提供了理论支撑,使得主题出版内容表现的"全息性",主体多元互动的"全员性",服务经济社会发展的"全效性"(李珮 等,2023)。能否高质量完成《出版业"十四五"时期发展规划》部署的主题出版重大任务和重大出版工程,是衡量和检验我国"十四五"时期出版业发展的硬指标试金石。

陈卓(2023)通过对 2017—2022 年六届"期刊主题宣传好文章"样本进行分析,总结出新时代新征程中期刊主题出版的趋势与特点:期刊主题出版内容紧扣中国式现代化发展;期刊主题出版以分众化理念丰富表达形式;期刊的主题出版活动参与度呈现上升态势。付玉等(2023)调查了新时代科技类主题出版的总体态势:2012—2015 年,科技类主题出版还在初步探索期,已有少量先行探索者;2015 年起,中宣部每年公布主题出版重点选题,一些科技出版社开始结合特色做复合性选题,科技类主题出版选题数量稳步增加;2020 年 10 月,在党的十九届五中全会审议通过的《中共中央关于制定国民经济和社会发展第十四个五年规划和二〇三五年愿景目标的建议》中,首次将科技创新摆在各项规划任务首位进行专章部署,科技战略被提到前所未有的高度(王志刚,2020)。此后,科技类主题出版有了较快发展。

党的二十大报告首次将教育、科技、人才进行一体化部署,提出深入实施科教兴国战略、人才强国战略、创新驱动发展战略,凸显了党对科技强国战略的深入认识,为科技类主题出版发展提出更高要求。回顾近年探索,科技类主题出版优质选题数量稳步增长,选题定位趋向专业化特色化,融媒体产品形态创新明显,科技实力增强带动走出去步伐加快(付玉 等,2023)。学术期刊作为一种知识传播的制度性设计,引导着学术生态。而主题策划在学术生态构建过程中作用重大,表现为打造学术体系、强化学术联结、推动知识传播、引导学术创新等方面(胡沈明 等,2022)。

**2. 聚焦书报刊的高质量发展**

新时代书刊的高质量发展,应放在百年未有之大变局中考量。2021 年 5 月 9 日,习近平总书记在给《文史哲》编辑部全体编辑人员的回信中指出:"高品质的学术期刊就是要坚守初心、引领创新,展示高水平的研究成果,支持优秀学术人才成长,促进中外学术交流。"学术期刊与"三大体系"建设协同发展为造就高品质的学术期刊提供重要的基础。学术期刊高质量发展为社会经济高质量发展提供了知识支撑(方新田,2021)。学术期刊应突破价值链增值瓶颈,在顶层政策支持和技术可供性丰富的双重契机下,以高质量发展为导向,以内容建设为根本,以先进技术为支撑,将出版主体、内容、渠道、用户等与新兴数字技术深度融合,构建中国特色话语体系,提升国际话语权,实现学术期刊价值链重塑(王春玲,2022)。宁平(2022)指出,社科类学术期刊要围绕中国特色哲学社会科学"三大体系"建设同社科类学术期刊的生命力与影响力提升紧密结合。谭晓萍(2022)指出,推进社科学术期刊的高质量发展,必须注重中国特色的构建:在办刊原则与指导思想上,要坚持党的领导,坚持以马克思主义为指导;在办刊机制构建上,要明确其非营利性和公益性;在选题策划上,要坚持政治性与学术性的辩证统一,做强做优主题出版;在办刊队伍建设上,要建设一支讲政治、懂学术的专职编辑队伍。

如何促进书报刊的高质量发展,一直是编辑出版领域研究的热点。近两年聚焦学术期刊高质量发展的研究一般是从选题策划、媒体融合、数字化转型、期刊评价、编辑素质等角度展开,比如,刘永红(2023)指出,我国人文社科学术期刊要高度重视重点选题策划的作用,直面发展过程中存在的选题策划问题,以重点选题策划为抓手与突破口,围绕学科发展、行业进步以及国家战略进行选题策划,不断提高编辑人员重点选题策划的积极性与能力,通过团结权威专家学者、扶持优秀学术人才凝聚自己的专家学者力量,最终实现自身的高质量发展。黄江华等(2023)指出,重点选题以服务国家重大战略所需为目标,对学术期刊高质量发展具有内容支撑、作者培育和信息传播作用。加强学术期刊重点选题策划,应从服务国家战略需求、聚焦学术发展前沿、善用信息支撑平台、整合高端专家资源和提升编辑策划能力五个方面着手,全力提升重点选题策划工作的水平,从而促进学术期刊高质量发展。林丽敏(2022)从实现媒体融合和数字交互的角度探讨了学术期刊的高质量发展;胡小洋(2022)指出,从对学术期刊办刊过程、办刊能力、办刊效果、办刊贡献等方面开展科学评价是学术期刊高质量发展的必经之路。吕艳妮(2022)指出,地方高校学报要高质量发展需依托地方特色,贯通优势学科,促进特色学科发展;高辛凡等(2022)从学术期刊定位、编辑的专业化形塑、数字化转型以及国际化探索等角度分析了新时代传媒类学术期刊高质量发展的路径;王政武(2021)指出,新时代学术期刊高质量发展,要按照"定位明确—建立标准—机制保障—规范评价"的逻辑改进学术期刊发展的制度进路,重塑其发展体系。徐东涛等(2024)指出,地方综合性学术期刊要从自身比较优势和发展阶段出发,围绕差异化竞争加强内容建设和机制创新,以专业化、精品化、特色化、新颖化的发展路径,有效破解"全、小、散、弱"的顽疾,实现高质量发展。黄晓(2022)提出了整合资源、运用技术、凸显特色和坚持开放等举措,提升教育学术期刊的质量。针对科技期刊高质量发展的研究还有:陈冬梅等(2022)提出推动科技期刊高质量发展需要采取悟思想、注重对编辑的培养、充分利用数字技术、加强媒体融合发展、加强与期刊界的国际交流等措施。张前锋(2022)指出,科技期刊可从优化选题组稿、优化出版流程、充实编委队伍、采用中英文长摘要等提升期刊质量。孙莹等(2024)从新发展阶段、新发展理念、新发展格局的视域出发,以高等教育出版社"前沿"系列英文学术期刊为研究案例,提出科技期刊高质量发展的建设方向:探索科技期刊数字出版服务平台建设;创造知识共享图景,打通知识生产产业链;以知识创新为根本,凝聚学术共同体,构建中国学术出版体系;以国际化与平台化为导向,聚焦科技期刊建设重难点;阐释基于技术逻辑、传播逻辑、出版逻辑维度的科技期刊发展路径。

为了书报刊的高质量发展,学者对期刊的集群化建设方面也做了大量探索:余静(2023)基于 CiteSpace 对国内期刊集群化研究进行了梳理,指出 2013—2022 年期刊集群化研究的热度越来越高,并将指引期刊社向好发展。2012—2018 年,期刊集群化研究主要围绕"期刊新媒体建设"展开,突现词有"数字出版平台""数字化""互联网+""创新"等。随着社会主义建设进入新时代,新媒体向纵深发展,传统期刊融媒体发展也引起了学界关注,因此,关于学术期刊集群化研究的发文量开始快速增长,呈现高速增长趋势。2018—2022 年,期刊集群化研究主要围绕"期刊高质量发展"展开,突现词有"专业学术期刊""高质量发展""卓越行动计划""国际影响力"等。未来,在期刊集群化研究方面,学者应拓展研究样本的领域,对期刊集群化理论进行建构,进行期刊集群化的实证研究,重视与国际期刊集群的比较分析,为期刊创新发展奠定理论基础。

### 3. 聚焦学术诚信

学术诚信一直是书报刊领域常谈不衰的话题,因为学术失信会污染学术环境,影响国家形象。屈秀伟等(2023)通过文献计量学对国内近 30 年核心文献分析,并借助 CiteSpace 等可视化文献分析软件对诚信问题相关研究话题、作者群体等进行深度分析。研究表明:诚信问题领域强度最大爆发词是科研诚信,其强度高达 52.18,明显高于其他爆发词强度,爆发于 2014 年持续到现在。以后每年围绕科研诚信的治理策略、对策研究、科研评价、学术规范、学术不端等方面均有论文发表,这说明科研失信一直未得到有效治理。随着域信用模式的提出、信息技术的发展、元宇宙的兴起,学界对诚信问题的研究视角不断拓展,研究内容不断丰富。近年来,图表数据学术不端行为成为重灾区,并呈逐年上升趋势。到 2021 年初,科学图像学术不端(AMSI)已经高居论文被撤销原因之首,并在我国频频引发舆情(徐奇智 等,2023)。由于图表数据学术不端行为往往表现为图片和表格上极细微的局部修改,因此,发现该剽窃行为并不容易。李新根(2023)探究了 21 世纪以来国内学术不端治理研究发展脉络与热点主题,研究表明:国内学术不端治理研究热度总体上不断增长,影响力持续提升。2009—2016 年,学术不端治理研究文献增长迅速,学术诚信、学术道德、研究生、编辑等成为研究的热点主题。2017—2021 年,科研不端、同行评议、撤稿、区块链、科研诚信等成为学术不端治理领域的研究热点,其中"科研诚信"是近年来的研究热点,其突现强度最大。基于关键词突发性检测信息,预测科研诚信、同行评议、撤稿、区块链等将是未来一个时期学术不端治理研究的前沿热点,应重点关注。周华清等(2023)采用内容分析法,对数据进行多维度分析,归纳科普短视频对科技期刊研究成果洗稿的特征,分析其对研究成果传播和科技期刊的影响,得出科普短视频洗稿会影响科技期刊学术形象,研究成果碎片化和不准确传播使公众产生负面认知。指出科技期刊可以通过联合主办单位加强科普宣传与推广,强化版权意识、推动完善法规体系,与科普短视频博主合作实现优势。

**4. 聚焦版权保护**

针对版权问题,大量学者对目前版权协议存在的问题做了大量研究,比如,马晓芳(2023)以《中文核心期刊要目总览(2020 年版)》第四编自然科学中的综合性科学技术类共 120 种科技期刊的著作权协议为研究对象,采用实证研究的方法,从协议名称、转让或许可使用权的种类、违约责任及争议处理、数字出版告知作者情况等方面对中国科技期刊著作权协议现状和存在的问题进行调查,结果显示:部分期刊出版单位对所签订的著作权协议性质的理解存在偏差,著作权协议存在所转让权利种类约定不明确、不能满足数字出版需求、没有明确违约责任及争议处理办法等问题。指出期刊出版单位应制定科学合理的著作权转让或许可使用协议,加强对数字出版物版权的保护力度,明确重复转让或许可使用的权利归属,完善期刊著作权转让与专有许可登记制度,从而确保著作权协议的法律效力。阙忧忧等(2023)采用网络文献调研法调研总结国际实践中作者版权保留的主要类型,利用利益相关者理论识别作者版权保留的利益相关主体,分析主体之间的利益关系及主要冲突。尝试探索国际实践中利益冲突的解决方案。提出作者增强版权认知,资助机构、科研机构主动参与博弈,建立科学的评价体系与激励机制,发展新型学术交流模式,调整版权利益分配格局等方法来协调冲突、平衡利益。程娅(2023)指出,科学数据出版权利主体不明、开放许可失范和侵权风险难控等问题,为更好护航科学数据的出版实践,为促进科学数据的有效利用,推动科技期刊科学数据出版健康有序发展,应分别从确权、用权、维权三个方面着手,厘清权利主体确认规则,完善开放许可规范,优化侵权防控措施。周濛(2023)基于数据风险识别和技术与法律视角的根源分析,得出学术期刊需要分别从主体层面、技术层面和法律层面防范数据风险。学术期刊应当在主体层面提升数据辨识度与敏感性、贯彻数据安全意识与保密义务,在技术层面匹配数据存储与处理方案、执行数据分级分类管理,在法律层面完善数据服务合同条款、避免数据权属与版权争端。曾建勋(2024)分析了我国科技期刊版权合作中存在的问题,包括我国版权保护相关法律法规存在的前后变化;科技期刊数字版权授权链条断裂、授权文本内容欠规范、数字版权稿酬标准不明确、科技期刊数字化能力不高、平台同质化严重、作者的版权地位缺失、我国开放获取进程缓慢等。提出我国科技期刊数字版权合作的对策:树立科技期刊数字版权的主体地位;完善学术作品数字版权保护的相关法律法规,实现与作者版权授权方式的规范化转型;循证数字平台使用流量,制订不同类型作品的付费标准;在规范作者确权方式同时,强化作者权益的全方位维护;推进与国际接轨的开放获取出版,促进公益仓储服务;强化学术作品数字版权的市场监管,消除独家传播。

特别是进入数字时代,随着人工智能的大量应用,知识产权出现了一些新的形态,比如以ChatGPT 为代表的数字技术发展,引发 AI 出版传播业态的革新,对生成式 AI 作品创作提供广阔的前景。如何认定该版权? 必须革新现有的版权保护政策。版权立法与司法应当保持与AI 时代同步,调整版权立法与 AI 出版传播场景应用脱节部分。优化中国 AI 创作版权规制的新路径:在"作者"主体上,处理好"人类－AI"主客体式关系,明确人类为创作主体,AI 为创作工具;在"作品"客体上,统筹好版权保护与 AI 出版传播产业发展的关系,厘定商事主体研发AI 出版场景应用的合理使用情形,为 AI 新闻传播业态良性发展提供规范保障(宋伟锋,2023)。吕炳斌(2023)在探讨人工智能时代的著作权法时指出:人工智能时代著作权法面临的大挑战莫过于"作者"的身份问题。对此,一种优选方案是采取"拟制作者"的进路。人工智能创作仍是人类控制的创新过程,人工智能作品的权利应当配置给对创新过程施加控制的自然人或法人。郑飞等(2023)指出,新一代大规模语言模型"输入端"面临着预训练学习难以纳入合理使用的版权壁垒困境。"输出端"则面临着生成内容不具有可版权性的版权荒漠困境。为顺应生成式 AI 的技术演进趋势,激励技术创新和智能创作,宜基于"宽进宽出"原则分别从"输入"和"输出"两端调整著作权规制。谢泽杭等(2023)提出生成式 AI 出版具有捕捉、引领出版热点,凸显出版多元化,推动编辑流程高效化等价值优势,但也面临挑战出版伦理、引起版权纠纷、限制应用范围等新的现实困境。据此,描绘未来生成式 AI 出版构建人机协同的策划审核体系、完善版权保护技术保障机制、融入或搭建出版数据共享平台的发展图景,提出随着技术的不断发展,AI 与出版的关系将从赋能走向融合,技术将在出版领域发挥越来越大的作用。刘斌等(2024)认为,在"人-机"协同创作中认定 AI 的主体地位与 AIGC 的可版权性,有助于对人类认知风险和复杂利益关系进行道德与利益调节。以"人一机"贡献比率为依据、以作品形式与内容为前提、以训练数据合法性为准绳三种方式界定版权,通过技术供给侧与技术使用侧的协商制界定版权分配,有利于以开放的态度对待"人一机"协同创作的兴起。

**5. 聚焦融媒体和数字技术**

进入新时代,随着融媒体和数字技术的发展,我国书报刊面临着传播形式和展现形式的重要转型。融媒体是多种媒体融合形成的一种新媒体,可使书报刊的传播形式多元化。数字技术改变了传统期刊以纸质为载体的形式,使书报刊形成数字化载体,在此基础上,才能与融媒体技术结合,变单一的纸质传播形式为多元化数字传播形式。数字出版能够利用融媒体手段与其他媒体进行合作,拓展了传媒的空间;同时,利用数字技术构建的数字出版也使得融媒体成为更有生命力的一种形式。数字技术成就了数字出版,融媒体技术开辟了数字出版的多元化传播,这些表明书报刊的发展和创新自始至终离不开先进技术的支撑。新时代,书报刊数字出版的发展案例也证明了这层关系。伴随着融媒体技术和数字技术的发展,人工智能、增强现实/虚拟现实(AR/VR)、区块链等技术的推进,目前数字出版已在国际范围内广泛应用。以有声读物为例,2018 年法兰克福书展有声书论坛上,国际有声读物出版商协会总监 Michele Cobb 发布了英美两大市场的最新数据:美国 2018 年度新出版了 46000 种有声书产品,销售额增幅达 23%,英国相应的数字是 3700 种和 16%。作为最大的有声书平台,亚马逊 Audible 在英美等主要市场的平均增幅达 30%以上。在英国,有声书的新用户比例高达 36%,这意味着巨大的市场增长潜力。智能手机仍是有声书的主要媒介载体,近几年兴起的以 Google Home 和 Amazon Eco 为代表的智能音箱和智能家居系统,成为有声书迅猛增长的另一个推手(任翔,2019)。同比,根据艾媒咨询(iiMedia Research)的调查统计,2018 年中国有声书市场规模达 46.3 亿元,年均复合增长率为 36.4%(iiMedia Research,2019)。美国 2013 年数字出版以 28%的占比份额占据全球市场的制高点,且这一数字在 2016 年上升至 47.3%(冉华 等,2020)。

2023 年 2 月,中共中央、国务院印发的《数字中国建设整体布局规划》中提出了"2522"的整体布局,到 2035 年,要实现数字技术全面赋能经济社会发展。为做好数字出版业建设的"2522"框架布局,使数字出版产业发展成为数字中国建设的重要推动力,张晓菲(2024)从数字出版如何推动数字经济、数字社会、数字文化建设,如何构建数字技术创新体系等方面,系统分析出版业如何对标数字中国建设布局、做好出版业数字化转型的顶层设计,加快与数字技术的深度融合步伐,大力发展数字出版,使出版业成为数字中国建设的重要推动力。

自 2015 年《关于推动传统媒体和新兴媒体融合发展的指导意见》印发以来,"融合出版"成为出版界热词,国家数字出版精品遴选推荐计划及出版融合发展工程等融合发展项目矩阵的实施,更是为主题出版融合发展提供了动力支撑。主题出版内容资源与融媒体技术的有效融合,是数字时代出版界面临的重要课题,将融媒体思维贯穿整个出版流程,以二次创作整合主题出版建设内容,并采用生动新颖的呈现形式,成为当前主题出版发展的新趋势(付哈利 等,2023)。周雨蕾等(2022)基于 CiteSpace 软件对期刊媒体融合发展研究文献进行计量和可视化分析,研究结果表明:期刊媒体融合发展研究文献数量庞大,但持续深入研究的文献数量较少;发文量呈现出总增长趋势,但阶段性波动的引用特征显示该领域的研究缺乏持续高认可度的文章,尚未形成具有影响力的作者群体和机构群体;跨学科的文献较少,该领域研究的广度和深度都有待开发。

2014—2021 年是我国期刊媒体融合多元深化发展期,这一阶段期刊数字出版研究主题更趋多样性与深层性,逐渐从关注宏观概念理论层面转向兼顾中、微观层面,且注重不同层面研究的互动。从长远来看,期刊媒体融合发展研究仍是一个探索与发展的过程,未来需要对期刊媒体融合发展概念、评价体系、主客体、类型等问题进行更多的基础理论分析和实证研究。冉华等(2020)以科学网(Web of Science)数据库中 1998—2018 年关于数字出版的研究成果为对象,利用可视化软件 CiteSpace 进行文献计量分析,发现数字出版研究的热点议题主要集中于数字学术出版及其政策机制、数字媒介使用、数字出版商业模式的探讨。多学科领域的产出成果构成了具有跨学科特色的数字出版研究学术版图。另外,在技术环境催生下,数字人文学科的建立、知识生产以及人才的教育与培养等研究课题也逐渐引起重视。主题出版融合发展后劲十足。学术期刊应充分利用新技术实现媒体融合发展,构建学术传播和知识服务的全媒体出版传播体系,从而更好地引领学术创新、推动学科发展,形成更加多元化的学术共同体(艾岚 等,2021)。

元宇宙技术进一步激发书刊出版的全流程变革。元宇宙学术期刊版块是一个在元宇宙技术支撑下的集投稿、审稿、出版与用户服务等为一体的综合系统,主要由评审、出版、服务和管理四大环节组成。在评审环节实现了去中心化,在出版环节实施动态的扩展现实出版,在服务环节提供多源的个性化信息服务,在管理环节实现了智能化管理(赖莉飞,2023)。沉浸式场景将成为学术出版发行的新型业态。在第二十八届北京国际图书博览会上的 5G 全景展厅、VR全景展厅显示了未来元宇宙书刊出版的部分元素:有出版商将纸书与全景视频融生,比如,中图云创拟将《刘慈欣科幻漫画》系列作品的纸书、手稿、有声书、全景视频相结合,构建真实与虚拟相融相生的阅读世界;有出版商力图开发兼具区块链确权及数字藏品特性的元宇宙图书,比如,作家阿来的《瞻对》作为全国首个数字藏书产品,开售 2 分钟售卖量即突破 2000 份,销售界面更是引来超过 3 万人次的围观(文辉 等,2023)。由此可见,元宇宙为书报刊出版提供了全新的视角和难得的机遇。

## 6.2　对未来编辑工作的展望

新时代催生数字技术快速发展,将会诞生出不一样的编辑出版模式;数字技术是科技革命和产业变革的先导力量,必将引起编辑工作的巨大变化:可实现快速高效高质透明化的同行评议,高效的文章生产发布与检测系统自动化对接全流程数据监控和各环节用户的体验优化(包括作者、编辑、审稿人、管理者……),改变了编辑、作者、专家的交流模式,减轻了编校的负担。但数字技术在给编辑工作带来了机遇和创新的同时,也给编辑工作带来了一些潜在的危机,比如,人工智能协助学术出版完成相关研究搜索、翻译、语言润色、智能推荐引用文献、数据分析等,同时会激发新型的学术不端、著作权纠纷和隐私权保护等问题;生成虚假内容和错误结论可误导学术研究方向,并会弱化学术责任和扰乱学术生态。另外,数字技术也为人们建立了新的交流时空——元宇宙空间,即应用先进的数字技术构建的、能与现实世界交互的虚拟世界。元宇宙本身是推动和发展的数字文明,这与出版业自身文化选择建构、承载传播的功能不谋而合;元宇宙本身的信息、知识和数据要素可由出版业进行有效供给;元宇宙的经济、政治、文化子系统和出版业的服务经济、政治、文化功能相吻合(张新新 等,2022)。因此,把编辑工作拓展到元宇宙空间也是未来的必然趋势。但在元宇宙空间,作品的版权将复杂化,由此对元宇宙知识产权等监管政策必须更加灵活和可预测,以防止元宇宙放大现有的互联网风险或制造新的风险。重新确定元宇宙版权概念不但是一个重要的理论问题,更为保证学术空气的纯净提供了法律保障。

基于以上分析,可推测未来编辑工作的重点:首先,制定适合数字时代的版权法,以应对新的编辑出版业态。其次,对于我们国家来说,在国际上抢占学术制高点,永远是科研人员不断追求的目标,更需要我们编辑工作紧密协同,及时向全球推出我国科研人员的最新研究成果,这是我们编辑工作的使命。为了完成这一使命,必须加速世界一流学术期刊的发展,有了被世界认可的优秀学术载体,才能更好地完成对优秀成果的宣传。因此,未来编辑工作的重中之重是响应国家战略需求,打造世界一流的期刊群,推进学术创新,推进国外学术交流,推进"三大体系"建设,并突出前沿与交叉学科。最后,要加速构建先进的元宇宙中国学术期刊版块,率先为全球作者、读者等提供多元的信息服务和提供沉浸式阅读,争取在元宇宙时代,中国成为国际交流的中心。总之,未来的编辑工作是在先进数字技术支撑下的、加速推动中国话语权建设的、不断创新的有意义的工作。

　　本章通过文献分析,总结出新时代编辑与编辑工作主要聚焦主题出版、书报刊的高质量发展、学术诚信、版权保护以及融媒体和数字技术。同时预测未来编辑工作的重点:制定适合数字时代的版权法;打造世界一流的期刊群,推进学术创新和学术交流。另外,要加速构建先进的元宇宙中国学术期刊版块,争取在元宇宙空间,中国成为国际交流的中心。

# 参考文献

《浙江大学学报(医学版)》编辑部,2020.浙江大学医学院联合《浙江大学学报(医学版)》征集新
  冠肺炎攻关学术论文[EB/OL].(2020-02-29)[2020-09-22].http://www.zjujournals.com/
  agr/CN/column/item661.shtml.

艾克拜尔,2019.个性心理特征对编辑工作的影响分析[J].西部广播电视(17):123-124.

艾岚,李金霞,2021.媒体融合视域下学术期刊全媒体出版传播体系的构建[J].中国编辑(1):
  62-66.

安莹,2015.对做好新时期人大内部资料出版物编辑工作的思考[J].新疆新闻出版(2):80-82.

巴金,1981.致《十月》[N].香港:大公报,1981-08-08.

巴金,1983.对默默无闻者的极大敬意[N].解放日报,1983-06-01.

白如江,秦明艳,张玉洁,2023.科研数据学术不端影响因素研究[J].科技进步与对策,40(20):
  110-121.

白莹,2022.新生与复苏:内刊平台的立体化探索——以长江日报报业集团内刊平台的武汉战
  "疫"实践为例[J].新闻前哨(16):34-35.

包颖,2023."双一流"涉农高校期刊与一流学科协同发展现状及对策研究[J].中国科技期刊研
  究,34(1):70-78.

暴爱国,2017.新媒体编辑应具备的基本素养初探[J].科技传播(11):1-2.

鲍芳,2019.英文科技期刊编辑职业意识探赜——以《运动与健康科学(英文)》为例[J].出版与
  印刷(2):39-44.

蔡恒进,汪恺,蔡天琪,2022.元宇宙中的治理难题[J].新疆师范大学学报(哲学社会科学版),
  43(5):2,101-111.

蔡健,2015a.连续性内部资料性出版物规制研究——以江苏省为例[D].南京:南京大学.

蔡健,2015b.论连续性内部资料性出版物的现实价值——基于日常生活史研究视角的分析
  [J].淮阴师范学院学报,37(2):251-255.

蔡健,2015c.西方内刊研究简评[J].新世纪图书馆(9):86-89.

蔡瑞,2016.国外学术不端行为治理机制及其启示[D].哈尔滨:哈尔滨师范大学.

曹淑杰,2017.试析新时代网络编辑能力素质的培养[J].传播力研究(11):15,16.

曹卫国,2009.学术失范原因探析[J].现代教育科学(9):40-42.

常勤毅,2002.论当前期刊的属性与编辑素质[J].宁波大学学报(教育科学版)(4):86-89.

常勤毅,2003a.从人格比较学角度看编辑与教师的相似性[J].浙江大学学报(人文社会科学
  版)(6):42.

常勤毅,2003b.期刊编辑理论创新的心理障碍及其克服[J].学习与探索(4):132-135.

常勤毅,2009.编辑素质与人格美学[J].中国出版(增1):30-32.

常勤毅,2014.中国"正能量"文化内涵与构成分析[J].江西社会科学,34(1):233-238.

陈波,2019.编辑必须对标厚植职业意识[J].出版广角(16):54-56.

陈冬梅,韩健,2022.推动科技期刊高质量发展的措施[J].科技传播,14(11):31-34.

陈华,2018.以高质量主题党日活动推动高校机关党支部建设[J].学校党建与思想教育(20):40,41.

陈静,2022.新时代党建引领乡村振兴的路径探析[J].农家参谋(3):16-18.

陈理宣,董玉梅,李学丽,2021.课程思政的内生机制、实现路径与教学方法[J].国家教育行政学院学报(8):80-86.

陈鹏,黄历,叶宏玉,等,2019.培育一流科技期刊助推一流学科建设[J].科技与出版(10):17-21.

陈秋心,2022.从"赛博空间"到"元宇宙":互联网隐喻分析的学术脉络与进展[J].中国网络传播研究(2):195-215,223,224.

陈蓉,2022.学术出版编辑专业素养培育路径研究[J].四川省干部函授学院学报(1):38-41.

陈蔚峻,2011.论新时代网络编辑的职业素质[J].南昌高专学报(6):158,159.

陈文静,2022.大数据背景下科技期刊知识服务的实践成效与发展趋势[J].传播与版权(12):65-69.

陈霞,2021.内部资料出版物质量评估与规范发展[J].中国报业(22):22,23.

陈小满,樊小冬,2023.高校教师学术失范行为实质、动因及治理方式重构[J].黑龙江高教研究,41(7):26-30.

陈旭光,2022."元宇宙"思考三题:电影理论扩容、想象力的悖论与伦理预警[J].教育传媒研究(4):11-14.

陈研,何炳蔚,刘宇清,等,2018.献礼人民卫生出版社建社65周年:虚拟现实和增强现实技术在医学科技期刊创新及医学同质化教学中的应用实践——《创伤与急诊电子杂志》应用虚拟现实和增强现实技术办刊初探[J].创伤与急诊电子杂志,6(1):1-6.

陈益元,2016.诉苦、斗争和阶级划分:革命走入乡村实证研究:以湖南省土地改革运动为中心的考察[J].史林(4):147-156,221.

陈益元,黄琨,2013.土地改革与农村社会转型:以1949年至1952年湖南省攸县为个案[J].中共党史研究(4):93-99.

陈志凌,方放,肖沫香,1993.科研越轨行为及其防范[J].科技导报(12):12,46-48.

陈卓,2023.中国式现代化进程中期刊主题出版的内涵、功能及未来向路——基于历年"期刊主题宣传好文章"的分析[J].科技与出版(7):72-79.

成美,童兵,1986.新闻理论简明教程[M].北京:中央广播电视大学出版社:286.

程小红,2015.戈塞特及其小样本理论[J].西北大学学报(自然科学版),45(6):1017-1019.

程晓红,2017.图书出版中的著作权权利主体被侵权问题探析[J].传播与版权(12):190-192.

程晓芝,2004.论提升高校学报核心能力的决定因素[J].学报编辑论丛(00):225-229.

程娅,2023.我国科技期刊科学数据出版的版权困境与应对策略[J].出版发行研究(9):58-64.

储克森,2004.职业、就业指导及创业教育[M].北京:机械工业出版社:54.

储瑞耕,2019.那些年,我这样做编辑——兼谈与作者的交往[J].青年记者(22):19,20.

崔文奎,樊悦阳,2021.中国共产党对马克思主义"人民政治"的继承与发展:基于"同质"与"异质"维度的考察[J].浙江理工大学学报(社会科学版),46(6):653-660.

戴正,2018.哲学社会科学学报在巩固马克思主义意识形态指导地位所面临的挑战和机遇——新时代哲学社会科学学报与马克思主义意识形态话语权研究[J].西藏大学学报(社会科学版)(1):6-11.

邓锐,李茹月,2021.两个转变时期马克思的社会革命思想及其现代性批判[J].重庆邮电大学学报(社会科学版),33(2):27-36.

邓肖丽,谭永平,郑世珍,2021.职业本科学生职业素质培养的逻辑起点、内涵及策略[J].教育与职业(20):85-89.

邓瑶,朱宏儒,洪青标,2016.《中国血吸虫病防治杂志》作者学术不端知行信调查[J].中国科技期刊研究,27(6):579-586.

邓珍艳,权麟春,2021.把伟大抗疫精神融入高校思政课的必要性、内容设计与建设性路径[J].长江师范学院学报,37(2):102-110.

丁德渝,丁力,罗成,等,2008.职业素质为本位的人才培养方案改革与探索[J].重庆电力高等专科学校学报(2):40-42,47.

丁刚毅,2022.中国元宇宙发展报告[M].北京:社会科学文献出版社.

丁俊玲,2022.新时代提升教育期刊编辑专业素养的路径探析[J].黑龙江教育(理论与实践)(4):44,45.

丁佐奇,李芙蓉,2020.中国高校科技期刊对学科贡献研究及思考——基于2016—2018年被SCI收录期刊对ESI学科贡献度分析[J].科技与出版(4):120-125.

丁佐奇,孙劲楠,2022.我国高校SCI期刊与"双一流"协同发展研究[J].中国出版(2):3-10.

董国升,杜德耕,李智勇,2022.公众参与引导下的社区小微空间更新研究:以金侨时代家园"生命之环"实践为例[J].园林,39(11):36-41.

董浩宇,2022."元宇宙"特性、概念与商业影响研究——兼论元宇宙中的营销传播应用[J].现代广告(8):4-12.

董宁宁,2022.论大数据时代网络编辑专业素养和能力提升[J].新闻前哨(11):27,28.

董甜甜,卜险峰,2022.图书馆迈向元宇宙的先行实践、未来场景及发展策略[J].图书与情报(5):92-97.

杜生权,2019."学者型编辑":内涵变迁、发展指向及其实现路径[J].福建江夏学院学报,9(5):76-81.

杜焱,蒋伟,季淑娟,等,2020.世界一流英文科技期刊编辑应具备的职业意识和能力[J].传播与版权(12):20-23.

杜云祥,潘云涛,陈锐,等,2010.科技论文学术不端行为的产生和对策[J].中华医学图书情报杂志,19(8):7-11.

段艳文,2018.科技期刊要"高精尖"也要普及化[N].中国新闻出版广电报,2018-10-16(005).

多萝西·A·鲍尔斯,黛安娜·L·博登,2008.创造性的编辑[M].3版.田野,宋珉,译.北京:中国人民大学出版社.

樊洪业,1994.科研作伪行为及其辩识与防范[J].自然辩证法通讯(1):25-33.

方凌智,翁智澄,吴笑悦,2022.元宇宙研究:虚拟世界的再升级[J].未来传播,29(1):10-18.

方卿,丁靖佳,2023.人工智能生成内容(AIGC)的三个出版学议题[J].出版科学,31(2):5-10.

方琼,2019.新时代高校思政课堂的情感培育路径探究[J].高教学刊(15):58-62.

方新田,2021.新时代学术期刊高质量发展研究[J].出版广角(18):54-56.

冯刚,张发政,2021.中国共产党百年红色精神谱系引领时代新人培育[J].中国高等教育(5):4-6.

冯晓东,孙伟,罗迪,2021.高校学生党支部"两监督一测试一评比"主题党日模式探析[J].高教学刊(1):161-164.

付哈利,黄靖贵,2023.主题出版研究知识演进、热点分析和未来展望——基于CiteSpace可视化分析[J].传媒(20):94-96.

傅宁,2023.学术论文洗稿原理、测试及学术期刊技术性防范对策[J].中国科技期刊研究,34(3):275-282.

付玉,韩建民,2023.新时代科技类主题出版:总体态势、基本特征与进阶方向[J].中国出版(11):18-23.

付子堂,2015.法治体系内的党内法规探析[J].中共中央党校学报,19(3):17-23.

高潮,朱杨桂,1979.五四时期的陈独秀[J].新疆大学学报(哲学社会科学版)(增1):96-106.

高思,2022.日本学术不端行为预警机制研究[D].石家庄:河北师范大学.

高伟,2021."双一流"建设推动高校学术期刊协同发展[N].中国社会科学报,2021-11-30(006).

高辛凡,戴硕,2022.数字时代传媒类学术期刊高质量发展的路径研究[J].绍兴文理学院学报(教育版),42(2):110-115.

龚倩,2020.融媒体时代教育期刊对现行教育课程改革的引导[J].高教学刊(29):64-66,71.

呙艳妮,2022."双一流"建设背景下地方高校学报高质量特色发展研究[J].中国编辑(9):63-66,76.

郭爱民,1997.图书编辑的职业意识[J].编辑之友(4):39-42.

郭德钦,朱少云,2022.全球治理视域下提升中国话语权研究:话语权比较与评价视角分析[J].重庆大学学报(社会科学版),28(5):92-102.

郭晓鸣,张耀文,2022.农村集体经济组织与农民合作社融合发展的逻辑理路与实现路径[J].中州学刊(5):27-34.

郭泱泱,2022.元宇宙技术在煤矿安全培训和应急演练中的可行性研究[J].煤田地质与勘探,50(1):144-148.

韩步江,2021.制度优势转化为治理效能的实践方法论[J].求索(2):107-114.

韩荣,2021.融媒体时代编辑记者技能与素质培养探讨[J].新闻研究导刊,12(3):165,166.

郝桂荣,李本智,2015.大学生文化观现状及树立文化自信研究[J].学校党建与思想教育(3):31-34.

郝凯冰,张旭,郭菊娥,2023.医学科研失信案件中的诚信问题特征及其治理[J].医学与哲学,44(11):20-25.

郝燕飞,1958.搜集内部资料工作中的一点体会[J].图书馆学通讯(1):60,61.

郝振省,2020.疫情防控战役中编辑出版人的工作策略[J].出版发行研究(2):1.

贺翠卿,支良菊,李洁,2001.浅谈内部资料性出版物的档案价值[J].山东档案(1):41,42.

何军民,袁媛,2021.后疫情时代如何引导编辑坚守公益精神和担当意识[J].出版广角(2):18-20.

何玉娟,2017.科技期刊学术审查应力求公正与公平[J].编辑学报,29(2):119-121.

贺卫,江娥,刘冠民,2016.高校师生学术失范原因探析[J].纺织服装教育,31(3):173-175.

侯湘,季沛榕,王维朗,等,2007.科技部、教育部等六部门联手打击学术不端行为[J].中国高教研究(4):75.

侯湘,季沛榕,王维朗,等,2023.一流信息学科建设与一流科技期刊发展[J].中国传媒科技(8):40-44.

胡金富,2022.学术期刊防治学术不端行为的策略及启示——以《图书情报工作》为例[J].中国科技期刊研究,33(10):1371-1377.

胡沈明,张俊亚,2022.新闻传播类学术期刊主题策划:底层逻辑、呈现框架与价值指向[J].中国出版(10):30-34.

胡术恒,2020.论课程思政中知识传授与价值引领的融合:基于罗素教育目的观的分析[J].思想政治教育研究,36(2):117-122.

胡小洋,2022.探索学术期刊评价高质量发展之路[N].中国社会科学报,2022-11-15(008).

胡泳,刘纯懿,2022.元宇宙作为媒介:传播的"复得"与"复失"[J].新闻界(1):85-99.

华子荀,黄慕雄,2021.教育元宇宙的教学场域架构、关键技术与实验研究[J].现代远程教育研究,33(6):23-31.

黄道京,2017.求实、广学、高效、作嫁——怀念学者型编辑傅璇琮先生[J].中国编辑(2):105-108.

黄谷香,曹永荣,2022.一流学科建设对我国SCI期刊学科布局的影响分析[J].中国科技期刊研究,33(4):529-537.

黄核成,陈晨,2012.缺失的"契约精神":大学生学术不端原因分析——以浙江省高校学生为例[J].学校党建与思想教育(31):94,95.

黄家亮,郑绍杰,2020.集体产权下农民的土地观念及形成机制:基于定县米村的个案考察[J].开放时代(3):7,80-89.

黄江华,王维朗,袁文全,2023.重点选题对学术期刊高质量发展的作用及实施策略[J].出版广角(1):25-29.

黄军英,2006.国外遏制学术不端行为的做法及对我国的启示[J].科学对社会的影响(4):5-8.

黄丽雯,2016.档案学视角下的内部资料管理探析——以智库内部资料为例[D].南京:南京大学.

黄晓,2022.新时代背景下教育学术期刊质量提升的思路与策略[J].传播与版权(12):19-21,25.

黄欣荣,曹贤平,2022.元宇宙的技术本质与哲学意义[J].新疆师范大学学报(哲学社会科学版),43(3):119-126.

姜春明,2021."双一流"建设高校学术期刊集约化管理现状分析与思考[J].科技与出版(6):46-50.

江国华,彭超,2016.中国宪法委员会制度初论[J].政法论丛(1):21-28.

姜海,林竹鸣,2019.融媒体时代科技期刊编辑的转型路径——兼论新型编辑岗位中的技术启示[J].中国科技期刊研究,30(2):126-131.

姜红贵,2023.编辑概念史考略及编辑与出版学之编辑解析[J].科技与出版(7):153-160.

姜红贵,秦娟娟,2022.培育一流高校学术期刊与"双一流"建设协同发展研究[J].科技与出版(11):80-85.

姜梦,2022.谋道亦谋生:基于出版人回忆录的编辑职业意识研究(1978-2022)[D].青岛:青岛科技大学.

姜茹茹,2018.提升高校思想政治理论课有效性的三个逻辑节点初探[J].思想政治教育研究,34(3):105-109.

姜晓萍,田昭,2019.授权赋能:党建引领城市社区治理的新样本[J].中共中央党校(国家行政学院)学报,23(5):64-71.

姜毅,1995.编辑工作与新技术应用[M].北京:中国建材工业出版社:18.

蒋乃平,2012.职业素养训练是职业院校素质教育的重要特点[J].中国职业技术教育(1):78-83.

焦阳,2020.新冠肺炎事件中科技期刊的社会责任及应急响应机制[J].中国科技期刊研究,31(3):236-240.

今道友信,1983.关于美[M].鲍显阳,王永丽,译.哈尔滨:黑龙江人民出版社:175,176.

金强,刘瑶,2021.基于科学评价的社科类学术期刊学术引领思考[J].出版广角(16):18-20,95.

景璐,杨陆欢,2022.论伟大民族精神融入高校思政课教学的视角、路径和方法[J].才智(16):26-29.

敬亚平,2008.关于增强普通高校社科学报编辑力的思考[J].重庆教育学院学报(5):5-8.

鹫尾贤也,2007.编辑力——从创意、策划到人际关系[M].陈宝莲,译.北京:中国人民大学出版社.

凯利·莱特尔,2010.全能记者必备[M].宋铁军,译.北京:中国人民大学出版社:99,158.

孔令霞,许国成,林小敏,等,2019.新时代红色文化在高校思想政治教育中的价值和实现路径[J].浙江理工大学学报(社会科学版),42(6):670-676.

赖莉飞,2010.试论网络文化的负面效应及其应对策略——从物理学与美学的视角出发[J].学术交流(4):203-205.

赖莉飞,2020."语际变换式"剽窃行为分析及防范对策研究[J].中国科技期刊研究,31(7):789-795.

赖莉飞,2021."双一流"建设视域下高校学报转型及创新路径探析——基于浙江省"双一流"大学学报理工版论文被引频次调查[J].中国科技期刊研究,32(3):299-306.

赖莉飞,2022a.基于层次分析法-熵权法的一流科技期刊编辑职业素质评价指标体系研究[J].中国科技期刊研究,33(8):1104-1111.

赖莉飞,2022b.突发公共卫生事件中编辑的职业素质分析及思考[J].绥化学院学报,42(2):108-111.

赖莉飞,2023.学术期刊嵌入元宇宙空间的价值、反思及对策[J].中国科技期刊研究,34(10):

　　1221-1227.

蓝纯杰,2022.元宇宙协同创作对版权制度的挑战及应对[J].中国出版(13):29-33.

李成,2004.《乐记》"和合"美学思想的表现形式[J].学术交流(6):133-135.

李丹丹,赵永峰,2023.研究生学位论文再发表:高校管理视角与学术不端解析[J].黑龙江高教
　　研究,41(10):85-90.

李法泉,2013.把权力关进制度的笼子里[J].求是(9):34,35.

李国梁,2019.论党内法规制定体制的发展与完善[J].探索(1):108-116.

李国琪,2022.基于COVID-19论文撤稿特征探析期刊应对突发公共卫生事件的策略[J].天津
　　科技,49(5):90-95.

李洪晨,许可,张闯,等,2022.元宇宙图书馆一座看得见的天堂——"天堂的具象:图书馆元宇
　　宙的理想"论坛综述[J].图书馆论坛(7):1-6.

李辉,2013.数字时代出版编辑力的提升策略研究[D].郑州:河南大学.

李建国,2021.办好马克思主义理论高品质期刊[J].探索与争鸣(7):24-26.

李晶,2022.元宇宙中通证经济发展的潜在风险与规制对策[J].电子政务(3):54-65.

李静,2023.融媒生态下新闻编辑意识创新分析[J].中国报业(11):170,171.

李靖波,厉亚,2011.学术不端:内涵、类别、根源与治理[J].科技与出版(8):80.

李军领,2011.编辑力"五力模型"试探[J].编辑之友(4):71-73.

李俊德,1985.应用数理统计方法[M].郑州:河南科学技术出版社.

李莉,李育燕,康鲁豫,2022.区块链技术助力科技期刊优化发展研究[J].江苏科技信息,39
　　(33):63-66.

李默,2022.元宇宙视域下的智慧图书馆服务模式与技术框架研究[J].情报理论与实践,45
　　(3):88-93.

李宁,李增元,2022.新型集体经济赋能农民农村共同富裕的机理与路径[J].经济学家(10):
　　119-128.

李珮,赖义羡,2023."四全媒体"理念下主题出版运营探究[J].出版科学,31(5):71-75.

李普超,丁首辰,薛冰,2021.从汽车智能化发展到汽车行业"元宇宙"展望[J].内燃机与配件
　　(24):164-166.

李睿,张海珍,2021.农业企业内刊的重要作用及发展路径[J].企业改革与管理(4):200,201.

李世秋,蔡斐,李明敏,2022.聚焦一流学科,培育高质量中文科技期刊——以《航空学报》为例
　　[J].出版广角(22):64-69.

李婷,韩建民,2023.主题出版推动中华优秀传统文化创新发展研究[J].出版发行研究(7):
　　13-22.

李文娟,张红霞,2019."双一流"建设契机下高校学术期刊编辑人才的发展之路[J].中国科技
　　期刊研究,30(1):64-69.

李弦,王让新,2017.习近平治国理政思想基本立场的三维解析[J].求实(10):4-14.

李相,2020."双一流"背景下体育科技期刊与体育学科建设互动融合发展研究[J].武汉体育学
　　院学报,54(4):28-34.

李笑一,2017.融媒体时代企业内刊的创新发展[J].中国管理信息化,20(14):68,69.

李新根,2023.新世纪以来国内学术不端治理研究发展脉络与热点主题——基于 CiteSpace 的可视化分析[J].西南民族大学学报(人文社会科学版),44(5):221-231.

李新华,2021.治理现代化视角下辅导员队伍高质量发展的实践指向[J].南京广播电视大学学报(3):6-11.

李新坡,郑秀娟,2022.中国科技期刊"造船出海"的 3 个关键问题[J].编辑学报,34(4):360-362.

李燕文,郑琰燚,刘昌来,等,2019.高校学术期刊在"双一流"学科建设人才培养中发挥作用的途径[J].科技与出版(9):113-115.

李奕,2009.浅谈电子音像编辑出版物编辑的性质及素质[J].商业研究(10):112.

李益杰,2016.论高校思想政治理论课教师队伍的政治纪律建设[J].思想政治教育研究,32(1):72-76.

李云龙,2014.基于实质性相似的侵权主张与证据支持——对外国文学翻译作品侵权问题的分析[J].知识产权(2):40-56.

梁振儒,顾荣佳,1988a.社会化的精神生产隐匿性的智力劳动——论编辑工作的性质、特点[J].辽宁大学学报(哲学社会科学版)(4):80-84.

梁振儒,李少先,1988b.编辑工作基础[M].大连:东北财经大学出版社.

林辰,1986.从编辑实践到理论的思考(三)——编辑明清小说的体会[J].出版工作(10):21-26.

林丽敏,2022.学术期刊高质量发展:全媒体融合与数字化转型[J].学报编辑论丛(00):474-478.

林荣松,2018.严把语言文字关与叶圣陶的工匠精神[J].出版科学,26(3):32-36.

林少珍,2003.广东省连续性内部资料的现状与管理对策[D].广州:暨南大学.

刘斌,杨志鹏,2024."人-机"关系视角下 AIGC 的可版权性与版权分配路径刍议[J].中国编辑(2):84-91.

刘聪,2020.新形势下科技期刊编辑素质评价指标体系的构建思路探索[J].湖北科技学院学报,40(6):219-222.

刘芳,2018.张元济先生怎么做编辑——读近期面世两种张元济文献有感[J].中国编辑(9):93-96.

刘厚金,2020.基层党建引领社区治理的作用机制:以集体行动的逻辑为分析框架[J].社会科学(6):32-45.

刘建明,于风,2021.融媒视域下主流媒体讲好百年大党故事的实践路径——以"奋斗百年路启航新征程"主题报道为例[J].中国出版(23):36-40.

刘金平,2002.心理素质的本质和结构新探[J].河南师范大学学报(哲学社会科学版)(4):115-117.

刘隽,2011.出版社网络编辑应具备的素质与能力[J].人力资源管理(11):197,198.

刘茜,2020.一流学科建设与高校学术期刊发展研究——以入选一流学科建设的财经类高校及其刊物为例[J].出版广角(12):45-47.

刘庆俄,2012.可贵的杂家,杰出的贡献——记学者型编辑胡双宝先生[J].现代出版(5):78-80.

刘青青,2023."双一流"建设学术期刊集约化管理创新研究[J].传媒论坛,6(16):102-104.

刘山青,2019.试析高校内刊学报办刊的困境与对策[J].戏剧之家(14):160,161.

刘曙光,管琴,2024.学术期刊主题宣传的丰富内涵与使命担当[J].河南大学学报(社会科学版),64(1):140-145,156.

刘希良,2019.新时代革命基本问题的研究现状与展望[J].重庆邮电大学学报(社会科学版),31(3):18-26.

刘晓陵,金瑜,林云祖,1998.中学生心理素质调查表的编制[J].上海教育科研(2):23,24-26.

刘新宪,朱道立,1990.选择与判断-AHP层次分析法决策[M].上海:上海科学普及出版社:77.

刘星星,崔金贵,2021.5G时代科技期刊融合VR出版:优势、挑战及对策[J].中国科技期刊研究,32(8):1026-1031.

刘逸,2007.试论编辑力[J].山西农业大学学报(社会科学版)(4):444-446.

刘永红,2023.我国人文社科学术期刊高质量发展路径探赜——基于重点选题策划视角[J].出版广角(1):4-8.

刘月,2022.高职教师学术道德失范行为成因及对策探究[J].船舶职业教育,10(6):72-74.

刘再复,1981.鲁迅美学思想论稿[M].北京:中国社会科学出版社:153.

刘章西,2004.编辑力:打造名专栏的一个实证[J].新闻战线(9):57-60.

刘中琦,2018.论新媒体编辑应具备的基本素养[J].传播力研究,2(10):178.

龙宝新,2023.论学术不端行为问责的逻辑、机理与路径——兼评大学学术不端行为治理的合法性[J].教育理论与实践,43(12):3-8.

鲁力立,许鑫,2022.从"混合"到"混沌":元宇宙视角下的未来教学模式探讨——以华东师范大学云展厅策展课程为例[J].图书馆论坛,42(1):53-61.

鲁迅,1981.鲁迅全集:第12卷[M].北京:人民文学出版社:7.

鲁迅,2005.鲁迅全集:第四卷[M].北京:人民文学出版社:187.

陆康,刘慧,王圣元,任贝贝,2023.元宇宙视域下我国智慧图书馆虚拟空间治理规则研究[J].图书馆(10):55-61.

陆宜新,2023.学术期刊编辑的学术不当与不端行为辨析及防范[J].编辑学报,35(1):82-85.

吕炳斌,2023.面向人工智能时代的著作权法拟制作者理论重构[J].南京社会科学(10):90-103.

罗重谱,2022.新时代社科类学术期刊应充分发挥引领作用[J].中南民族大学学报(人文社会科学版),42(10):173-180,188.

罗大蒙,徐晓宗,2018.民主的治理:新时代国家治理现代化的导向、挑战与变革:基于中国特色社会主义民主政治发展的视野[J].四川行政学院学报(6):13-20.

罗颖,2021.以人民为中心:国家治理现代化的根本价值导向[J].河南科技大学学报(社会科学版),39(3):18-21.

罗云梅,刘雪梅,2023.ChatGPT 对学术出版伦理的影响[J].医学与哲学,44(12):25-28.

骆宾基,1982.初春集[M].南昌:江西人民出版社:323.

骆军,龚炜,2016.高校教师党支部书记"双带头人"建设探析[J].学校党建与思想教育(12):32-34.

马丹丹,王瑞霞,2019.期刊发展需要学者型编辑[J].编辑学报,31(S2):206,207.

马克思,恩格斯,1995.马克思恩格斯选集,第 3 卷[M].北京:人民出版社.

马明辉,2015.编辑人才评价指标体系构建研究[C]//培养编辑名家打造出版精品:中国编辑学会第 16 届年会获奖论文.镇江:教育科学出版社.

马向东,2022.保险业从元宇宙风口看到了什么[J].中国保险(1):48-51.

马晓芳,2023.中国科技期刊著作权协议现状分析与建议[J].中国科技期刊研究,34(11):548-1553.

马晓萌,2017.从市场需求论新媒体编辑应具备的基本素养[J].西部广播电视(21):161,162.

蒙胜军,杨庆仪,李艳妮,等,2023.有限理性视域下科技期刊论文发表不当署名行为影响因素与治理策略研究[J].中国科技期刊研究,34(8):967-974.

孟美任,张恬,2022.区块链技术应用于中国科技期刊全过程出版的探索研究[J].中国科技期刊研究,33(6):746-755.

糜倩,万山,2010.编文与做人——对提高编辑力的思考[J].编辑之友(7):82-84.

米尔钦,1988.编辑工作原理与方法[M].李文惠,译.北京:科学技术文献出版社:4,14.

米加德,杨爱华,2010.浅谈编辑良好心理素质的养成[J].中国编辑(5):25-29.

缪旭华,2018.新媒体编辑应具备的基本素养探讨[J].新闻传播(14):41,42.

莫弦丰,田亚玲,葛华忠,等,2020."双一流"建设和培育世界一流期刊背景下的农林高校期刊发展现状及启示[J].中国科技期刊研究,31(7):752-757.

宁笔,杜耀文,任胜利,等,2021.2020 年我国英文科技期刊发展回顾[J].科技与出版(3):60-66.

宁平,2022.社科学术期刊高质量发展的思考——基于《人文社会科学期刊评价》国家标准的视角[J].传媒(16):36-38.

潘秋岑,张立新,吴振松,2023.高校科技期刊编辑发表编辑出版学论文的现状、问题及策略[J].中国科技期刊研究,34(7):885-894.

潘文佳,史叶明,2022.区块链+图书馆行业内刊:版权保护模式研究[J].图书情报导刊,7(8):50-54,62.

庞海波,2023."三核七查"法在生物医学论文初审阶段学术不端行为防范中的应用[J].编辑学报,35(1):77-81.

彭德术,张军兴,2021.融合发展视域下传统期刊红色主题出版研究:以《红岩春秋》杂志为例[J].新闻研究导刊,12(19):4-6.

彭泽平,2023.加快建设教育强国的实践要点[J].人民论坛(22).58-60.

齐蔷,裴雪昆,洪瑞,2022."双一流"建设背景下高校学术期刊和学科建设协同发展研究——基于《农业经济与管理》载文及社会影响的分析[J].农业经济与管理(4):101-110.

启治,1983.耕云播雨四十春——韦君宜畅谈编辑的素质、修养、职责和作风[J].编创之友(1):91-111.

钱锋,董毅敏,张铁明,等,2023.元宇宙多模态、跨模态内容时代的科技出版理论探讨与实践研究[J].中国科技期刊研究,34(7):902-908.

钱含芬,1996.学生心理素质与学业成就相关的研究[J].心理发展与教育(1):33-38.

乔还田,2017.再谈出版精品是这样打造的——基于编辑工作视角的思考[J].中国编辑(5):4-10.

乔耀章,2018.为人民谋权利:新时代中国共产党的历史责任[J].江苏行政学院学报(1):75-81.

乔耀章,2020.共和国政治发展中的"人民政治"问题辨析[J].江苏行政学院学报(1):78-86.

秦明阳,何运斌,陈灿华,等,2022a.中国特色的一流高校学报与"双一流"建设的融合发展——以《中南大学学报(自然科学版)》和《中南大学学报(英文版)》为例[J].中国科技期刊研究,33(9):1253-1259.

秦明阳,游玉佩,何运斌,等,2022b."双一流"高校学术期刊集群:特征、定位和发展建议[J].编辑学报,34(6):611-617.

秦萍,2023.如何做一名合格的企业内刊编辑[J].中国有色金属(16):58,59.

渠长根,闻洁璐,2019.红色文化资源研究综述[J].浙江理工大学学报(社会科学版),42(2):179-187.

曲青山,2016.关于文化自信的几个问题[J].中共党史研究(9):5-13.

曲青山,2018."两个伟大革命论"是党的重大理论创新[J].党建研究(2):7-10.

曲青山,王全春,樊莉莉,等,2020.论伟大抗疫精神[J].中共党史研究(4):5-11.

屈秀伟,杨勇,窦尔翔,等,2023.近30年我国诚信问题研究综述——基于文献计量学分析[J].征信,41(10):29-40.

全国干部培训教材编审指导委员会办公室,2020.应急管理体系和能力建设干部读本[M].北京:党建读物出版社:335.

全国人大常委会,2019.中华人民共和国行政许可法(2019修正)[Z].2019-04-23.

全林,2021.党建引领城市基层治理的现实困境与优化路径[J].上海交通大学学报(哲学社会科学版),29(1):115-125.

阙忱忱,叶杭庆,2023.学术期刊出版中作者版权保留的实践、利益协调及启示[J].中国科技期刊研究,34(9):1119-1126.

冉华,钟娅,2020.数字出版研究的学术脉络与前沿热点——基于 Web of Science 数据库(1998—2018)的可视化分析[J].出版科学,28(3):101-107.

任兵,陈志霞,胡小梅,2022.时空再造与价值重构:面向未来数智治理的元宇宙[J].电子政务(7):2-15.

任景辉,2018.论图书出版领域编辑意识形态理论素养的建构[J].今传媒,26(7):129-131.

任胜利,宁笔,严谨,2018.2017年我国英文版科技期刊发展回顾[J].科技与出版(3):47-52.

任翔,2019.数媒巨变与出版创新空间:2018年欧美数字出版发展评述[J].出版广角(3):

20-24.

沙莎,蒋丽,2020.突发公共卫生事件中医学期刊的快速反应与社会责任:以新冠肺炎疫情为例[J].编辑学报,32(4):385-389.

山崎茂明,2005.科学家的不端行为——捏造、篡改、剽窃[M].杨舰,程远远,严凌纳,译.北京:清华大学出版社:100.

尚利娜,牛晓勇,刘改换,2019.我国"双一流"建设高校学术期刊与一流学科建设关系分析[J].中国科技期刊研究,30(9):929-936.

邵京起,1993.优秀编辑论[J].辽宁师范大学学报(2):62-66.

邵益文,2004.编辑的心力所向编辑工作和编辑学探索[M].贵阳:贵州人民出版社:113.

邵益文,2008.30年编辑学研究综述[J].编辑之友(6):95-103.

沈敏,2022.全媒体背景下期刊编辑工作大数据思维的构建路径研究[J].传播与版权(4):38-40.

师静,王湘宁,2010.网络编辑的核心竞争力[J].新闻与写作(8):29-31.

史安斌,杨晨晞,2021.从NFT到元宇宙:前沿科技重塑新闻传媒业的路径与愿景[J].青年记者(21):84-87.

史润东东,戴陵江,2022.基于SWOT分析食品科技期刊与一流学科的协同发展路径[J].科技传播,14(7):38-41.

宋菊,2015.期刊编辑应该具有的时代精神[J].传播与版权(4):39,40.

宋伟锋,2023.生成式AI传播范式:AI生成内容版权风险与规制建构——以全球首例AIGC侵权案为缘由[J].新闻界(10):87-96.

苏志豪,何慧丽,徐卫周,2021.农村集体经济组织与农民专业合作社的逻辑边界、现实误区与关联路径[J].农村经济(8):109-117.

宿晓凤,2022.浅谈新时代图书编辑的职业意识和职业素养[J].今传媒,30(10):57-60.

孙冬花,朱亚娜,刘彤,2019.科技期刊编辑素质评价体系研究[J].中国科技期刊研究,30(3):300-305.

孙礼胜,2020.红色文化教育融入高校资助育人的时代价值与路径探究[J].宁夏大学学报(人文社会科学版),42(6):169-172.

孙全胜,2022.论马克思法学思想的三重维度[J].重庆邮电大学学报(社会科学版),34(5):141-151.

孙晓晖,2020.新时代高校宣传思想工作"兴文化"的三重维度[J].思想政治教育研究,36(2):147-151.

孙晓敏,孙晓玲,2022.新时代中国共产党纪律建设探析[J].理论界(9):23-29.

孙雄勇,耿崇,申艳,2019.学术不端检测的难点及对策[J].中国科技期刊研究,30(1):14-18.

孙莹,龙杰,2024.新发展阶段、新发展理念、新发展格局视域下科技期刊高质量发展的逻辑理路[J].中国编辑(3):47-53.

谭可可,2023.中国式现代化语境下主题出版的文化超越性与分众化对外传播探析[J].中国编辑(10):54-58.

谭满益,李敏,宋刚勇,等,2009.职业素质的新模型及其内涵剖析[J].职教论坛(6):48-51.

谭晓萍,2022.社科学术期刊高质量发展中的中国特色构建[J].科技与出版(3):148-154.

唐银辉,方光正,2019.学术失范的防控及区块链技术的创新应用[J].出版发行研究(5): 40-43,59.

唐志荣,王艳娟,吴迪,等,2020.大数据时代国内期刊"红色文化"栏目现状和传播影响力分析 [J].浙江理工大学学报(社会科学版),44(3):284-292.

陶俊怡,2021.建党百年来严明党内纪律的制度嬗变[J].西北民族大学学报(哲学社会科学版) (3):12-21.

滕文浩,2021.中国共产党纪律建设制度化百年演进历程、动力与经验[J].四川大学学报(哲学 社会科学版)(4):21-28.

田爱苹,魏丹梅,杨祖国,2019."双一流"建设背景下高校自然科学学报国际影响力分析——以 "C9联盟"高校SCI、EI收录学报为例[J].中国科技期刊研究,30(5):451-456.

田江,2017."双一流"建设与高校学报学术影响力提升的协同机制分析[J].传播与版权(12): 23-26.

田夏,2020.基于层次分析法—熵权法的教学实验室评价体系构建[J].实验室研究与探索,39 (7):264-269.

铁铮,2017.新时代中国高等教育期刊的引领与担当[J].中国高等教育(22):57-60.

涂晓芳,刘昱彤,2021.嵌入式协同:基层党建与社区治理的联动:以S社区为例[J].北京航空 航天大学学报(社会科学版),34(6):59-68.

万志超,蔡静雯,姜海,等,2021.国际同行评议中审稿意见造假现象及相关的学术不端防范 [J].中国科技期刊研究,32(5):571-575.

汪勤俭,耿鹏,张维,等,2023.医学科研论文一稿多卖案例分析与思考[J].编辑学报,35(2): 197-201.

王彩云,2022.新时代创新农村基层党建工作的有效策略[J].农家参谋(12):7-9.

王春玲,2022.新兴数字技术重塑学术期刊价值链[J].出版广角(7):28-32.

王东,2022.办好思政教育内刊的几点思考——以《高校思想政治工作》为例[J].记者摇篮 (11):12-14.

王凤梅,2015.探讨编辑心理偏差对编辑工作的影响及防范[J].传播与版权(12):54-55.

王凤琴,穆兰英,1997.大学生心理素质的培养[J].齐齐哈尔师范学院学报(哲学社会科学版) (4):89-91.

王国光,2019.广博与精专:论职业教育学术期刊编辑的专业素养[J].职业教育研究(11): 59-63.

王晗,2020.融媒体时代下企业报转型路径探索[J].佳木斯职业学院学报,36(5):29,31.

王辉,2013.科技期刊编辑的额"有效沟通"——以哈贝马斯的沟通理论为基础[J].西安石油大 学学报(社会科学版),22(4):109-112.

王佳静,王蒲生,2022.论文作坊的特点与甄别方法[J].中国科技期刊研究,33(8):1019-1025.

王健东,2011.科技期刊编辑人才评价指标体系构建[J].河北工程大学学报(社会科学版),28

（2）：126-129.

王金玲，王萍，孟琳，2020．"食品安全学"课程思政元素与融入点探析[J].黑龙江教育（高教研究与评估）（8）：30，31.

王军，2010．中国经济学学术期刊的评价[J].世界经济（12）：119-153.

王俊美，2022．审慎和理性看待元宇宙热潮[N].中国社会科学报，2022-06-08（002）.

王磊，2022．元宇宙是什么[M].北京：中华工商联合出版社.

王敏勤，2002．由能力本位向素质本位转变——职业教育的变革教育研究[J].教育研究（5）：66.

王瑞，2022．简论全媒体时代网络编辑的职业道德与专业素养[J].北京印刷学院学报，30（3）：1-6.

王少，2021．学术不端精准治理研究[M].兰州：兰州大学出版社：10.

王首程，2012．"内部资料"的数字化转型[J].新闻与写作（3）：38-40.

王淑霞，2017．科技期刊学科发展引领的途径[J].编辑学报，29（S1）：26-29.

王玮，佟昔，黄丽洋，等，2018．数字环境下科技期刊的引领与服务作用[J].编辑学报，30（6）：564-567.

王喜满，黎亚茹，2020．高校思想政治理论课"三三制"实践教学模式探索：以辽宁大学思政课改革为例[J].思想政治教育研究，36（5）：89-93.

王相东，2021．构建"五位一体"实践教学体系，推动应用型本科高校思想政治理论课教学改革[J].创新创业理论研究与实践，4（11）：39-41.

王亚娟，徐诗露．最新报告：中国论文数量和质量均超美国，拜登急了，2800亿通过"芯片和科学法案[EB/OL]（2022-08-11）[2023-08-03].https：//mp.weixin.qq.com/s？__biz＝Mz-IxMTY2NjQxNA＝＝＆mid＝2247496715＆idx＝2＆sn＝0e6ae216c60f9c82e7d70b60cc1ef726＆chksm＝9753608aa024e99cc375dab34f243278b353817573f6c550bbc4a5c8232d-c6577ae5e1169f4f4f＆scene＝27.

王影，2022．调查研究类论文中隐形学术不端行为的审核及防范——以《护理学报》为例[J].编辑学报，34（6）：645-648.

王永超，2022．区块链、大数据、人工智能技术推进科技期刊发展研究[J].天津科技，49（11）：100-104.

王育花，童成立，2018．科技期刊编辑和审稿专家对学术不端的认知及其防范对策[J].中国科技期刊研究，29（11）：1127-1135.

王钰鑫，2017．坚持和发展中国特色社会主义新篇章：论习近平治国理政思想对中国特色社会主义的新发展[J].江西师范大学学报（哲学社会科学版），50（1）：11-19.

王玉莹，孙会岩，2022．回溯与展望：新时代党建引领基层社会治理研究综述[J].昆明理工大学学报（社会科学版），22（3）：74-83.

王臻，2018．浅谈新媒体编辑的基本素养[J].新闻研究导刊，9（3）：145，146.

王振团，2005．浅谈内部资料面临的问题及中文内部资料网的建设[J].吉林建筑设计（1）：3，4.

王政武，2021．学术期刊高质量发展的三重逻辑：功能定位、学术担当、体系重塑[J].延安大学学报(社会科学版),43(6):118-123.

王志标,2020.学术期刊论文引用失范表现、原因及治理[J].中国出版(21):46-50.

王志刚,2020.担当科技自立自强使命,加快建设科技强国步伐——专访科技部党组书记、部长王志刚[N].科技日报,2020-11-30(1).

韦恩远,牛长松,2023.教育的元宇宙视界:前景探测、潜在风险及实践路径[J].长江师范学院学报,39(4):95-104.

韦群林,2007.论文字作品剽窃手法的识辨[J].社会科学论坛(10):62-69.

魏开宏,苏媛,2022.国外元宇宙研究述论:热点、堵点与愿景[J].新疆师范大学学报(哲学社会科学版),43(5):121-139.

魏秀芳,2010.编辑要讲"四品"[J].中国出版(8):25,26.

温艳华,2022."双一流"建设背景下高校学报的功能定位与高质量发展[J].渤海大学学报(哲学社会科学版),44(2):119-124.

文辉,居维清,2023.元宇宙视域下学术期刊出版的全流程变革[J].传媒(20):32-34.

邬加佳,余菁,吴秋玲,等,2021.科技期刊论文不当署名的特征分析及风险防范[J].编辑学报,33(3):292-296.

邬金浜,2021.政客论文抄袭:"出来混总是要还的。"[J].廉政瞭望(21):50,51.

吴道弘,1991.提高编辑素质促进出版繁荣[J].出版发行研究(2):19,20.

吴晶,余靖静,2009.中国决心对学术失范"下猛药"[N].今晚报,2009-03-16(6).

吴庆华,尹小丽,常菊花,等,2020."食品安全与卫生学"课程思政建设的探索与实践[J].食品安全导刊(30):6,8.

吴育林,赵悦彤,2021.后真相时代讲好中国制度优势的叙事逻辑[J].湖北社会科学(12):25-31.

武瑾媛,王亚男,俞敏,2022.守正创新办好科普期刊——以《航空知识》为例[J].编辑学报,34(1):16-21.

武晓耕,2022.元宇宙视角下的学术出版发展趋势[J].出版科学,30(3):22-29.

武晓耕,韩俊,2018."双一流"背景下的学术期刊发展策略探析[J].科技与出版(8):142-146.

武逸,1987.编辑工作者的职业意识[J].编辑之友(3):33-36.

习近平,2015.加快建设社会主义法治国家[J].求是(1):3-8.

冼春梅,王景周,2023.科技论文洗稿行为的表现形式及其甄别策略[J].编辑学报,35(4):416-420,425.

肖东发,2002.中国编辑出版史[M].沈阳:辽海出版社:4,59.

肖贵清,2017.习近平新时代中国特色社会主义思想的重大意义[J].中共中央党校学报,21(6):40-45.

肖叶飞,2023.元宇宙视域下数字出版的生态变革、阅读重构与产业升级[J].传媒论坛,6(8):4-7,14.

谢峰,2021.高等职业院校职业素质教育:内涵、特点与路径[J].齐齐哈尔大学学报(哲学社会科版)(5):159-162.

谢华平,李亚妮,2022.元宇宙时代数字出版的新图景与监管挑战[J].传媒,3(下):74-77.

谢敬园,2022.新形势下高校学报编辑专业素养提升路径探析[J].锦州医科大学学报(社会科学版),20(3):107-109.

谢倩,2022."元宇宙"出版热潮中的冷思考[J].中国图书评论(6):83-93.

解雅梦,2021.高职院校双核多维立体化主题党日活动模式创新研究[J].辽宁师专学报(社会科学版)(6):81-83.

解延年,1998.素质本位职业教育——我国职业教育走向 21 世纪的战略选择[J].教育改革(2):48-50.

谢裕,张带荣,胡家胜,等,2020.医药卫生期刊应对突发公共卫生事件的编辑出版实践——以《医药导报》编发新型冠状病毒肺炎专栏论文为例[J].湖北科技学院学报,40(6):46-49.

谢泽杭,李武,2023.从赋能到融合:生成式 AI 出版的价值、困境与发展图景[J].编辑学刊(6):13-19.

新闻出版总署,2012.2012 年新闻出版工作要点[J].中国出版(3):17-20.

邢杰,赵国栋,徐远重,易欢欢,余晨,2021.元宇宙通证[M].北京:中译出版社.

幸建华,王昌栋,陈翔,2006.浅谈新时期学术期刊编辑人格魅力及人格塑造[J].武汉科技大学学报(社会科学版)(5):55-57.

徐东涛,张震,2024.地方综合性学术期刊高质量发展策略[J].中国出版(3):63-66.

徐海丽,2015.学术不端行为及其预防措施[J].中国科技期刊研究,26(6):545-551.

徐丽娇,2021.科技期刊实现价值引领功能的策略研究——以《科技导报》卷首语栏目为例[J].编辑学报,36(6):644-648.

徐玲英,2017.基于虚拟现实技术的学术期刊出版研究[J].山东理工大学学报(社会科学版),33(2):72-75.

徐奇智,范晴,2023.中国学者图像学术不端撤稿情况分析——基于撤稿观察数据库[J].中国科技期刊研究,34(10):1255-1263.

徐绍华,2020.发挥学术期刊思想引领和舆论阵地作用[J].社会主义论坛(12):48,49.

徐升国,2022.元宇宙时代的阅读与出版[J].科技与出版(4):5-10.

徐诗荣,2011.全媒体出版时代编辑能力的培养[J].出版发行研究(2):29-31.

徐文华,王景周,孙升云,2020.新冠肺炎疫情时期高校学报编辑出版的实践与思考——以《暨南大学学报》的《新冠肺炎防治》专栏为例[J].编辑学报,32(2):145-149.

徐晓光,2018.以基层党建引领基层治理与乡村振兴[J].党建研究(6):54,55.

徐瑛,2020.把握时代特征,树立职业意识——新时代优秀编辑的必备素养[J].中国编辑(1):86-89.

许广平,2000.许广平忆鲁迅[M].石家庄:河北教育出版社:48.

许佳,2021.科技期刊国际化发展的人才坐标:基于科技期刊对编辑素质要求的研究[J].科技与出版(4):125-130.

许启贤,2001.职业素质及其构成[J].江西师范大学学报(哲学社会科学版)(4):13-17.

许琼林,2016.职业素养[M].北京:清华大学出版社:7.

许蔚萍,2023.高校学术不端治理研究:文献分析的视角[J].黑龙江高教研究,41(3):44-48.

薛孔文,2000.也谈编辑的学者化问题[J].辽宁师专学报(社会科学版)(3):137-140.

严安,2010.读者是编辑工作的核心——浅谈编辑的起源及如何做好新时期编辑工作[J].学术
论坛,33(11):172-174,178.

延宏,王华,2021."VR+":"元宇宙"视域下出版业的融合发展模式——以青岛出版集团为例
[J].出版广角(22):80-82.

严军,1996."编辑"词义考[J].杭州师范学院学报(2):53-56.

颜军,2018.叶圣陶文学思想与编辑理念的互动——以叶圣陶主编《小说月报》的活动为例[J].
编辑学刊(2):73-77.

阎卫斌,2004.编辑的三种职业意识[J].编辑之友(S1):86,87.

严秀丽,院金谒,林静,2019.科技期刊编辑职业素质培养浅析[J].传播与版权(6):22-23,27.

燕国材,2000.论心理素质及其教育[J].云梦学刊(3):71-75.

杨保华,秦明阳,邓履翔,等,2020."双一流"背景下高校理工类中文综合性期刊的发展定位与
策略[J].中国科技期刊研究,31(4):381-387.

杨彬彬,2020.中国特色社会主义制度的话语转换与话语建构[J].求实(4):16-27,109.

杨彬彬,2022.中国特色社会主义制度优势话语的存在形态与建构逻辑[J].探索(2):27-38.

杨道涛,2023.学术期刊在我国科研诚信建设中的责任与作为——基于政策法律法规文本的分
析[J].中国编辑(4):81-86.

杨定海,虞志坚,2017.鲁迅编辑实践的美学意蕴[J].海南大学学报(人文社会科版),35(6):
124-129.

杨光宗,刘钰婧,2018.高校学术期刊与一流学科建设:引领、推动及发展[J].出版科学,26(3):
19-22.

杨继涛,郭柏寿,2023.科技论文初审查重结果判定模式研究[J].中国科技期刊研究,34(7):
895-901.

杨洁,2022.太行革命根据地党委机关内刊《战斗》创刊号考论[J].党史文汇(10):58-61.

杨石华,2024.吸纳与嵌入:马克思主义出版观与主题出版的协同发展[J].科技与出版(1):
39-45.

杨旺平,2022."双一流"背景下高校科技期刊的国际化战略发展路径[J].新闻研究导刊,13
(12):31-33.

杨新涯,钱国富,唱婷婷,等,2021.元宇宙是图书馆的未来吗?[J].图书馆论坛,41(12):
35-44.

杨增崒,杜成敏,2018.习近平思想政治教育思想研究的阶段进展与评析[J].学校党建与思想
教育(5):16-21,25.

杨珠,2022.引文内容分析视角下中文造假论文被引分析——以国家自然科学基金委员会查处
的造假论文为例[J].编辑学报,34(3):291-294.

叶圣陶,1996.叶圣陶出版文集[M].北京:中国书籍出版社:26,40.

伊士国,2017.论形成完善的党内法规体系[J].学习与实践(7):5-12.

衣玉梅,2018.红色文化视角下大学生文化自信路径分析[J].思想政治教育研究,34(4): 119-122.

佚名,2020.新老编辑面对面④|黄书元:青年编辑与作者的相处之道[EB/OL].(2020-06-23) [2022-08-12].https://www.600757.com.cn/contents/150/40864.html.

佚名,2023a.《河海大学学报(哲学社会科学版)》维护期刊出版道德和抵制学术不端行为公约 [J].河海大学学报(哲学社会科学版),25(4):153.

佚名,2023b.《临床儿科杂志》启用科技期刊学术不端文献检测系统[J].临床儿科杂志,41 (10):684.

佚名,2023c.《小型微型计算机系统》关于学术不端稿件的认定标准和处理办法(修订稿)[J]. 小型微型计算机系统,44(7):1485.

佚名,2023d.《医药导报》对学术不端论文的认定标准和处理办法[J].医药导报,42(9):1349.

佚名,2023e.努力建设中华民族现代文明[N].人民日报,2023-06-05(1).

易鹏,吴能表,王进军,2022.新农科课程思政建设:价值、遵循及路径[J].西南大学学报(社会 科学版),48(3):78-87.

易耀森,2020.被撤销医学论文数据学术不端行为与防范对策研究[J].中国科技期刊研究,31 (3):276-280.

尹琨,2023.VR+AI,出版业如何抓住技术革新机遇?[N].中国新闻出版广电报,2023-10-31 (3).

尤凯,2023."双一流"背景下高校英文科技期刊高质量发展困境与对策研究——以《东北农业 大学学报》(英文版)为例[J].哈尔滨学院学报,44(7):140-144.

余炳晨,2023.科技期刊数字出版的元宇宙场景研究[J].新闻研究导刊,14(3):8-11.

喻国明,耿晓梦,2022.元宇宙:媒介化社会的未来生态图景[J].新疆师范大学学报(哲学社会 科学版),43(3):2,110-118.

于航,季丽莉,2023.科技期刊元宇宙出版模式探析[J].传播与版权(5):60-63.

余江涛,王文起,徐晏清,2018.专业教师实践"课程思政"的逻辑及其要领:以理工科课程为例 [J].学校党建与思想教育(1):64-66.

余洁,2022.基于FAHP的高职院校图书馆学科服务评价研究[J].江苏科技信息,39(9): 19-25.

余静,2023.基于CiteSpace的国内期刊集群化研究的回溯和展望[J].出版广角(11):73-80.

余敬春,2018.数字资源知识服务转型期数字编辑必备的六项能力[N].中国出版传媒商报, 2018-05-15(007).

于敏,2020.高校理科学报编辑专业素养的提升[J].唐山师范学院学报,42(4):158-160.

余声,2012.做好主题出版,更好地为党和国家工作大局服务[J].中国编辑(5):5-8.

袁超,2020.新时代党建布局创新与党内法规制度的体系化[J].上海行政学院学报,21(5): 22-32.

袁贵仁,2015.把握大势着眼大事努力做好新形势下高校宣传思想工作[J].求是(3):17-19.

曾建辉,2019.编辑精神的历史阐释:基于出版评论的视角[J].中国编辑(4):32-36.

曾建勋,2024.我国科技期刊数字版权合作中的问题与对策研究[J].编辑学报,36(1):11-17.

詹杏芳,2018.工匠精神视角下青年期刊编辑职业素质提升研究[J].黄冈师范学院学报,38(3):118-121.

战炤磊,2020.媒体融合时代学术期刊核心竞争力:综合动因与提升路径[J].中国编辑(1):50-55.

张大均,冯正直,郭成,等,2000.关于学生心理素质研究的几个问题[J].西南师范大学学报(哲学社会科学版),26(3):56-62.

张大均,王鑫强,2012.心理健康与心理素质的关系:内涵结构分析[J].西南大学学报(社会科学版),38(3):69-74.

张芳英,2022."双一流"建设背景下高校科技期刊与学科建设融合发展的路径探索[J].学报编辑论丛(00):539-542.

张福平,刘西琳,邹琳,2003.论编辑品格[J].编辑之友(2):43,44.

张改侠,孙晓红,魏乐军,等,2022."双一流"建设中专业学术期刊协同培养研究生科技论文写作的路径探讨[J].传播与版权(7):8-11.

张桂梅,2022.新时代与新业态下图书编辑的专业素养与使命担当[J].内蒙古科技与经济(23):47-48,51.

张桂香,郭丽娜,陈庆花,2021.电气控制与PLC应用课程思政研究与实践[J].郑州铁路职业技术学院学报,33(2):70-72.

张海生,2021.世界一流科技期刊的建设模式与中国抉择[J].编辑学报,33(5):487-491.

张和,张海燕,毛文明,等,2022.科技期刊初审阶段隐性学术不端行为的挖掘和防范措施[J].编辑学报,34(4):419-422.

张和,张海燕,鲁翠涛,等,2023.医学论文跨语种抄袭的特征分析和防范措施[J].编辑学报,35(2):170-174.

张欢,2017.当代大学生文化自信的现状及其培育途径[J].文化学刊(7):123-125.

张继春,路娜,李琦,2022.元宇宙的发展趋势与未来影响[J].前线(5):17-20.

张积玉,1995.略论学者型编辑的培养[J].编辑学刊(5):54-58.

张建勇,黄永青,张敏杰,2022.高校推进"资助育人"工作落实的三维路径与发展趋向[J].哈尔滨学院学报,43(5):114-117.

张九庆,2003.科研越轨行为的界定与表现形式[J].企业技术开发(4):47-50,56.

张良,2013.职业素质本位的高职教育课程建构研究[D].湖南:湖南师范大学.

张明,2018.中国特色社会主义新时代的理论创新:兼论发展当代中国马克思主义理论的基本问题[J].江西社会科学,38(4):18-27.

张平,2023.元宇宙将来,我们如何应对[N].光明日报,2023-02-02(16).

张恰,2019.论学者型编辑专业成长的路径与策略[J].中国编辑(5):42-45.

张前锋,2022.世界一流学术期刊建设背景下科技期刊质量提升路径[J].科技传播,14(24):55-57.

张蓉,2020.红色文化融入高校"三全育人"体系研究[J].浙江理工大学学报(社会科学版),44

(4):398-405.

张铁明,刘志强,陈春莲,2021.我国高校科技期刊高质量发展的政策环境分析[J].科技与出版 (9):6-11.

张维,邹仲敏,汪勤俭,等,2021.生物医学论文典型学术造假图片辨析及防范措施探讨[J].编 辑学报,33(3):280-284.

张薇薇,王昊,朱晓东,2011.互联网用户协同创作与内容共享的活动系统研究[J].中国图书馆 学报(4):27-37.

张文,2017."双一流"建设背景下高校学报的应对策略[J].出版广角(3):48-50.

张夏恒,2023.国内外元宇宙研究比较分析[J].西部经济管理论坛,34(3):86-96.

张笑,2014.Web 3.0时代网络编辑的能力构建[J].青年记者(12):85,86.

张晓菲,2024.出版业落实数字中国建设整体布局规划的路径研究[J].出版广角(3):51-55.

张小强,曹馨予,2022.区块链技术赋能学术期刊深度融合发展的模式与路径研究[J].中国科 技期刊研究,33(8):999-1012.

张新新,夏翠娟,肖鹏,等,2022.共创元宇宙:理论与应用的学科场景[J].信息资源管理学报, 12(5):139-148.

张学文,王允红,2014.内部资料性出版物印刷管理问题与思考——以成都市为例[J].成都行 政学院学报(1):58-60.

张彦,梁璞,2021.新媒体背景下图书馆内刊发展探析——以宁波图书馆《天一文简》为例[J]. 宁波教育学院学报,23(3):108-110.

张业安,2019.学术期刊之于学科建设的三境界:服务·传播·引领[J].体育与科学,40(6): 31-36.

张莹莹,2022."双一流"背景下地方本科院校学报特色专栏与重点学科建设的协同发展策略 [J].出版广角(1):69-72.

张震之,2018.浅议"互联网＋"时代下高校科技期刊编辑职业素质培养[J].传播与版权(2): 21-23.

张之晔,张品纯,李伟,2021.新时代科技期刊编辑的核心素养要求是又红又专[J].编辑学报, 33(3):237-241.

赵爱玲,2017.十八大以来习近平青年思想政治教育思想研究[J].社会主义核心价值观研究,3 (5):20-27.

赵光怀,曹彦杰,2022.生成教育视域下课程思政模式构建研究[J].临沂大学学报,44(6): 96-103.

赵慧,2018.党政期刊社会主义意识形态引领力研究[J].出版发行研究(1):22-24.

赵洁,2022.数字化时代图书编辑专业素养提升方略[J].传媒评论(10):55-57.

赵肖为,2003.学术不端的初步探讨[J].成都理工大学学报(自然科学版)(增1):321-323.

赵鑫,刘娜英,2019.智媒时代科普期刊的用户需求、创新路径和应对措施[J].中国科技期刊研 究,30(7):699-706.

赵莹,张悦悦,2009.数字出版趋势下编辑主体素质的提升[J].青年记者(29):83,84.

郑飞,夏晨斌,2023.生成式人工智能的著作权困境与制度应对——以 ChatGPT 和文心一言为例[J].科技与法律(中英文)(5):86-96.

郑家成,2021.伟大抗疫精神融入思政课:研究综述与展望[J].理论建设,37(6):46-51.

郑筱梅,佟建国,2012.科技学术期刊青年编辑职业素质 4 项基本观念及其培养建议[J].编辑学报,24(2):178,179.

郑艳,谢琰,2021.新时代教育期刊编辑的专业素养培育——以中南传媒《新课程评论》为例[J].出版广角(15):48-50.

郑琰燚,李燕文,莫弦丰,等,2017.高校学报在"双一流"建设中的机遇和挑战[J].编辑学报,29(2):160-162.

中共中央马克思恩格斯列宁斯大林著作编译局,1972.马克思恩格斯全集:第 38 卷[M].北京:人民出版社:312.

中国科学技术协会,2007.科技工作者科学道德规范[Z].科协论坛(4):34.

中国科学院,2013.科学与诚信:发人深省的科研不端行为案例[M].北京:科学出版社:202.

仲淑秋,2020.高职内刊学报发展路径调查研究:以《江苏食品药品职业技术学院学报》为例[J].河南农业(3):12-14.

周浩正,2008.优秀编辑的四门必修课:一位资深总编的来信[M].北京:金城出版社.

周华清,吴虹丹,2023.科技期刊对科普短视频洗稿的识别与治理研究[J].中国科技期刊研究,34(8):975-981.

周建人,矛盾,等,1978.回忆录[M].上海:上海文艺出版社:218.

周金堂,2017.把红色资源红色传统红色基因利用好发扬好传承好[J].党建研究(5):46-48.

周濛,2023.大数据时代学术期刊出版的数据风险及防范策略[J].中国科技期刊研究,34(8):982-989.

周清涛,段勇,2020.突发公共事件中图书编辑的职业敏锐性初探——以抗击新冠肺炎疫情类出版物的策划为例[J].出版广角(5):30-32.

周文,1936.谈傅东华先生的所谓"常识"[J].夜莺,1(1):1-4.

周武,2018.现代出版史上的张元济时代(四)[J].档案春秋(1):46-49.

周雨蕾,唐海,包颖,等,2022.期刊媒体融合发展研究脉络和前沿演进——基于 Citespace 软件可视化分析[J].西南大学学报(自然科学版),44(10):202-210.

周志新,2020.基于 CiteSpace 的我国科技期刊出版伦理研究现状及趋势分析[J].科技与出版(8):129-136.

周舟,2022.湖北省"双一流"建设学科的科技期刊发展分析[J].黄冈师范学院学报,42(6):14-18.

朱超宇,2020.乡村振兴背景下党建引领乡村有效治理的路径探析[J].经济研究导刊(6):43,44.

朱嘉明,2021."元宇宙"和"后人类社会"[N].经济观察报,2021-06-21(033).

朱嘉明,2022.元宇宙与数字经济[M].北京:中译出版社.

朱剑,2020.被遗忘的尴尬角色:"双一流"建设中的高校学术期刊[J].清华大学学报(哲学社会科学版),35(1):1-16,201.

朱琳,2020.动员与认同:突发公共卫生事件中系统内刊价值探析[J].传播与版权(9):29-30,33.

朱荣华,刘国强,2019.学术不端文献检测系统的负效应及其反思——以高校、学术期刊的应用为例[J].编辑之友(7):54-58.

朱维乔,赵伟彬,2023.基于 CiteSpace 的元宇宙研究态势可视化分析[J].广州航海学院学报,31(3):74,78.

主要国家科研诚信制度与管理比较研究课题组,2014.国外科研诚信制度与管理[M].北京:科学技术文献出版社:68-125.

邹韬奋,1995.几个原则.韬奋全集(7)[M].上海:上海人民出版社:206.

BABALOLA Y T,2012. Awareness and Incidence of Plagiarism among Undergraduates in a Nigerian Private University[J]. Afr. J. Lib. Arch. & Inf. Sc. ,22(1):53-60.

BELTER R W, 2009. A Strategy to Reduce Plagiarismin an Undergraduate Course[J]. Teaching of Psychology(36):257-261.

CARMEN C. Research streams and open challenges in the metaverse[J/OL]. (2023-07-19) [2023-11-03]. https://doi. org/10. 1007/s11227-023-05544-1.

CHARLES W. FOX, JENNIFER MEYER, 2020. The influence of the global COVID-19 pandemic on manuscript submissions and editor and reviewer performance at six ecology journals[J]. Functional Ecology,35(1):4-10.

CLAMPITT P G, CREVCOURE J M, HARTEL R L, 1986. Exploratory research on employee publications[J]. Journal of Business Communication,23(3):5-18.

DANIEL T, TUDOREl A, 2009. Faculty and peer influences on academic integrity: college cheatingin Romania[J]. Higher Education,57(3):267-282.

DE G J C, RANDALL P S, RUSHTON S, et al, 2023. The Use of Metaverse in Nursing Education An Umbrella Review[J]. Nurse Educator,48(3):E73-E78.

DIANA K,2020. How swamped preprint servers are blocking bad coronavirus research[J]. Nature(581):130,131.

DIGITIAL SCIENCE, 2020. How COVID-19 is changing research culture[EB/OL]. (2020-08-26)[2023-12-23]. https://digital science. figshare. com/articles/report/How_COVID_19_is_Changing_Research_Culture/12383267.

DIONISIO J D N,BURNS III W G,GILBER R,2013. 3D Virtual Worlds and the Metaverse: Current Status and Future Possibilities[J]. ACM Computing Surveys,45(3):1-38.

DOUGHERTY M V,2019. The Corruption of Philosophical Communication by Translation Plagiarism[J]. Theoria(85):219-246.

EHRICH J, HOWARD S J, MU C J, 2016. A comparison of Chinese and Australian university students' attitudes towards plagiarism[J]. Studies in Higher Education,41(2):231-246.

EHRSAM F. VR is a Killer App for Blockchains[EB/OL].(2017-02-13)[2023-05-04].
https://fehrsam. xyz/blog/vr-is-a-killerapp-for-blockchains.

ENGEMANN K M,WALL H J,2009. A Journal Ranking for the Ambitious Economist[J].
Federal Reserve Bank of St. Louis Review(91):127-139.

FALCHUK B,LOEB S,NEFF R,2018. The social metaverse:Battle for privacy[J]. IEEE
Technology and Society Magazine,37(2):52-61.

FARACE D J,FRANTZEN J,2005. Sixth international conference on grey literature:work
on grey in progress. grey literature 2004 conference proceedings;Dec. 6-7,2004. Amster-
dam:TextRelease.

FERNANDEZ CB, HUI P, 2022. Life,the Metaverse and Everything:An Overview of
Privacy,Ethics,and Governance in Metaverse[C]//42nd IEEE International Conference on
Distributed Computing Systems(ICDCS). Bologna:IEEE,2022:272-277.

FIRMANSYAH E A, UMAR U H, 2023. Metaverse in business research:a systematic
literature review[J]. Cogent Business & Management,10(2):2222499.

GODIN K, STAPLETON J, KIRKPATRICKSI, et al, 2015. Applying systematic review
search methods to the grey literature:a case study examining guidelines for school-based
breakfast programs in Canada[J]. Systematic Reviews,138(4):2010.

GRIFFITHS J,1995. "Give my regards to Uncle Billy…":Therites and rituals of company
life at Lever Brothers[J]. Business History(4):35.

HOLLY E, 2020. How a torrent of COVID science changed research publishing-in seven
charts[J]. Nature(588):553.

HUH S, 2023. Emergence of the metaverse and ChatGPT in journal publishing after the
COVID-19 pandemic[J]. Science Editing,10(1):1-4.

iiMedia Research. 2018—2019 中国有声书市场专题研究报告[R/OL].[2019-05-16](2023-
11-22). https://www. iimedia. cn/c400/63471. html.

JAIME A T S,2020. An Alert to COVID-19 Literature in Predatory Publishing Venues[J].
Journal of Academic Librarianship,46(5):102187.

JUDY S,SELBY M,MARTIN D,2003. Investigating Differences in Cheating Behaviours of
IT Undergraduate and Graduate Students:The maturity and motivationfactors[J]. Higher
Education Research &Development,22(1):91-108.

KEITH K,2022. Applying the Metaverse:Business,entertainment,and fashion companies
already are staking their claims in this enhanced virtual world[J]. Communications of the
ACM,65(11):16-18.

KIM K,2022. Metaverse in journal publishing[J]. Science Editing,9(1):1-2.

KOKKINAKI A I, DEMOLIOU C, IAKOVIDOU M, 2015. Students'perceptions of
plagiarism andrelevant policies in cyprus. International[J]. Journal for Educational Inte-
grity(11):3.

KROKOSCZ M,FERREIRA S,2019. Perceptions of Graduate Students at the University of São Paulo about Plagiarism Practices in Academic Works[J]. An Acad Bras Cienc,91 (2):e20180196.

KYE B,HAN N,KIM E,et al,2021. Educational applications of metaverse:possibilities and limitations[J]. Journal of Educational Evaluation for Health Professions(18):32.

LAI LI-FEI,2020. Facing the irrationality of duplicate checking,how do Journal Editors review articles in China? [J]. Publishing Research Quarterly(36):469-478.

LAPIERRE S S,2023. Report From CIL 2023:The Metaverse,Change,and the Future of Libraries. [J]. Computers in Libraries,43(5):13-16.

LAWRENCE A,2017. Influence seekers:The production of grey literature for policy and practice[J]. Information Services & Use(37):389-403.

LJUBISA B,2022. Metaverse through the prism of power and addiction:what will happen when the virtual world becomes more attractive than reality? [J]. European Journal of Futures Research(10):22.

MACDONALD B H,SOOMAI S S,De Santo E M,2016. Science,Information,and Policy Interface for Effective Coastal and Ocean Management[M]. Boca Raton:CRC Press.

MALHAR N,2008. A Review of the Types of Scientific Misconduct in Biomedical Research [J]. Journal of Academic Ethics(3):211-228.

MARCUS A B,2006. Towards a continuum of scholarship:The eventual collapse of the distinction between grey and non-grey literature[J]. Publishing Research Quarterly(22): 4-11.

MARTIN G F B,2018. Social and psychological impact of musical collective creative processes invirtual environments:The Avatar Orchestra Metaverse in Second Life[J]. Musica Technologia,12(1):73-85.

MCCLELLAND D C,WATSON R I,1973. Power Motivation and Risk-taking Behavior[J]. Journal of Personality,41(1):129.

MICHAEL J,LYNNAIRE S,2015. Back translation:an emerging sophisticated cyber strategy to subvert advances in "digital age" plagiarism detection and prevention[J]. Assessment & Evaluation in Higher Education,40(5):712-724.

Office of Research Integrity,2006. Former Scientific Misconduct Regulations- 42 CFR Part 50,subpart a:May 1989 May 2005[EB/OL]. (2006-04-25)[2007-07-23]. http://ori. dhhs. gov/misconduct/reg-subpart-a. shtml.

Office of Science and Technology Policy,2000. Federal Policy on Research Misconduct: Preamble for Research Misconduct Policy[EB/OL]. (2000-12-06)[2023-12-22]. http:// www. gpo. gov/fdsys/pkg/FR_2000-12-06/html/00-30852. htm.

OSTP,2002. Federal policy on research misconduct[EB/OL]. (2002-11-11)[2023-10-12]. http://www. aps. org/policy/statements/upload/federalpolicy. pdf.

PAPAGIANNIDIS S, BOURLAKIS M, LI F, 2008. Making real money in virtual worlds: MMORPGs and emerging business opportunities, challengesand ethical implications in metaverses[J]. Technological Forecasting and Social Change, 75(5):610-622.

PECORARI D, 2016. Plagiarism, international students, and the second language writer [M]//Handbook of Academic Integrity. Singapore:Springer:537-550.

PHILLIPS S, 2008. "Chemists to the Nation":House magazines, locality and health at Boots the Chemists 1919-1939[J]. Management & Organizational History, 3(3/4):242-252.

PRICE R, MURTAGHJ, 2020. An Institutional Repository Publishing Model for Imperial College London Grey Literature[J]. Serials Librarian, 79(3/4):349-358.

REYES C E G, 2020. Perception of high school students about using metaverse in augmented reality learning experiences in mathematics[J]. Pixel-BIT Revista de Medios y Educacion (58):143-159.

RILEY S G, 1992. Corporate magazines of the United States[M]. New York:Greenwood Publishing Group:1-281.

SMART J, CASCIO J, PAFFENDORF J. A Metaverse Roadmap:Pathways to the 3D Web [EB/OL]. (2007-04-20)[2023-04-25]. http://www. metaverseroadmap. org/Metaverse-RoadmapOverview. pdf.

SOUSA-SILVA R, 2019. Plagiarism Across Languages and Cultures:A(Forensic)Linguistic Analysis[A]. Handbook of the Changing World Language Map[R]. Switzerland:Springer: 1-21.

STEPHEN W, KATHLEEN P, ANDREW D, 2020. Grey literature citations in top nursing journals:a bibliometric study[J]. Journal of the Medical Library Association, 2(108): 262-269.

SWATI S S V, 2023. Metaverse and Future of Work:Avenues and Challenges[J]. The IUP Journal of Organizational Behavior, 22(2): 107-118.

THOMAS M, 2022. Publishing and the Metaverse[J]. Publishers Weekly(17):20.

WOODS S, PHILLIPS K, DUDASH A, 2020. Grey literature citations in top nursing journals:a bibliometric study[J]. Journal of the Medical Library Association, 2(108): 262-269.

WRIGHT M, EKEUS H, COYNE R, et al, 2022. Augmented duality:Overlapping a metaverse with the real world[C/OL]. [2022-11-15]. https://dl. acm. org/doi/pdf/10. 1145/1501750. 1501812.

YOGESH K D, NIR K, LAURIE H, et al, 2023. Exploring the Darkverse:A Multi Perspective Analysis of the Negative Societal Impacts of the Metaverse[J]. Information Systems Frontiers(25):2071-2114.

# 后　记

　　《新时代编辑工作探论》从构思到成书断断续续历经近两年时间,写书的冲动源于我想把自己担任学报责任编辑以来的学术思考形成文字;同时,也是对自己近年来从事《宁波工程学院学报》编辑工作的一个专业总结。

　　记得那是在 2017 年的 9 月,我以副高职称、博士学位和理工学术背景的条件,从宁波工程学院教学岗转入编辑岗,从一名大学物理教师转行成为学报编辑。虽然当初对放弃自己从事20 多年的专业有些不甘,但没想到在这几年的编辑实践中,我发现编辑工作挺适合自己。其实父母亲的从小培养就为我奠定了良好的语文基础,在读大学、硕士和博士研究生期间,虽然我把更多的时间和精力投入到理工科的学习中,但对人文学科的涉猎可以说也没有彻底中断过。这些积累为我转入编辑出版行列后的尽快成长起到了不可低估的作用。其次,还在于我有较为多种的学术背景:物理学背景、教育学硕士、工学博士,这些学识基础对我从事编辑工作和编辑出版研究起到了推动作用。另外,多年来从事学术研究的习惯,特别是在中国科学院读博士的三年,练就了我对学术研究的专注力和善于发现问题的敏感,使我步入编辑行列后,很快就产出了相关的研究成果:主持了几个与编辑出版相关的课题,并发表了几篇有一定影响力的论文。这些论文主题多有涉及编辑出版领域的热点,且探讨的话题各有侧重,如讨论编辑素质、学术不端、创建国际一流期刊和元宇宙等。有这样的研究基础的支撑,奠定了我要撰写一部有关编辑出版方面专业著作的信心和勇气。如果把我探论的这些编辑出版的热点问题以图书的形式系统地表述出来,无论是对编辑同行还是对普通读者来说,都是有一定帮助和启迪的。

　　虽然书中某些观点不一定被所有人认同,但论述的角度具有一定的特色,即用理工思维论证人文思考,用理工模型量化人文问题。虽然没有更多华美的词藻,但把理工的方法引入编辑出版领域就是一种创新。另外,本书尽可能从文献收集和梳理方面给读者提供更全面的资料,使读者特别是编辑同行通过阅读本书就能尽快了解编辑出版研究的现状和未来发展趋势。如果能起到以上这些作用,我的写作目的也就达到了。

　　这是在我的学术生涯中出版的第一本书,我非常珍惜!需要感谢的太多。当然,首先感谢自己多重的学习背景,感谢自己的努力!其次,感谢家人的支持和背后默默的付出!最后感谢一路走来支持我的领导、导师、编辑同仁和朋友们!特别感谢宁波工程学院学术出版经费资助,使得我的书稿能尽快呈现在读者面前!